文
普
化
华

PUHUA BOOKS

我
们
一
起
解
决
问
题

•股票投资百年经典译丛•

WALL STREET
STOCK SELECTOR
A REVIEW OF THE STOCK MARKET WITH
RULES AND METHODS FOR SELECTING STOCKS

江恩华尔街选股方略
（专业解读版）

[美] 威廉·D.江恩（William D. Gann）著

刘鹏程　王月明　译

人民邮电出版社
北　京

图书在版编目（CIP）数据

江恩华尔街选股方略：专业解读版 /（美）威廉·
D. 江恩（William D. Gann）著；刘鹏程，王月明译. ——
北京：人民邮电出版社，2018.3（2023.1重印）
ISBN 978-7-115-47854-2

Ⅰ.①江… Ⅱ.①威… ②刘… ③王… Ⅲ.①股票投
资－经验－美国 Ⅳ.①F837.125

中国版本图书馆CIP数据核字(2018)第019203号

内容提要

　　《江恩华尔街选股方略（专业解读版）》是华尔街投资大师威廉·D.江恩继《江恩股市操盘术（专业解读版）》之后所写的又一部股市操作指南。江恩结合他20多年的交易实践经验，为读者分享了他对股市周期规律的深刻认识，提出了股市投资的24条不败法则，并且以美国钢铁、通用汽车等多家公司的交易记录为例，详细介绍了利用日线、周线、月线走势图和成交量来研判个股趋势的具体操作方法，同时也对如何善用止损单以保证本金安全及投资收益最大化、如何判定卖出时机、如何确定短期龙头股等问题进行了详尽的解答。此外，本书出版者特别邀请了职业投资者、拥有20多万粉丝的知乎专栏作家刘鹏程亲自执笔翻译并做注点评，刘鹏程老师结合我国A股市场，对江恩的理论做了精彩的解读，这些内容对A股市场的投资者判断市场趋势、锁定投资时机具有极高的实践指导价值。

　　本书适合所有希望了解股市运行规律、准确把握股票选择及买卖时机的投资者阅读。

◆　　　著　　[美]威廉·D. 江恩（William D. Gann）

　　　　　译　　刘鹏程　王月明

　　责任编辑　王飞龙

　　责任印制　焦志炜

◆人民邮电出版社出版发行　　北京市丰台区成寿寺路 11 号

　　邮编 100164　电子邮件 315@ptpress.com.cn

　　网址 https://www.ptpress.com.cn

　　涿州市京南印刷厂印刷

◆开本：700×1000　1/16

　　印张：19.5　　　　　　　　　　2018 年 3 月第 1 版

　　字数：200 千字　　　　　　　2023 年 1 月河北第 18 次印刷

定　价：59.00 元

读者服务热线：（010）81055656　印装质量热线：（010）81055316
反盗版热线：（010）81055315

广告经营许可证：京东市监广登字 20170147 号

译者序

非常荣幸能受邀来翻译这部江恩的经典之作《江恩华尔街选股方略（专业解读版）》。

一直以来，威廉·D.江恩都是我投资路上的偶像，其令人称奇的投资生涯、一生中留下的大量著作以及离世后的种种争议都为他传奇的一生增添了不少神秘色彩。

很多投资者和我一样，在初入股市时慕名买来江恩的著作阅读，希望能理解和掌握神秘的"江恩理论"，从而笑傲股市。不过书到手之后，在阅读过程中大家常常感觉很多章节艰深晦涩，很难理解，最终只好硬着头皮囫囵吞枣。

但是随着投资经验的逐步积累，每次再回过头来重读江恩的著作，我都会有不少新的收获，也逐渐明白了当初读不下去的缘由。

我将我总结的一些缘由和翻译过程中的一点想法写在这里，以便大家在开始阅读之前有所准备，更容易抓到重点。

首先，历史上著名的投资大师都不是文学大师，本身并不擅长驾驭文字，而且涉及金融和投资的相关内容也都比较抽象，所以很难写成环环相扣、层层递进的那种比较有阅读乐趣的形式。同时，有些早期的译本存在比较严重的"翻译腔"，这也增加了阅读的难度。

因此，在尊重原文的基础上，我会尽量克服"翻译腔"，同时理顺原文逻辑上的顺序，以方便大家阅读。

其次，投资领域的发展日新月异，江恩生活、投资与写作的年代，虽然距今只有不到百年，但是近几十年来技术的快速进步和广泛普及，让大多数投资者没有办法理解那个年代的一些状况和术语。这里存在着一个明显的"代沟"。同时，中美两国之间在资本市场的很多制度设计上有所不同，所以投资者们不仅要面对时间造成的"代沟"，还要面对跨市场的"鸿沟"。

因此，在翻译过程中，我会尽量寻找最方便国内投资者理解的金融术语和名称来对应原文中的相应术语和名词，同时用很多的注释和点评协助大家跨越"代沟"和"鸿沟"，让大家能更为直接地绕过这些障碍，触摸到作者想要表达的本意。

最后也最为重要的一个缘由是普通读者与江恩在投资经验上的差异。江恩作为一代投资大师，常年沉浸于资本市场和投资交易之中，很多他习以为常的东西，对于大多数初入股市的投资者来说，并非一件简单且易于理解的事。投资者和作者的经验差距越小，才越容易完全理解作者的投资理念。

这个不是通过提升翻译质量、添加专业解读和注释等就可以帮助大家解决的问题，而是需要大家积极积累投资经验，勤于总结，把一些经典的投资书籍当作工具书来反复阅读，这样才能逐步提高对江恩作品内容的理解，真正借助大师的理论来提升自身的投资技能。

投资能力的培养是一个系统工程，希望在一本书、一篇文章中一次性地得到所谓的"神奇选股公式"或者"万能操作技巧"都是不切实际的幻想。

如果大家有志于成为一位合格的投资者，且不畏艰辛的话，那么我们就一同开始这段注定有收获，也注定不轻松的阅读与学习之旅吧。

前　言

每一位来到华尔街的投资者，都满怀着对财富的渴望，但显而易见的事实是，绝大多数投资者会亏损出局。他们的失败有诸多原因，其中最重要的一个原因是，他们不知道如何去选择合适的股票，并且不知道何时买入和卖出。我期望可以提供一些切实可靠的法则，来帮助投资者学会如何选择合适的股票，以及如何将交易的风险控制在较低的水平。

这本书的写作目的是给大家提供一个与时俱进版的《江恩股市操盘术（专业解读版）》（*Truth of the Stock Tape*），让每一位投资者和交易员都受益于我最近 7 年来总结的极其宝贵的交易经验。如果有读者能因为书中的内容而获利，那将证实这些经验无论是对于他们还是对于我来说，都有着同等的价值。

我们必须有明确的目标或是对幸福的憧憬来伴随我们的人生。金钱并非万能的，我们也不能总是用金钱来帮助他人。我所知道的，最好的帮助他人的方式就是向他们展示如何去自助，因此，我们能为他人所做的最有意义的事情，莫过于将知识和理念用合适的方式传授给他们。同时，这也是对我们自身最大的肯定。数以千万计的读者写信告诉我，他们通过《江恩股市操盘术（专业解读版）》获得了极大的帮助。这本《江恩华尔街选股方略（专业

解读版)》将会带给你更多的知识，以及更多因为投资盈利带来的幸福，这将远超其他书籍。如果这些都能实现，我将视之为对我所付出的劳动的最佳回报。

威廉·D.江恩

1930 年 4 月 24 日于纽约

股市术语表

华尔街（Wall Street）	美国金融中心，主要金融机构的所在地。在文中有时实指华尔街这个地点，有时代指整个股票交易市场。因此，我们按照语境将其翻译为"华尔街"或"股市"。
投资者（Traders）	原词直译为"交易员"，但是我们平时所说的交易员大多指供职于券商或基金等金融机构，按照机构的计划来进行买卖操作的金融机构工作人员，即"操盘手"。而江恩在文中所指的是不从事其他工作，全职进行股票交易获利的人士，即我们所说的"职业投资者"，或泛指所有参与股票市场投资的人士。因此，我们会按照具体语境，将这个词翻译为"投资者"或"职业投资者"。
趋势投资者（Investors）	原词直译为"投资者"，但在江恩的书中，特指为追踪趋势进行中长线交易的趋势型投资者，有时也泛指所有参与股票市场投资的人士。因此，我们会按照具体语境，将这个词翻译为"趋势投资者"或"投资者"。
公众投资者/散户（public）	原词直译为"公众"，在文中实际指参与股票市场交易的投资者，有时特指大多数没有信息来源优势和资金优势的普通投资者，即A股投资者所说的"散户"。我们根据实际语境翻译为"公众投资者"或"散户"。
市场主力（Pools）	原词直译为"联营；联合投资"，文中指占据资金优势地位和信息来源优势地位的、能对股票价格施以重大影响的投资者或投资机构联合体，即A股市场所说的"市场主力"。
点（point）	原词直译为"点"，讨论个股股价时指货币单位——美元，如某股票价格为XX点，即股票价格为XX美元；股价上涨/下跌XX点，即股价上涨/下跌XX美元。讨论指数时，原文在指数数值后无单位名词，但是我们按照A股市场习惯，记为XX点。读者应当注意这两者之间的区别。

状态 / 持仓（Position）	原词直译为"位置"，在文中有两种情况，一种是指股价运行趋势的整体状态，一种是指投资者买入 / 做空时的位置，也代指投资者买入 / 做空后持有的股票 / 仓单，即 A 股或国内期货市场所说的"头寸"。我们根据具体语境将其翻译为"状态"或"持仓"。
菜鸟（Lamb）	原词直译为"羔羊"，指投资经验不足而频繁出现亏损，或容易被行情与市场主力愚弄的投资者，比较类似 A 股投资者常说的"菜鸟"或"韭菜"。
恐慌性股灾（Panics）	原词直译为"大恐慌"，实际指股票市场出现的因参与者的集体恐慌情绪导致的惨烈持续下跌行情。因此，我们将其按照 A 股市场习惯，翻译为"恐慌性股灾"或"股市恐慌"。
周期（Cycle）	原词直译为"周期"或"循环"，文中指每次完整的牛市行情—熊市行情的统称。
盘面（Tape）	原词直译为"股票行情自动收录器用纸条"，而在文中实际上代指所有和股价价格变动、成交量变动有关的数据。即我们所说的"盘面情况"的统称。因此，我们将其翻译为"盘面"。
走势图（Chart）	原词直译为"图表"，文中实际指与股价相关的各类图表，或特指根据股票价格变动记录绘制的柱形图。因此，我们按照文中时机情况，翻译为"图表"或"走势图"。
回调（Correction decline）	指不改变股价 / 指数上升趋势的短期下跌。
快速下跌（Rapid decline）	指为期数个交易日，跌幅较为明显的短期下跌。
极速下跌（Sharp decline）	指为期数个交易日，跌幅较为惨烈的短期下跌，跌幅大于快速下跌，下跌速度高于快速下跌的一种走势。
破位下行（Drastic decline）	指为期十几个交易日，累计跌幅较大，并改变原有上升趋势的严重下跌。

恐慌性股灾（Panicky decline）	指市场参与者信心崩溃导致的"踩踏出逃"引发的最为惨烈的一种下跌状态。
阴跌／持续下行 （Gradually declined）	指为期较长，但过程中每个交易日下跌附近并不大的中长期持续下跌状态。
反弹（Rebounded）	指股价／指数止跌企稳后，出现的为期数个交易日的回升走势。
快速反弹（Swift rally）	与快速下跌相对应，指股价／指数止跌企稳后，出现的为期数个交易日的快速回升走势，幅度大于反弹，回升速度也大于反弹。
回升（Moderate rally）	指股价／指数止跌企稳后出现的，有持续的上涨走势，但是通常并不改变原有的下跌趋势。
冲刺上涨（Final grand rush）	原文直译为"最后的重要冲刺"，实际指股价经历长期持续上涨之后，在最后阶段出现的近乎疯狂的快速上涨状态，即 A 股投资者常说的"加速赶顶"阶段。
高点（High）	指股价一次波动过程中出现的最高点价位。
低点（Low）	指股价一次波动过程中出现的最低点价位。
极限高点（Extreme high）	指股价一次趋势运行中出现的最高点价位。
极限低点（Extreme low）	指股价一次趋势运行中出现的最低点价位。
顶部（Top）	股价上涨趋势即将结束时出现的一种形态结构，即 A 股投资者常说的"头部形态"。
底部（Bottom）	股价下跌趋势即将结束时出现的一种形态结构。
历史顶部（Old top）	指股价在此前历次趋势性运行中出现的最高点价位或顶部结构，我们按照实际情况翻译为历史高位或历史顶部。
历史底部（Old bottom）	指股价在此前历次趋势性运行中出现的最低点价位或底部结构，我们按照实际情况翻译为历史低位或历史底部。

前期高点 / 前期低点（Last）	原词直译为"上一个"，在文中指上一次股价运行过程中留下的高点或者低点价格，我们根据实际情况翻译为"前期高点"或"前期低点"。
震荡整理 （Held in a narrow trading range）	原文直译为"停留在狭窄的交易区间"，实际指股价 / 指数处于一种没有明显整体上升或下行趋势的横向整理状态，股价或 / 指数有短期的上下波动，但是波动范围比较固定且狭窄。我们按照 A 股的习惯将其翻译为"震荡整理"或者"窄幅震荡"。
支撑位 / 压力位 （Resistance Level）	原文直译为"阻力位"，指股价 / 指数在运行过程中，能阻碍股价 / 指数沿现有方向继续运行的特定位置。但是按照 A 股习惯，我们将阻碍股价 / 指数向上运行的阻力位翻译为"压力位"，阻碍股价 / 指数向下运行的阻力位翻译为"支撑位"，在无具体情况或泛指时翻译为"阻力位"。
突破（Crossed）	原词直译为"交叉"，在文中指股价突破阻力位继续沿原有方向继续运行的一种走势，我们按照 A 股习惯将其翻译为"突破"。
吸筹（Accumulation）	原词直译为"堆积"，文中指持股集中度由分散到集中的过程，这一过程有可能是自然形成的，也有可能是人为影响的。尤其特指由机构或市场主力，刻意压价买入，甚至是使用震仓、洗盘等手段迫使散户卖出持股，从而完成筹码收集的一种手段。
派发（Distribution）	原词直译为"分配"，文中指持股集中度由集中到分散的过程，这一过程有可能是自然形成的，也有可能是人为影响的。尤其特指有机构或市场主力，刻意维持高价，甚至是使用拉高、诱多等手段吸引散户买入股票，从而完成盈利兑现的一种手段。
兑现（Liquidation）	原词直译为"清算"，文中指股市参与者将手中持有的股票卖出变现，换回现金的行为。我们按照 A 股的习惯翻译为"兑现"。

目 录

1

第一章　经济周期的规律改变了吗

在 1927 年、1928 年及 1929 年上半年，有很多关于股市新纪元的传闻，人们认为美国联邦储备银行（美联储）在防止金融市场恐慌方面发挥了最重要的作用。很多经济学家、银行家、大型金融机构和商界精英们普遍认为，像 1907 年和早些年出现的由货币调控引起的金融危机已经一去不复返了。与此同时，这些人还在谈论着金融市场和股票市场眼下的繁荣鼎盛，他们似乎忘记了 1920 年和 1921 年曾发生过什么。在 1919 年牛市顶峰之后，贷款冻结和银根紧缩导致了 1920 年和 1921 年的股市重挫。那时候，美联储已经存在了，但却没能阻止美国自由公债的交易价格下跌到大约 85 美元 / 份额，也同样没能阻止道琼斯指数下跌到了 1914 年第一次世界大战开始之前的历史最低水平。在下文中，我引用了 1927 年 11 月 28 日出现在某份主流报纸上的文章，文章的题目叫《再见，经济周期》(*Goodbye，Business Cycle*)。

经济周期这个曾经被妖魔化的概念，已经基本丧失了对人们的心态产生恐怖影响的效果，科学的管理似乎已经攻克了这一难题。几年前，总能听到"经济的繁荣与衰退是循环往复的"这种言论，并且那些所谓的预言家们大部分都是自封的，他们习惯于讨论经济循环，并以此来给工业和金融业拉响警报。这些预言家们宣称："经济变化就像海浪一样，海浪越高，波谷就越深。"他们视之为经济变化的真相，并且在很长一段时间里，他们都让人们笼罩在这耸人听闻的言论之下，并以此来牟取相当大的利润。

然而这个魔咒已经被打破，预言的阴霾也已经烟消云散。各行各业的经营者们也从迷信中被解放出来了，他们认识到所谓的经济周期只不过是一个吓唬菜鸟的稻草人而已。他们认识到，只要企业平稳地发展，就不会有机会让这类事件再次发生。当然，这要求企业的掌舵运营者具有深厚的基础知识、良好的团队协作精神和优秀的决策能力。现在仍然存在少数的"经济循环论"的呼吁者，但业已失效的咒语已经让他们的嗓音变得嘶哑。在那些年，经济在高速繁荣地发展，"经济循环论"没有再崛起，甚至连一丁点儿的凶兆都没有。经济已经进入了前所未有的鼎盛时期，并且根基无比坚实，因为商人们已经学会了如何去良性运作。

显而易见，这个作者非常自信，他用"经济已经进入了前所未有的鼎盛时期，并且根基无比坚实，因为商人们已经学会了如何去良性运作"作为文章的结尾。对于该作者的诚实与尽责这一点我毫无疑问，然而他抑或是不了解情况，抑或是能力有限。他对过去的追溯不够久远，并不知道历史在股票市场乃至整个经济大局中一直在重演。

1929年深秋，史上最严重的股市恐慌爆发了，随之而来的是经济大萧条时代，从而证实了经济周期循环论的正确性。当我们貌似进入了一个全新的时代时，我们不过是在重复那些固有的经济周期和情况，这种情况通常发生在战争之后的数年之内。

投资者如何被股市周期所愚弄

在华尔街，很多拥有丰富投资经验的投资者，却在1921—1929年这轮牛市中犯下了如同菜鸟一般的低级失误。

投资者中很少有人仔细复盘和研究过1901—1921年的历史行情数据。更有甚者，对这段时期的走势都没有进行过复盘回溯。他们仅凭他人的文字分析或者言论断定，任何一轮牛市行情都从不会持续超过两年。1921年到1923年，股市一直处于持续上涨状态，在1924年有一波回落，在柯立芝当选为美国总统之后又重回上升通道，而且一直保持到了1925年。投资者们判断，按照以往的惯例，牛市即将结束，因此开始卖空，进而导致损失惨重。这些投资者一次又一次与市场强行对抗，在这轮牛市之中。每当市场创下新高，他们都认为这将是本轮行情最终的高点。部分个股一直上涨到了1929年。在1929年大牛市行情的末期，这些所谓的投资老手中的大部分人都犯下了这轮行情中的最后一次错误，同时也是最严重的一次错误，这次错误的严重程度远超以往任何一次。这个错误就是他们转而看涨并进场买入股票。他们最终在随后到来的恐慌性下跌之中亏损得一塌糊涂。

目前（1930年）在纽约股票交易所挂牌上市交易的股票数量有1500多，而1924年的上市公司数量仅是目前数量的一半左右，股市里新的行业板块正在形成，新的龙头股也开始领军市场，在这种大环境下，新的百万富翁取代了从前的百万富翁。市场中很多往日的投资达人们，依然沿用他们过去的经验和理论，而非顺应目前的情况及时做出调整，他们认为市场已经涨到了顶点，因此转而做空，招致大面积亏损甚至破产。据报道，利弗莫尔在1924年和1925年根据原有的分析体系判断市场，认为股价已经过高，于是开始进行卖空操作，后来因亏损幅度较大，止损离场。而在1927年他再次因为对做空时机判断失误，导致大幅亏损出局。在1929年他第三次出手做空，最终在恐慌性暴跌中赚取了巨额财富。

专业解读

在开篇的第一个章节里，江恩反驳了1929年华尔街股灾前，媒体所谓的"经济周期理论已经过时"的论调，再次强调了经济周期循环往复这一理论的重要性。

在我们今天看来，经济周期的循环往复是经济学的基本常识，但在江恩所处的年代，清醒地认识到这一点且不被持续繁荣的景象所迷惑，坚定相信经济周期论正是江恩眼光的独到之处，也是他作为投资大师的过人之处。

另外，在阅读经典投资理论书籍时，我们不能仅局限于作者所表达的字面意思，更应该透过作者的描述来深刻地理解作者分析判断过程中的理论依据和思维逻辑，只有这些东西才是永久适用于市场、不受时代限制的投资智慧。

从这个章节我们可以看到，江恩对股市分析的理论依据是：经济周期循环往复——股市是经济的"晴雨表"（或者说是经济周期影响股市的供求关系），因此股市会伴随经济周期而呈现明显的周期性运行。

这个理论依据和稍早于江恩的道氏理论一脉相承，首先看重的是大趋势。

虽然江恩在期货市场上有过傲人的短线战绩，但是这些战绩的由来也是源于江恩对大趋势的精准理解和掌握。因此，学习江恩的投资理念，一定要把侧重点放在对趋势的理解和判断上——那些短期操作上的方法和技巧是辅助而不是核心，千万不要舍本逐末。

1814年至1929年的恐慌性股灾

在详细叙述1929年这次史上最大规模的华尔街恐慌性股灾的情况之前，我们有必要先回顾一下其他发生在美国历史和华尔街历史上的、持续时间非常长的恐慌性股灾，去分析一下导致历次股灾的不同原因。

恐慌性股灾由很多不同的因素引发，在所有引发恐慌性股灾的因素中，最主要也是最关键的就是过高的利率，这种高利率主要是由过度的信用扩张和过度的投机导致的。其他引发股灾的原因还包括：过度发行有价证券而超出市场需求水平上限，如股票和债券；大宗商品价格过低以及汇率水平过低；实体经济和股票市场上的过度交易；银行倒闭，或是进出口贸易出现问题；银、铜、铁等各类基础商品出现价格波动等。如果一个国家的经济处于长期持续性繁荣状态，并且股市的整体价格水平数以年计地持续上涨，公众就会变得过度自信，这会促使实体经济和股市进入带有赌博色彩的投机阶段。每个人都变得极为乐观，带着赌博式的狂热情绪持续进行买入操作，直到市场里的每件事都变得过度，股市的整体价格水平已经高到了超出实体经济能够支撑的水平，或者股市的整体估值水平已经脱离了各行业上市公司营收能力所能支撑的范围。当这个阶段到来时，增量资金开始短缺；银行的存贷比往往会逼近甚至超出警戒线，这些已发放的贷款中有很大一部分流入了股市，股市在经历巨大的涨幅之后，大量意图兑现获利的抛盘也将随之涌现。

1814 年，导致股市恐慌的主要原因是出口业务不畅和信贷过度。

1818 年，导致股市恐慌的主要原因仍然是货币政策和扩张速度过快的银行信贷。

1825 年和 1826 年，导致股市恐慌的主要原因是英国的高利率和高贴现率，以及大宗商品价格的下跌，尤其是棉花的价格下跌。

1831 年，导致股市恐慌的主要因素还是高利率、信贷扩张增速过快以及企业运营规模的过度扩张。

1837 年到 1839 年，导致股市恐慌的主要因素是过度投机和银根紧缩，银行被迫停止贵金属货币兑付。

1839 年，倒闭的银行数量创下了当时的历史峰值。

1848 年，导致股市恐慌的主要原因是银行数量的增长和纸币的大规模流通，以及大宗商品价格的下行，尤其是小麦、玉米和棉花，而这些正是那个时代维系国家经济繁荣的重要支柱。

1857 年，出现的股市恐慌在当时来看是史无前例、最为严重的一次，它出现的原因依然是纸币超发和过度流通，当时在市场上流通的纸币，每 8 美元只对应价值 1 美元的金币或者银币。银行再次大面积地倒闭，幸存的银行再次延迟兑付贵金属货币。

1861 年的股市恐慌是由于内战（即美国南北战争）爆发。

1864 年，导致股市恐慌的主要因素是战争、经济萧条和货币政策收紧。在此之前股市出现了一波较大幅度的上涨，因此股市吸纳和套牢了大量贷款入市的资金。

1869 年的股市恐慌主要是由华尔街的内部恐慌扩散而来。"黑色星期五"发生在 1869 年 9 月，由于长期的投机浪潮，在美国南北战争之后股价上涨到了极高的位置。与此同时，当时的利率也攀升到了 1857—1860 年以来的最高水平。

1873 年的股市恐慌是美国南北战争后最严重的一次，这次危机很大程度上是由战后经济和货币大环境的特殊变化导致的。同时，过度投机也是导致危机的根本原因之一，当时的利率到达了 1857 年以来的峰值。

1873 年 9 月 18 日，杰依·库克金融公司、国家信托公司、联合信托公司和其他银行的倒闭潮导致了金融环境的严重恶化。1873 年 9 月 20 日，纽约证券交易所迎来了历史上的第一次关闭，这次交易所持续关闭了 10 天，直到 9 月 30 日才重新营业。当时的银行贴现率达到 9%，银行再次延迟执行兑付业务。

1884 年，导致股市恐慌的主要因素是股市的过度投机，同时美国的黄金流出到欧洲市场，导致美国国内的黄金储备量非常低。这一时期再次出现倒闭潮，其中就包括格兰特 - 沃德公司（Grant & Ward）的倒闭。同业拆借利率在这次恐慌之前已经维持高位很多年，在 1882 年高达 30%，在 1883 年是 25%，在 1884 年是 18%。

1890 年，导致股市恐慌的主要原因是过度投机和高利率。1889 年，同业拆借利率高达 30%，在 1890 年同业拆借利率更是高达 45%。商品的价格下降到了美国南北战争之后的最低水平，这一情况助推了经济的萧条。伦敦巴林兄弟银行（Baring Brother）的生死危机是这次市场恐慌的重要导火索。1890 年的股市恐慌依然伴随着高利率的阴影。1892 年的同业拆借利率达到 35%，1893 年该利率为 15%。大宗商品的低价导致了众多企业的倒闭，尤其是小麦、玉米和棉花的低价。

1896 年导致股市恐慌的主要原因是投资者们对金本位制度是否会动摇的担忧以及以民主党代表布莱恩为首的金银复本位政策主张者所带来的冲击。然而大宗商品的持续低价对于这次恐慌也起到了推波助澜的作用，低迷的全国经济形势持续了很多年。浮动贷款利率到达了 125%，这刷新了美国南北战争以来的历史最高利率水平。在 1896 年 8 月 8 日，股市平均价跌到了阶段性最低点位，随后出现了回升，在麦金莱当选为总统之后，股市也迈入了著名的麦金莱繁荣时代，这一波市场行情是美国在当时所历经的历史上最长的一次股市繁荣时期。

接下来的一波股市恐慌发生在 1901 年 5 月 9 日，导火索是北太平洋公司股票抢购大案。虽然在这次股市恐慌之后，股市出现过反弹，但是从整体趋势上来看，在之后的数年内，市场价格水平在持续下滑。

导致 1903 年和 1904 年股市恐慌的主要原因是股票市场大规模扩容，超出了市场对新增证券的消化能力，以及政府对铁路行业的打压。同业拆借利率在 1903 年达到 15%，而到了 1904 年就回落到了 1%，在接下来的一整年时间内，这一利率也没能超过 6%。在 1904 年下半年，经济状态开始出现回暖，在老罗斯福（西奥多·罗斯福）获得连任之后，一轮牛市行情在 1905 年和 1906 年到来，股市平均价格上升到了麦金莱繁荣时代以来的最高点。

1907 年的股市恐慌是著名的"富人的恐慌"，是由高资金利率、过度投机、反垄断政策、老罗斯福总统推行的"大棒政策"以及针对铁路行业的限制性立法等多种因素共同导致的。同业拆借利率在 1907 年 10 月高达 125%，恐慌情绪也随之达到顶峰。全美国的银行再次被迫推迟贵金属货币的兑付。

导致 1910 年到 1911 年的股市恐慌（或者说是萧条时期）的主要因素是《谢尔曼反垄断法》的推行所带来的反垄断高潮。

标准石油公司被勒令解散，同时美国钢铁公司也陷入解散诉讼风波，结果最终败诉。1910 年，同业拆借利率为 12%，股市在当年 7 月跌至了当时的最低水平。货币环境在 1911 年变得相对宽松，同业拆借利率因此维持在 6% 以下。

1914 年的股市恐慌导致了纽约证券交易所从 7 月 31 日关闭至 12 月 15 日，因为第一次世界大战在此期间全面爆发。然而即使世界大战没有爆发，这个国家也已经面临着股市恐慌和经济萧条，因为大宗商品价格已经在低位运行了很多年，并且商业环境也已经普遍较差。1912 年的资金利率就已经高企，同业拆借利率到达了 20%，在 1913 年和 1914 年，这一利率维持在 10% 左右的水平。由于在世界大战爆发之时，欧洲投资者是美国股票的主要持有者，他们在战争爆发后的集中性抛售，导致纽交所无力承受清算交割压力而被迫关闭。这场战争使资金和生意流向美国，大宗商品价格开始上涨，这些加速了美国的经济复苏，推动了新的繁荣时期形成。

股市平均价格在 1916 年秋达到了很高的水平，投机气氛再度过热，同业拆借利率达到 15%。开始有获利兑现的抛盘出现，这导致了 1917 年的股市恐慌。这是战时繁荣引发人们过度投机的结果。战后，新的投机风潮在 1919年出现在美国股市，并于 11 月到达高潮，之后是恐慌性的暴跌。1919 年 10月和 11 月，同业拆借利率高达 30%；1920 年秋，这一利率为 25%。

1920 年和 1921 年导致股市恐慌的主要因素是"冻结贷款"和大宗商品价格下跌。全美国的商家都在高价期间囤积了大量商品，同时银行则背负了过量的贷款。

在 1921 年的恐慌之后，一段持续时间较长的繁荣时期随之而来。同业拆借利率在 1922 年到 1928 年一直都没有超过 6%，而在 1924 年到 1925 年之间更是低至 2%。在 1923 年和 1924 年，无论是华尔街的金融机构还是股市的普通参与者都不认为他们在经历一场股市恐慌。投资者普遍认为这是一个简单的回调期或者是休整期，度过了这个调整期之后，市场恢复到了一次较长的繁荣时期。1924 年 11 月，柯立芝连任美国总统之后，商业环境稳步好转。长期的货币宽松政策和商业大发展，推动了当时史上最大的牛市行情，这是在 1869 年 9 月结束的那轮牛市，以及 1898 年到 1906 年麦金莱繁荣时期之后持续时间最长的一次股市繁荣时期。

1929 年，美国股市大崩盘——导致这次股灾的原因是疯狂的赌博，除了美国本土的投资者参与其中之外，很多外国投资者也蜂拥而来。全世界都在美国股市中下注，人们无视股价高低，一律买入，凭借运气而来的账面财富在短期内被快速地创造出来。所有人——从保洁女工到千万富翁都投身股市之中，人们放下手里的工作，时刻注视着股票行情收报机。新的百万富翁在一夜之间大量涌现，人们已经忽视了他们的生意，因为他们觉得在股票市场中赚钱比经营生意更容易。投机的狂热在此时超越了历史上的任何时刻。证券经纪人贷出的贷款总额持续攀升，直至超过了 80 亿美元。据保守估计，全美未偿还的贷款中实际用途是用于购买股票的总量已经突破了 300 亿美元。当整个股市到达顶点时，纽约证券交易所全部股票的总市值超过了 1000 亿美元。在 1928 年，债券价格开始下跌，资金利率也开始上涨，这是牛市行情即将结束的第一个警示。同业拆借利率在 1928 年达到了 13%，在 1929 年上升为 20%。美国联邦储备银行发布的警告也无人理睬。

1929 年，纽约证券交易所的新增证券发行数量创下了当时的历史新高，这些扩容压力需要大量的资金来消化。这轮大牛市的最后阶段的回踩来得异常迅速，甚至连一次有序的回调，或者有序的、能让投资者有可能及时获利兑现的波动都没有出现。当每个投资者都进入满仓状态，只有抛盘涌现而没有新的买入意愿时，崩盘是无可避免的。这是历史上最残酷的一次下跌，投资者们蒙受了巨大的损失。然而这次股灾不像以往只席卷富人，穷人们也同样被卷入其中。千万富翁们也成为待宰的羔羊。500 万美元、1000 万美元、2500 万美元、1 亿美元甚至是更多的利润在短短的不足 3 个月的时间内被市场所吞噬。大户和散户一样无法从股市中脱身，因为没有任何人会去买入他们被迫卖出的股票。1929 年 9 月 3 日，市场指数达到了极端的高位，成交量达到 450 万股；随后的 9 月 5 日是市场下跌的开始，交易量达到 550 万股，而在指数见顶之前，交易量从未突破过 500 万股大关；在 10 月 4 日，这轮回撤的底部，交易量为 550 万股；在股灾的第一天，10 月 24 日，交易量为 1289.4 万股；10 月 28 日的交易量是 911.2 万股；10 月 29 日是当时股市历史上最凄惨的日子，交易量是 1641 万股；10 月 30 日交易量为 1072.7 万股；在 11 月 12 日交易量为 645.2 万股；而 11 月 13 日指数跌到了底部，交易量为 776.15 万股。在这次见底之后，交易量再也没有超过 550 万股，直到 1930 年 4 月 3 日才再一次接近 600 万股的交易量大关。

值得关注的是，道琼斯 30 种工业股平均指数在这期间的运行情况如下。

1929 年 9 月 3 日—10 月 4 日，道琼斯 30 种工业股平均指数从最高点 381 点下跌到 325 点，30 天内下跌了 56 个点。

随后指数出现了快速的反弹，指数于 10 月 11 日回升到了 363 点，上涨了 38 点。

10 月 11 日—10 月 29 日，指数下跌了 132 点，于 29 日报收 231 点。

如果从 9 月 3 日开始计算，9 月 3 日—10 月 29 日指数下跌了 150 点。

在两天的反弹之后，指数上升到 273 点，上涨了 42 点。

11 月 12 日，指数创下了这次股灾的极低点，到达 199 点，对比 10 月 31 日下降了 74 点，对比 9 月 3 日下降了 181 点。

之后出现了一波持续到 12 月 9 日的反弹，将指数推升到了 263 点，比最低点上涨了 64 点。

之后是一波新的下跌，持续到 12 月 20 日，指数点位跌至 231 点，从 12 月 9 日算起，下跌了 32 点。

随后再次出现小幅回升，指数逐步升高，直到 1930 年 4 月 17 日，指数到达 294 点，对比 1929 年 11 月 13 日的最低点，上涨了 95 点。

| 专业解读 |

在这一章节中，江恩回顾了 1921—1929 年美国股市的整体运行情况，并指出了大多数投资在趋势交易中的一些常见错误。

这些情况对于 A 股市场的投资行为也有很强的借鉴意义。

很多趋势型投资者对市场高位和低位的分析和判断过于主观，在遇到因某些特殊情况而出现的超长繁荣时期时，经常会提早出局，甚至在上涨趋势未完成前就急于做空，其根源在于对市场的整体大环境判断有误，对于追随赚钱效应而持续进场的增量资金推升出的非理性行情估计不足。

因为市场的运行并非总是处于理论上的合理范围内，市场的参与主体是人，人的行为会受情绪因素影响。过于一致的预期会导致市场走出非理性行情，因此可以把趋势彻底终结的形态，以及市场进入非理性行情的特征等客观事实作为信号，而不是简单靠主观判断来敲定一个点位。

分析供求关系的现状和可能出现的变化是最好的趋势判断方式，而非一些刻板的主观印象。

股市周期如何周而复始

1929 年的美国股市大崩盘主要是由货币环境导致的，其直接原因是信贷过度扩张和市场无法消化新增证券。对美国南北战争后的经济形势的研究以及对股市价格的回顾都表明，第一次世界大战后的经济形势和以往相比并没有什么本质区别，股市的情形也没有太大区别。在 1929 年 8 月这轮牛市结束之前，在美国的每个地方都传播着这样的言论：这轮牛市将比历史上任何一轮牛市持续的时间都要长。这种言论不仅愚弄了那些最聪明、最优秀的精英人士，事实上，它还愚弄了所有人，"比历史上任何一轮牛市都为期更长"的言论其实并不符合实情，我们接下来对股市历史运行情况的回顾将证明这一点。

铁路平均指数——我编制了 1856—1896 年的铁路股平均指数，这样不仅方便大家了解美国南北战争爆发前的股价运行情况，也方便大家了解美国南北战争后股价运行情况的变化。对比战前和战后的经济情况，最好的"晴雨表"就是股市。我们可以研究一下铁路股在 1856—1896 年中每一年的价格运行高点与低点。

1856 年，那轮牛市见顶，指数最高达到了 96 点。

1857 年，市场出现了恐慌性下跌，导致指数下跌至 37 点。

1858 年，指数的高点是 79 点，低点是 59 点。

1859 年，指数的高点是 70 点，低点是 53 点。

1860 年，指数的高点与 1859 年相同，也是 70 点，低点是 54 点，仅比 1859 年的低点高了 1 个点。

1861 年，指数的高点是 65 点，3 月创下新低 48 点。

1861 年，美国南北战争于 4 月爆发，不过你可以观察到指数的运行情况已经提前反映了战争的影响，指数随后展开了快速的反弹。

1862 年，指数在 6 月突破了 70 点，这个点位曾是 1859 年和 1860 年的高点。9 月指数又进一步突破了 79 点，这个点位是 1858 年当年的最高点，也是这几年间的最高点。

1863 年，牛市行情继续展开，1 月指数突破了 1856 年留下的历史高点，上升趋势一直延续到 1864 年 4 月，创下了 154 点的历史顶点；随后指数迅速回落，再度回落到了 88 点，与 1864 年的高点相比，低了 66 个点。

1865 年，指数在 10 月反弹到了 121 点。

1866 年，指数在 2 月下探到了 100 点，10 月指数再次回升到了 125 点，然后又开始了下跌。

1867 年，指数于 4 月跌至 104 点，这个低点稍高于 1866 年的市场底部。从这个低点起步，指数开始了新一波的大幅上涨。

1869 年，指数在 7 月达到了这轮行情的最后一个高点，平均指数在 181 点见顶，比 1867 年 4 月的低点高出 77 个点。1869 年牛市的尾声时期，市场表现狂热，交投活跃，在最后 3 个月的疯狂时刻，指数大概涨了 33 个点。

南北战争期间的那轮牛市行情的真正启动点是在 1861 年 3 月，到 1869 年 7 月才结束，这和 1921 年到 1929 年这波牛市类似，牛市行情中也时常伴随着回调。1861—1869 年的牛市持续了 8 年零 4 个月，而 1921—1929 年这波牛市的时间跨度是 8 年。从南北战争前后的记录中可以观察到，其实当年的那轮牛市比 1921—1929 年这波牛市持续的时间要稍微长一些。

1869 年，股市于 8 月开始下跌，而真正的恐慌性下跌发生在 9 月。1869 年 9 月 24 日这一天，市场迎来了日后著名的"黑色星期五"，在整个 9 月期间，指数下跌了 30 个点，下降到 144 点的低位。10 月有一波快速的反弹，指数上升到了 167 点。这是这轮行情的最后一个高点，在此之后直到 1873 年的恐慌之前，指数一直在没有实质性利空影响的情况下持续走低，只伴随着一些小的反弹。

1873 年，指数下跌到了 84 点，比 1869 年 7 月的高点下降了 97 个点。随后出现了一波延续到 1874 年的反弹。

1874 年，指数于 2 月攀升到了 107 点。1874 年 9 月，指数下跌到 95 点。

1875 年，指数于 5 月反弹到了 106 点，并且在 10 月再次下跌到了 95 点。

1876 年，指数于 3 月重新反弹到 110 点。之后一直处在下跌态势，直到 1876 年 12 月，当时记载的最低点为 81 点，相比 1869 年 7 月的高点下跌了 100 个点。

这轮下跌之后迎来了一波牛市行情，并且一直持续到 1879 年。

1879 年，指数于 11 月到达了 119 点的高点。之后股市迎来了一轮下跌。

1880 年，指数于 6 月结束下跌，指数在结束下跌之前收录的最低点位是

73 点，从这个低点开始，大盘展开一波快速的回升。

1881 年，指数于 1 月到达了 118 点，仅比 1879 年 11 月的高点低 1 个点。在 5 月和 6 月，指数两次到达同样的高位，从这个顶部开始，股市迎来了一波漫长的熊市行情。

1884 年，指数于 6 月到达了 51 点的低位，8 月指数反弹到了 72 点。

1885 年，指数在 3 月、5 月和 6 月都触到了 52 点这一底部，比上一年的极低点位高 1 个点，同年 11 月指数再次反弹到了 73 点。

1886 年，指数于 5 月再次回调到 53 点，这是这轮熊市的最后一个低点。从这个低位开始，指数逐级上涨，市场步入了一轮缓慢的牛市。

1890 年，指数于 5 月上涨到了 89 点。之后迎来了一波熊市行情，也正是这轮熊市导致了 1893 年的股市恐慌。

1893 年，指数于 7 月到达了 61 点的底部。1893 年 12 月，同一低点再次出现。之后迎来了一波上涨，这波行情持续到了 1895 年。

1895 年，指数于 9 月到达了 106 点的高位。从这个顶点开始一直到 1896 年，市场都笼罩在当时金本位与金银共同本位之争的恐慌环境中。

1896 年，指数于 8 月 8 日下跌到了自南北战争以来的最低水平，或者说是南北战争之后于 1869 年 7 月出现顶点以来的最低水平。1896 年，很多股票都被迫流转到资产清算管理人的手里，比如纽约中央铁路公司（New York Central）这样的股票，在 1869 年到达顶点之后持续走低，直到 1896 年才到达了底部。

1896 年至今，道琼斯平均指数中的铁路股和工业类股票成为了判断市场趋势最可靠的依据。在《江恩股市操盘术（专业解读版）》一书中，我曾对这些指数在 1896 年到 1922 年的运行情况做出过回顾。

1928 年，当指数越过了 1906 年的高点（这也是当时的历史最高价格）时，接下来你应该关注那些组成这个板块指数的权重比较大的高价股，并且标记其中已经越过 1906 年高点的股票，比如阿奇逊公司（Atchison）、纽约中央铁路公司和联合太平洋公司（Union Pacific）的股票，这些股票都突破了 1906 年顶部的价位，在铁路股票中创造了最大的涨幅。然而像圣保罗公司以及其他没有达到1906年高点的股票，与那些强势股相比之下，其涨幅就明显偏弱很多。

对于交易者来说，了解历史行情是有必要的，并且交易者应该明白历史上发生过的事情还将再次发生。投资者不应当仅凭希望就选择持股。当你发现你的判断和操作有误时，你应当设置止损单，或者是承受少量的损失同时坚决离场。成千上万的投资者被1929年股灾爆发前的那轮牛市所愚弄，不仅如此，因为很多股票尚未到达底部，所以很多投资者可能会因为继续持有在1929年随大盘见顶的个股而蒙受损失。唯一可以保证你不蒙受巨大损失的方式，就是及早地坚决离场。在股市中，固执不会对投资者有任何的帮助。事实上，当你的投资决策出现错误时，没有什么事物可以帮助你，除非你可以止损出局并等待下一次机会，或者调仓换股到你判断正确的个股上。

牛市行情的阶段构成

牛市行情的运行呈现一定的规律性，运行过程中有明显的阶段性或者呈现波浪形走势。

1921年到1929年的牛市行情可以划分为以下几个阶段。

牛市的第一个上涨阶段

起始于1921年8月，道琼斯20种工业股平均指数在这个时间点见底，之后本轮牛市行情正式启动；结束于1923年3月，指数短期见顶。

牛市的第一个回调阶段

起始于1923年3月，结束于一批股票于1924年5月见底，其他股票于1924年10月见底。

牛市的第二个上涨阶段

起始于1924年10月，结束于1925年11月，随后的市场回调只是牛市行情中的一次较短期的调整。

牛市的第二个回调阶段

起始于 1925 年 11 月，结束于 1926 年 4 月。

牛市的第三个上涨阶段

起始于 1926 年 4 月，结束于 1929 年 2 月。

期间的具体运行情况相对比较复杂，股市先是于 1924 年 4—8 月迎来一波持续的上涨，随后短期调整了两个月，于 1926 年 10 月结束调整，再次上攻；这波上攻于 1927 年 10 月见顶后，出现了一波非常急速的下跌回调，但这个状态仅维持了一个月，很多个股受此影响出现了休整，直到 1928 年 2 月，回调彻底结束，指数再次启动，这波回升的速度比较快，到 1929 年 1 月和 2 月见顶，这次见顶可以视为第三波上涨的尾声。

牛市的第三个回调阶段

1929 年 3 月出现了一次恐慌性的下跌，并在 3 月 26 日见底。市场在接下来的两个月时间里呈现窄幅震荡形态，或者说是在重新蓄势阶段。市场的这波调整结束于 1929 月 5 月。

牛市的第四个上涨阶段

这是此次牛市行情的最后一个上涨阶段，起始时间是 1929 年 5 月。最后的这波上涨来势猛烈，很多股票创下了在同等时间范围内的历史最大涨幅纪录。从 1929 年 5 月到 9 月 3 日，道琼斯 30 种工业股平均指数上涨了 90 个点。而在这次最终冲顶过程中，对指数上涨贡献最大的是少部分由游资运作的高价活跃股，随后海量的获利了结抛盘蜂拥而来，在两个月的时间里，指数暴跌了 182 点，创下史无前例的最大跌幅，给普通投资者和基金经理人都带来了有历史记录以来的最大损失，全部股票的市值蒸发超过 400 亿美元。

工业平均指数——我在《江恩股市操盘术（专业解读版）》一书中对 1896 年到 1922 年的道琼斯工业平均指数做过回顾，同时配有每月高低点示意图和每年高低点示意图。

1922 年，高点出现在 10 月，点位是 103 点，低点出现在 11 月，点位是

92 点。而这也是下一轮上涨的起始点。

1923 年，这一轮上涨于 3 月到达 105 点，仅比 1922 年的高点高出 2 个点，对比 1920 年的高点低了 4 个点，而只有指数突破了这个前期高点，才能够说明后市看涨。随后指数出现了回撤，直至 1923 年 10 月跌到了 86 点。围绕着这个点位，指数在 86 点到 88 点之间进行了为期 5 个月之久的横盘调整和蓄势。

1924 年，指数于 1 月和 2 月出现了反弹，回升到了 100 点。随后再次出现下跌，于 1924 年 5 月见底，点位是 88.5 点。在其后的 3 个月内，指数的低点都保持在这个位置附近，一直没有跌破。这一点位比 1923 年的低点高出 2 个点，说明指数在这个位置有强势的支撑，是股价要回升的信号。1924 年 8 月，指数的高点为 105 点，恰好与 1923 年 3 月的高点持平。随后出现了一轮走势温和的回调，并于 1924 年 10 月见底，当时的低点是 100 点。在 10 月底指数出现反弹，指数当月收报 104 点，而 11 月的开盘点位也是 104 点，其后迅速突破了 105 点，这个位置是两年多来指数的顶部位置，这次突破可以被视为指数有望持续上涨的明确信号，这时投资者就应该去筛选那些在成分股中走势最强的股票买入，因为上涨的空间已经被打开。

1924 年 11 月，柯立芝在美国总统大选中胜出之后，股市出现了迅速的上涨。并且指数在 11 月底之前，突破了 1920 年的最高点——109 点，这个信号预示着指数将出现新的高点。下一个高点是 1919 年的最高点——120 点，也是当时的历史最高点。这个高点的突破出现在 1924 年 12 月。这是新一轮大涨即将到来的另一个迹象。

1925 年 3 月，指数高达 125 点，随后出现了一波快速回调，在 3 月底，指数回落到 115 点。指数在这个点位得到了有效的支撑，又重回上涨通道。5 月，指数突破了 3 月的高点——125 点，此后的每个月，指数的高点和低点都在不断地逐步提升，直到 1926 年 2 月，指数到达了 162 点的高位。指数在这里留下了一个尖锐的顶部，一轮剧烈而快速的回撤出现在 3 月，这是一次恐慌性的下跌。很多交投活跃的股票都下跌了 75 个到 100 个点，指数在当月创下 135 点的短期低点。这轮回撤的持续时间只有一个月，与 1925 年 3 月的那次回撤比较类似。

其后，市场在一种较为平稳的状态下，窄幅震荡了两个月的时间，在经历了这个阶段的蓄势之后，6月市场的主要趋势再次转变为上涨。1926年8月，指数创下166点的高点，比1926年1月的高点高出4个点，这是一个预示后市指数可能继续上涨的信号。随后一波为期两个月之久的回调在这个位置出现，直到1926年10月，指数跌至146点的低位，之后市场重新开始回升。

前期表现活跃的龙头股在成交量的推动下持续上行，1927年5月，指数突破166点，这是另一个预示指数后市可能继续上涨的信号，指数在10月到达了199点的高位。最佳的卖点经常出现在整数关口附近，比如100点、200点、300点。一轮快速的下跌随之而来，在10月结束之前，指数已经跌到了179点。

但是这次破位下行之后，出现了一波报复性上涨，1928年1月，指数突破了200点，已经越过了整数关口，这也预示着后市指数有可能再创新高。当时指数到达了203点，之后在2月指数点位出现了一波小幅回调，指数到达192点的低位，3月指数出现恢复性上涨，指数点位穿过了203点。指数点位在1928年5月和6月到达阶段顶点，这时的指数点位是220点。6月指数再次回调，回调后的最低点是202点，指数的这次回调并没有跌破200点的整数关口，这一情况表明市场在这个位置有较为有力的支撑，这预示着指数还有再创新高的可能。7月和8月，市场进行了较为充分的蓄势整固，其后市场出现了近乎失控的状态。

1929年2月，指数回升到了222点的高点。之后指数在3月极速回撤到了196点。回撤之后紧接着一轮暴力的回升，指数点位在4月创下了227点的新高。5月上旬市场再次出现大幅回撤，并留下了一个尖锐的顶部，指数点位在5月下旬就跌至194点，这个位置仅比1929年3月回撤留下的低点低2个点，这是一个底部的明确信号。在6月指数再度快速上涨，在这次上涨过程中，公共事业板块和前期滞涨股作为领涨股推动了指数。

指数在其后的每个月里，都做出更高的顶部和底部，整体趋势持续向上，直到1929年9月3日指数到达了最后一个顶部——381点，这在当时是刷新了历史新高的一个点位。大多数高活跃度的股票在这个位置上随着汹涌的买盘而放量并做出了尖锐的顶部。一轮快速、剧烈的下跌来袭，指数在9

月 5 日跌至 370 点，之后一波快速反弹把指数送到 377 点，较前期 381 点的高点形成了一个次高点。9 月 9 日，指数下跌至 367 点，这是一个指数即将走弱的信号，并且预示着更低的指数点位即将出现。9 月 11 日指数快速反弹到 371 点；9 月 12 日指数回撤至 366.5 点，市场再度显示看空信号；9 月 16 日指数反弹至 372 点，并没有较之前的反弹高点高出太多；9 月 19 日，指数跌破 366 点，这是一轮暴跌在即的关键信号；10 月 4 日，指数到达了 326 点的低位；之后市场快速反弹，指数在 10 月 11 日回升至 362 点，这个高点依然低于前一个反弹高点。从这个高点开始，一轮恐慌性下跌出现，10 月 29 日，指数下跌至 231 点的低位。之后市场出现了仅持续两天的快速反弹，到 10 月 31 日，指数到达 273 点的位置。汹涌的抛盘再次来袭，导致指数暴跌，在 11 月 13 日指数创下 199 点的低点，相比 1929 年 9 月 3 日的市场顶点跌了 182 个点。

这次暴跌是当时美国股市有记录以来最惨烈、最快速的一次下跌，也将以华尔街历史上最大的一次股灾之名被永载史册。在这之后，市场迎来了一波修复性上涨，直到 12 月 9 日，指数达到了 263 点的高点。之后出现一轮回撤，指数在 12 月 20 日下行到 231 点的低点。值得注意的是，12 月 20 日指数到达的这个低点点位，与 10 月 29 日指数在回撤中留下的低点是相同的，这个点位比 1929 年 11 月指数创下的极低点位高出了 32 个点。这是一个预示市场将持续回升的信号。从这个底部开始，一轮缓慢的上涨到来，期间仅伴随着一些较小的回调。1930 年 2 月 5 日和 14 日，指数出现了短期的顶点——272 点，之后指数回撤，于 2 月 24 日跌至 263 点。之后指数重新回升，在 4 月 17 日到达 294 点的高位。

道琼斯 30 种工业股平均指数对于活跃度较高的股票来说，是一个很好的趋势性指南。但是请谨记，你必须去分别研究每一只个股，并且关注它们的趋势是否与指数有较强的一致性。如果一只个股的趋势与指数趋势截然不同，就需要依据个股的特性进行操作。当指数在高位或者低位出现持续的窄幅震荡、横盘整理的情况，同时成交量水平明显萎缩时，这种情况往往是市场趋势将出现转变的信号。当市场在顶部和底部交易非常活跃时，要着重观察成交量是否是持续放大的。一旦成交量开始收缩，就要留意市场趋势是否有转变的可能性，同时关注市场趋势是否将出现反向运行。

┃专业解读┃

这个章节往往被投资者视为枯燥无聊的流水账，但实际上并不是。

它的价值体现在以下两点。

1.在江恩所处的年代，没有现在这样方便的行情与交易软件存在。只有职业投资者才有资格在行情收报机上查询行情，普通投资者要到交易场所去看工作人员手写在公示板上的行情报价更新，或者是从报纸上得知行情动向。

2.很多职业投资者和绝大多数普通投资者在查看完自己感兴趣的短期行情之后，很少再去回顾市场整体的历史走势。

所以一份手绘的、包含历年市场高低点位，以及导致市场高低点位出现原因和特征的走势图和资料是投资者的珍贵财富，有助于投资者清楚地理解市场的运行规律。

江恩的分析逻辑与道氏理论有很多共通之处，在稍晚于江恩成名的罗伯特·D.爱德华兹（Robert D.Edwards）著述的《股市趋势技术分析》中，作者明确了由道氏理论发展而来的三大技术分析理论基础，其中第三条就是大家熟悉的"历史总会重演"——历史会重演，技术分析和市场行为学与人类心理学有一定关系，价格形态通过特定的图表表示了人们对某个市场看好或看淡的心理。

作为技术分析大师的江恩，虽然不是这条理论的直接提出者，但是他在著作中，处处流露出他对历史经验的重视，以及将历史中总结出的规律用于分析、判断行情的有效性的肯定。

而且江恩不仅将历史上的经典技术形态作为分析、判断的参考依据，同时也利用历史上出现市场高位和低位时的财政政策、货币政策、国际形势等基本面特征来协助判断，来达到一种"1+1＞2"的效果，提高了他对大趋势分析预判的正确率。

所以在这个章节里，由于时代的变迁和市场情况的不同，大家硬着头皮去把这笔流水账仔细读下来意义不大。我推荐的方式是仿照江恩的形式，自己动手绘制一幅上证指数 28 年来的历史走势图，并标注出历次牛熊市的最高点与最低点，同时对每次牛熊市最高点和最低点处的市场利率、重大政策变动和关键经济事件等市场特征进行标记。

绘制图表的级别，比较推荐的是季度级别，也就是在你绘制的图表中以每个季度的价格变动为一个基本单位，绘制成一条 K 线。这样的话，工作量不大不小，一个周末的时间基本就足够了，如果还有余力的话，也可以把对应的成交量也绘制进去。

相信我，在交易软件里反复查看，和你亲手绘制一遍相比，给你留下的印象和记忆是完全不同的。当你亲手绘制完成这个图表之后，你对市场历史规律的理解和牛熊市转变时期的市场特征的理解，将超过这个市场里 90% 以上的普通投资者。

江恩的成就不仅来源于其天赋和眼光，这笔清晰完备的流水账也让我们看到，作为投资大师，勤奋依然是必备的条件之一。如果你也想效仿江恩，那就请拿起你的纸和笔，从基本功做起，这个市场缺少的是找对方向的勤劳之人，而永远不缺一时冲动，自以为聪明的懒散之徒。

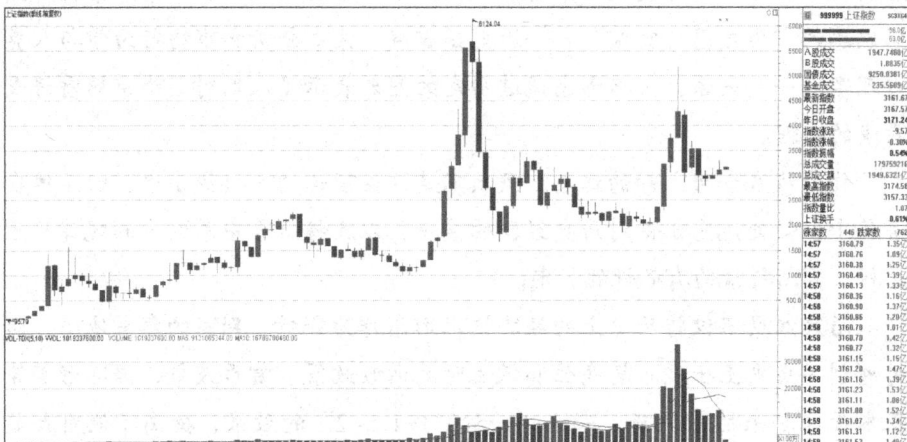

图 1-1　上证指数季 K 线图

第二章 24 条不败法则

投资者如果希望在股市交易中获得成功，就必须制定明确的法则，并且恪守这些法则。根据我的市场投资经验，我总结了以下这些法则，任何恪守这些法则的投资者都将在市场中取得成功。

1. 仓位控制：将全部本金划分为 10 等份，并且永远不贸然在一笔交易中动用十分之一以上的仓位。

2. 设置止损单：在进行交易时，通常要将止损单设置在成交价下方 3~5 个点的位置。

3. 拒绝频繁交易：频繁交易是投资资金使用中的大忌。

4. 杜绝浮盈变为亏损：在每笔交易中，当盈利达到或者超过 3 个点时，相应地调高止损单的设置点位，这样就会避免本金的损失。

5. 杜绝逆趋势操作：如果投资者根据走势图无法确定目前的趋势，就应当暂停任何买卖操作。

6. 在毫无把握时坚决离场，在心存疑虑时放弃进场。

7. 仅交易活跃度高的股票，不介入走势迟缓和交投极度低迷的股票。

8. 分散风险：在条件允许的情况下，将投资分散到 4 ~ 5 只股票上，避免将资金单一地投资在一只股票上。

9. 交易时尽量避免使用限价委托单，或是锁定买入价 / 卖出价，根据市场情况使用市价委托单灵活交易。

10. 在没有充分的理由时，不要轻易卖出股票。合理地使用止损单来保护已获得的账面盈利。

11. 积累盈余：每当完成一系列成功的交易后，将部分资金转存到一个专门积累盈余的账户中，这部分资金可以在市场出现紧急情况或者市场出现恐慌性下跌时用于应急。

12. 永远不要仅为获取分红而买入股票。

13. 不要尝试通过补仓平摊亏损。这是投资者可能会犯的最严重的错误之一。

14. 不要因为丧失耐性而离场，也不要因为过度焦急而入市。

15. 避免在投资中因小失大。

16. 杜绝随意撤销每笔交易中已经设置好的止损单。

17. 避免频繁地进出市场。

18. 要像习惯于因为看涨买入那样习惯于看跌卖空，看空预期要和趋势保持一致，并且顺势获利。

19. 永远不要单纯地因为股票价格过低而买入，也不要单纯地因为股票价格过高而卖出。

20. 不要在不恰当的时候进行连续加仓买入，追加买入的操作要在股票交投非常活跃，且股价有效突破阻力位时进行，反之追加卖出的操作要在股价跌破高位派发区间之后进行。

21. 在做多时，优先选择典型的小盘股，在上涨过程中采用金字塔交易法进行操作。在做空时，尽量选择典型的大盘股来进行卖空操作。

22. 杜绝对冲操作，如果投资者计划长期做多一只股票，而这只个股在持有阶段前期出现持续下跌。这种情况下最好的办法是接受损失暂时离场，等待下一次机会，而不是卖空另外一只股票来进行对冲。

23. 绝不要在缺乏充分的理由和论据时轻易改变立场。投资者的每个决策都要先有一个充分的理由，或者一个完备明确的计划，其后才能依据这些进行交易。同理，在没有观察到任何明确的信号能表明趋势已经转变之前，也不要轻易离场。

24. 避免在长时期的持续成功交易或者收获一笔利润丰厚的收益之后，贸然扩大交易规模或提高交易频率。

当投资者进行交易决策时，请确保交易决策不违背这 24 条法则中的任意一条，这对交易的成功是至关重要的。每个投资者在结束一笔亏损的交易之后，都有必要重温一下这些法则，并明确这笔投资有悖于哪一条法则，进而牢记这次失误以免重蹈覆辙。有充足经验的投资者或者善于钻研的投资者都会对这些法则的价值感到信服。研究并理解这些历经实践检验的正确理论，将使你在华尔街获得成功。

| 专业解读 |

在这一章节中，江恩介绍了他最为看重的 24 项交易法则，并将其视为在股市中能生存下来的不二法则。不过就像我们之前讲过的那样，江恩是个投资大师，而非文学大师，在行文和谋篇布局方面的水平远不如他在投资上的水平。这个 24 项法则的排布顺序略显杂乱。因此，我们在这里按照法则的针对性重新做一下排列，方便大家阅读和理解江恩所要表达的思想内涵。

第一类：资金使用类法则

法则 1、法则 3、法则 17、法则 24 都可以归入资金使用类法则。

这里简单解释一下法则 1，江恩所说的"每次交易中投入的资金量不要超过全部资金的 1/10"和当时美国股市普遍存在杠杆交易有关。即便今天也是如此，我们经常能看到美股交易中会出现 3 倍买入这样的操作。因此这个不能简单地直接套用在国内的 A 股市场。在 A 股市场中，这条法则可以稍作修改，改为在不进行融资的情况下，每次投入的资金量不超过资金总量的 1/4 或者 1/5 比较合理。

法则 1 主要讲不要轻易重仓或者满仓操作。法则 3 是对法则 1 的进一步强调，以保证投资者不会因为过度交易而破坏法则 1。法则 17 主要讲的是不要过于频繁地进出市场。法则 24 主要讲的是在交易成功和获利之后，不要盲目扩大交易规模。

第二类：止损类法则

法则 2、法则 4、法则 16 是一类，归属于止损操作类。

法则 2 讲止损单常用的设置位置（国内 A 股市场的股票交易系统中没有自动设置止损单的功能，但期货市场有，所以股市交易中选定止损点位之后，投资者需要跟踪观察和手动操作）。法则 4 讲止损单要随着盈利情况进行相应的调整，而非单纯以买入价格做绝对的固定止损。法则 16 强调止损单的重要性和不可或缺。

第三类：趋势跟踪类法则

法则 5、法则 6、法则 7、法则 10、法则 14、法则 15、法则 23 是一类，归属于跟踪趋势类。

法则 5 强调不要逆市操作。法则 6 强调投资者要对行情的趋势和方向性有明确的认识，宁可踏空也不要进行没有把握的交易。法则 7 强调投资者在选择股票时，要选择交投活跃的股票，因为交投活跃的股票更容易展现明显的趋势。而运行缓慢、表现呆滞的股票，往往正处于涨跌两种趋势转变的过程中，方向性难以确立，投资者如果过早介入容易浪费时间。法则 10 主要讲的是不要过于主观地去判断趋势，在有止损单保护的情况下，尽量顺势跟踪市场。法则 14 和法则 6 类似，但是着眼点有区别，法则 6 的着眼点在于分析和判断能力，法则 14 着眼于不要受困于情绪因素。法则 15 讲的是回避非明确趋势下的短期波动，以免因小失大。法则 23 强调在趋势交易中，针对趋势预判制订计划的重要性，总结起来就是"计划你的交易，交易你的计划"。

第四类：风险控制类法则

法则 8、法则 11、法则 22 是一类，归属于止损单以外的风险控制类。

法则 8 我们都比较熟悉，讲的是通过将资金配置于不同股票来分散风险。法则 11 强调盈余保护，和法则 17 有一定关联。很多投资者在盈利之后容易轻视风险而扩大交易。但是如果能将部分盈余存储起来，以备应急的话，会保障投资者有更好的抗风险能力。另一位投资大师，杰西·利弗莫尔在著述中也颇为自豪地强调过类似方式的优点。法则 22 讲对冲操作，但是在做空手段并不充足的 A 股市场，这个不是太常使用。

第五类：金字塔交易类法则

法则 13、法则 20 和法则 21 都是关于金字塔交易法的，虽然法则 13 没有直接提到金字塔交易法，但是法则 20 中强调的不要在错误的时候采用金字塔交易法指的就是法则 13 这种情况。江恩在法则 20 中讲到的金字塔交易法是典型的右侧交易，而且从前文中提到的跟踪趋势类法则中我们也能看到，江恩提到的关于趋势交易的日常操作大多是右侧的，也就是跟涨型，而非抄底型。现在随着分析方式和操作模式的增多，很多左侧抄底型交易也比较可靠，所以法则 13 讲"不要试图摊薄亏损"并不绝对，因为很多资深投资者很擅长在股价下跌过程中利用金字塔建仓法，一边摊薄前期的亏损，一边拿到更多底部筹码。但是，新手投资者往往判断不好底部，而经常抄底和补仓在半山腰上，从而遭受严重的亏损。所以新手必须牢记法则 13，只有投资经验积累到一定程度之后，才能尝试左侧交易。法则 21 是 A 股市场的投资者大多数不了解的重要经验，尤其是这个法则的后半句，因为 A 股市场做空手段少，经常参与融券卖出做空的投资者很少。虽然不常用，但是一定要记得，做多买小，做空卖大。

这 24 条法则有很强的实用性，但是大多数投资者读过之后，尤其是新手投资者，很难马上理解并在实际操作上坚持恪守。不过，遇到这种情况不要灰心。

首先，掌握和恪守这些法则可以循序渐进，先从遵守比较简单直观的资金使用类、止损类和风险控制类法则开始。当这三类法则已经融入你的日常交易习惯之后，你就可以开始专攻涵盖范围比较广的跟踪趋势类法则。等对趋势有清晰的理解和认知之后，可以尝试使用金字塔交易法来顺势操作，并开始恪守金字塔交易法相关的法则。

其次，每次操作出现亏损之后，第一时间不要抱怨市场或者把亏损的原因归结于运气，而要马上对照这24项法则，来检查自己是否在交易过程中违背了某一条法则。如果有，请牢记亏损的教训并尽量争取不再重蹈覆辙。经常地检查和回顾可以快速巩固投资者对这些法则的理解和掌握。

在股票投资的过程中，道理往往一说即通，但是能坚持做有道理的事却异常艰难，因为投资过程中的很多道理和法则是和人性对抗的，投资行为受主观情绪干扰在所难免。从得知和了解一种投资中的道理和经验，到实际掌握这种道理和经验并把它转变为自己的交易习惯，这需要一个过程。在这个过程中遇到困难时，投资者不要妄自菲薄，交易顺风顺水也不要得意忘形，时刻调整自己的状态和矫正不合理的习惯，假以时日，自然会有收获。

确保本金的安全

一个投资者在其投资过程中，首先要考虑的是如何妥善地保护好本金，同时还要考虑怎样才能确保每一笔交易都尽可能安全。这里有一条可以确保交易安全的法则，任何投资者如果在交易过程中不违背这条法则，就可以在保障本金安全的基础上，在每个年度的总收益水平上跑赢其他大多数人。这个法则就是将你的本金划分为10个等份，在交易过程中，每次的单笔投入金额都不要贸然超过本金的1/10。如果一个投资者在起步期拥有1000美元，那么在第一笔交易中可投入的资金上限就是100美元，同时为了控制可能出现的损失，相应的止损单也必不可少。相比较而言，以10美元的价格买入10股或100股，同样面对30%的下跌，亏损30美元要比亏损300美元更容易承受。投资者可以经常在市场中寻找到合适的盈利机会，但前提是有本金来用于操作。在交易中，过早地投入大比重本金，将其暴露于市场风险之下，会影响投资者的判断力。依照这条法则进行交易，即使出现小幅亏损，也不会严重干扰投资进程。

设置止损单

关于止损单，无论我如何不厌其烦地强调其重要性都并不为过，因为止损单是唯一能保护投资者和交易员的安全阀。投资者和交易员在交易过程中，会有 1/10 的概率遇到这种情况，在设置止损单之后，恰好在股价的最高点或者最低点时触发了止损单。在遭遇这种情况之后，他们经常会牢记这件事，并向他人倾诉："每当我在交易中设置止损单时，刚刚买入之后的回撤就会触发我的止损单，而导致股票被卖出，或者卖空之后的反抽也会触发我的止损单，导致空单被平仓，然后市场却继续沿着我最初判断的方向运行。"因此他将拒绝再次使用止损单，他的证券经纪人也会对他讲，止损单通常会被触发。但是投资者却忽视了止损单另外 9/10 的正确概率，当市场趋势与投资者预期截然相反时，止损单会及时中止交易，让投资者远离巨大的损失。止损单在 1/10 的错误时刻被触发所造成的损失，会在其他 9/10 的正确时刻被触发而规避的损失中得到弥补。所以不要放弃使用止损单。

杜绝顽固心态

明智者会调整思路，但是愚蠢者却从不会如此。明智者会先进行调查，而后再做出决定，愚蠢者往往在决策时非常武断。在华尔街，那些不肯调整思路的人，在不久后会发现，最初的情况已经步入死胡同而无可改变。每当你下定决心进行一次交易时，你一定是基于一个你认可的理由才行动的。在没有更充分的理由之前，不要轻易改变原有的想法。我能给出的最重要的忠告就是，当市场走势与你的预期相反时，请调整止损单的位置，或者暂时终止交易。在你进行交易的过程中，首先要做的就是设置好止损单，以此来保护你的交易。每当你设下止损单时，你所做的就是基于理性判断而采取的明智行为。轻易改变你的原有判断是愚蠢的，随意取消你设下的止损单是不明智的，这种想法不是基于理性的判断，而是出于对盈利的渴望，这种非理性的渴望只会给你带来损失，尤其是在华尔街。假如你能在设好止损单之后，坚决不随意将其取消，市场将十有八九会证明这是你做过的最合理的事。任何坚决遵守这项法则的人都将在市场中收获成功。我再次奉劝各位，如果你不能遵守法则，请不要参与投机交易，否则你可能因此失去一切。

在每笔交易中设置止损单，并且绝不取消——这是你要坚决执行、永不违背的法则中最核心的一条。

拒绝频繁交易

人性的弱点是导致历史反复重演的根源，投资者渴望一夜暴富的贪婪之心让他们损失了无数的金钱。每个经验丰富的投资者都知道频繁交易是其最大的弱点，但是他们依然放任这个弱点毁灭他们的财富。因此投资者对于他们在交易过程中的这个最大的弱点，必须采取措施予以制止，而这项措施就是止损单。止损单是克服过度频繁交易这项人性弱点的必要手段。

保护盈利

在交易过程中，保护你的盈利和保护你的本金的重要性是不相上下的。一旦你在一笔交易中获得了账面盈利，就不该让其转变为亏损。运用这项法则时不能简单地墨守成规，尤其是涉及止损单的位置选择时，止损单的位置要取决于账面盈利的多少。

下面我提供一个在正常情况下最为安全的操作法则。

当股价向与你的期望一致的方向运行3个点时，可以将你的止损单设置在你的成本价处，哪怕这个止损单有可能被触发。

对于活跃的高价股，可以等到账面盈利超过4~5个点时，相应地上调止损单的位置，确保即使市场趋势发生反转，你的账面也不会出现亏损。

以这种方式操作，你就可以把风险压制在极低的限度内，同时在盈利的一端，保证了无限大的可能性。当股价的运行方向与你期望的方向一致时，止损单要保证能够及时地动态跟进，这样既可以保护你已得的盈利，同时也保护了扩大盈利的机会。

进场的时机

对于投资者来说，学会如何把握交易时机是至关重要的。

投资者必须掌握一些固定模式，或者遵循一些盘面信号，用来确定下单进行交易的时机。在事后复盘时，投资者会发现那些自认为是市场高点或低点的判断，十次中有七次是错误的。股市当日的走势如何，以及投资者预期中的行情运行过程是怎么样的都不重要，关键是找到正确的指引操作的市场迹象，它会指引投资者在后市的运行过程中，获得期望中的盈利。

当股价运行到了低点或高点，促使你想要进场交易时，你应该耐心地等待走势图发出明确的趋势向上或者向下的转折信号之后再操作。有时，你会在等待的过程中错过股价的最顶峰或者最低谷，但是，请你相信这样会使你节约大量的时间成本和交易成本，因为你总是在顺势操作，避免了因为抢跑而导致逆势操作所带来的损失。

投资者需要时刻谨记于心的一个关键点是，在交易中要先把对盈亏得失的计算暂时放下，把和钱有关的问题抛开，你应该锁定的目标是如何在市场中保持操作方向的正确性。要与市场的趋势结伴而行，把对股市的研究重心放在如何准确判定趋势的真实方向上。不要总考虑盈亏，如果你总是进行正确的操作，利益自然会随之而来，如果你的操作方向有误，你的老朋友——止损单将会被触发，对你的本金进行可靠的保护。

| 专业解读 |

江恩在这个段落的叙述中，重点讲了进场时机的关键点，这个关键点总结起来就是，股价趋势发出向上转折信号时，即为进场时机。但是江恩并没有在本段中将进场时机判断的具体细节展开来写，比如说什么信号可以视为趋势转折点，这个转折点出现后应当如何及时进场，这些具体的操作方式都在后文中，尤其是第七章中，在回顾多个个股走势和操作案例时进行了讲述。

这里主要是将进场时机选择的理念做了一个全面的描述，江恩提醒广大投资者在进场时机的把握上，一定要避开两大常见误区。

（1）因为股价涨幅较大而心动追涨，或者因为股价下跌较多而激发了投资者的抄底意愿。

（2）投资者往往希望能买在最低点，卖在最高点。

因为这两大常见误区的存在，导致大多数投资者的买卖时机判断都严重受情绪影响，不够冷静和客观，投资者一定要建立属于自己的趋势拐点判断体系，并且做到判断体系的一致性，即每次选择买卖时机都尽量使用同一种（或者自己搭配的同一套）技术信号。可以作为趋势拐点判断依据的技术指标信号有很多种，不必拘泥于江恩后文讲到的方式，投资者可以根据自己的情况来选择最合适的方式。

但是一定要做到以趋势拐点为操作依据，而非情绪或者涨跌幅度的绝对值。

遇到判断趋势拐点信号出现问题或者偏差时，及时纠错和微调，不要轻易推翻自己的判断系统。

交易中择时的常见错误

投资者经常会提早离场，因为他们正经历了一段较长的持股等待时期后，当股票的交投开始活跃、股价出现拉升时，他们会在股价刚创出新高的第一时间卖出，这是一种比较常见的错误。

而另一类投资者总是离场太晚，因为当股价出现大幅上涨之后，他会选择持股待涨，同时期盼股价会上涨到一个前所未有的高度。然而股价永远不会上涨到他预期中想要卖出的高位。当第一轮快速回调出现时，他决定当股价再次反弹到前期高点时，他就会卖出持有的股票。随后，股价虽然出现了反弹，但是并未能重回前期高点，反而在反弹之后的调整中创下短期新低。这时他会在心里再次确定一个新的卖出价格，不过这个价格只存在于"期盼"之中，他就这样眼看着股价逐步走低。最后，他会在股价已经从顶部大幅下跌之后，才愤怨不满地将股票卖出。

投资者在观察到市场出现明确的趋势转折信号之前，应该耐心地持有股票，但是当发现明确的趋势转折信号出现之后，就应该毫不迟疑地卖出股票。对于这类交易者来说，有一个非常适用的交易法则，那就是在下单交易的同时，必须一直伴有止损单，即使止损点位相隔现价 10 个到 20 个点也会有效果。

专业解读

在上一个段落中，江恩主要讲了在买入时机选择方面的一些情况，而这个段落主要讲了在卖出时机选择方面的一些情况。

江恩认为对于大多数投资者来说，在卖出时机选择上出现的问题主要是由于很多投资者更在意卖出价格而非趋势转变所导致的，在这个段落中江恩对投资者错失最佳卖出时机的描述非常生动形象，这个情况大多数投资者也都经历过，因此投资者一定要对其进行有针对性的改正。

江恩给出的卖出时机择时方式有两种。

一种是对于比较有经验的投资者来说，可以自行判断趋势是否发生转变而择机卖出。这是一种主动型的卖出时机选择方式。

另一种是对于缺少经验的新手投资者来说，可以使用动态止损式的卖出方式，随着股价的上涨而调整止损线（离场线），等到股价掉头下行跌破止损线（离场线）时，卖出兑现盈利即可，这是一种典型的被动式卖出时机选择方式。

这两种方式都优于大多数投资者经常出现的按照预期价格来卖出择时的方式，投资者也可以将这两种方式进行结合，对卖出时机的把握和盈利的兑现有很大帮助。

迟疑的危害性

及时行动，拒绝拖延，是在股市中获利的重要守则。想要在市场博弈中制胜，就不要依赖期盼。那些因投资而破产的人，都是仅凭期盼行事的赌徒。投资者必须停止不切实际的期盼，同时开始缜密思考。在你深思熟虑之后，还要在适当的时机积极行动，仅存在于空想中的万全之策是毫无用处的。如果投资者知道行动的时机，却没有及时展开行动，同样是于事无补。过度的迟疑总会带来风险。当你身处于市场中时，因迟疑而等待得越久，你就越难以果断地采取行动，迟疑会导致判断正确率的下降，同时也会导致更多的失误。停滞意味着死亡与毁灭，行动才有生机。无论你的判断正确与否，毫无行动都不会让你避免亏损或是使你获得盈利。请牢记，迟疑总会带来风险，因为过度纠结于未来某个时间点可能会发生的上涨或者下跌，而采取的不必要的等待，远远不如当前合理的积极行动。永远不要在你身体不适或者情绪低落时进行交易，你的判断力会受到这种身体不佳状况的负面影响。对于一个成功的投资者，保持身体健康也是一条重要的交易法则，因为健康即为财富。

专业解读

迟疑是很多投资者经常出现的问题之一，克服这种情况的关键在于，要理解一个概念，交易中不出错不等同于零失误。任何一种判断市场走向的方式都有成功率，不存在绝对正确的事前预判，所以对于方向正确的操作敢于坚持，对于方向错误的操作能够及时止损即可视为在交易过程中没有犯错。而不是置身于市场之外，期盼能找到零失误的万全之策，这样只会错失机会，甚至导致多次踏空之后的心态失衡，从而引起非理性操作。在交易前认真设计操作规划，并适当接受交易过程中的成功率问题，并且在交易过程中严格设置止损单是保证投资者能在市场中生存的较好的方式，而不是去研究和期待所谓的零失误秘籍。

金字塔交易法的使用方式

金字塔交易法有两种适用途径。一种是在股价向上突破进入新的区间时，或者在股价创出新高时进行分批持续买入。一种是在市场向下运行进入新的区间时，或者在股价创出新低时，进行分批持续卖空。当市场处于单边快速运行状态，且市场向着有利于你的方向运行时，投资者就可以在股价每上涨或者下跌 3 个点、5 个点、10 个点的时候持续进行加仓买入或者加码做空操作，具体的操作细节要根据个股实际情况或者是投资者自己的金字塔交易法则特点来决定。

我的方法是先要确定回调节奏。首先观察股价从近期顶部回调了多少个点，或者从近期底部反弹了多少个点，找出那些近期回调幅度为 3 个点、5 个点、7 个点、10 个点或 12 个点的股票；然后以该股上次的回调幅度为参考依据，等它们再次从近期顶部出现 3 个点、8 个点或 10 个点的回调时，分别进行第一次、第二次、第三次或第四次的买入。在熊市行情中，将上述方法反向使用即可。如果从 1924 年到 1929 年底，投资者按照这样法则来交易通用汽车公司的股票，你就会发现这种金字塔交易法，与那些间隔很多点位才进行一次买入或卖出的方法更为安全稳妥。

我的时间法则也会在投资者使用金字塔交易法时起到辅助作用，投资者可以观察个股第一次重要的回调时间长度，比如从通用汽车于 1924 年的启动上涨算起，经历了一次为期三周的回调，此后该股每次从任何一个顶点调头下调时，两三周后都会形成较好的买点。在该股的股价最后上涨到终极顶部，趋势转而下行之前，这个时间判断方式都有效。先判判回调的时间，并以这种方法来估算加仓时机，就可以大大提高投资者的盈利，并让投资者始终保持与股价走势的大方向同步，有时持续几年时间使用这种方式，投资者经常能获得 100~200 个点的盈利。这条时间法则和其他法则一样，用在股性活跃的高价股上效果尤为明显，并且只适用于交投活跃的市场。

在采用金字塔交易法时，也要有止损单来保驾护航，其实无论使用什么交易法则都需要止损单来保护盈利，投资者的盈利越丰厚，就可以承受越大的市场波动幅度，或者说可以容忍市场反向运行与回调的范围也就越大，同时也意味着你的止损价位可以定在距离市场现价更远些的位置上。这种情况下，股价的回调就不会对投资者的金字塔交易法操作产生什么影响。

例如，假定投资者买入的股票在持续上涨，相比原始买入价，已经有100个点的盈利，如果这只股票此前出现过20个点的回调，在不改变整体趋势的情况下，它还有再回调20个点的余地，那么投资者可以尝试将止损价设置在当前价位下方20个点的价位上，这样即使该止损单被触发而成交了，也不会损失到本金，只是亏掉些账面盈利而已。不过，在使用金字塔交易的初始阶段，止损价位要设置在距离当前价格较近的位置上，才能达到保护本金的目的。

专业解读

关于金字塔交易法则这个段落，江恩的表述其实有点混乱，尤其是江恩把金字塔交易法则这个段落放在第二章这个情况，会导致没有接触过后面大量投资案例描述的读者完全不知所云，无法有效地理解和消化这部分内容。而金字塔交易法则又对大多数投资者的日常操作有重要意义，所以我们在这里详细展开说明一下。

江恩所说的金字塔交易法则，主要是指在图2-1中所示的这种股价进入上升通道的情况下，在每次回调过程中的低位附近加仓（即图2-1中A、B、C、D位置），或者反过来在一只股票的价格进入下行通道时，在股价反弹到短期高点时加码做空，每次加仓买入或者加码做空的数量可以根据情况增减，因此称之为金字塔交易法则。

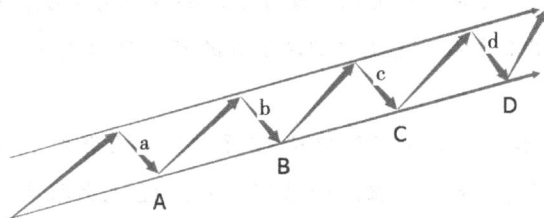

图 2-1 上升通道中的金字塔交易法则

首先金字塔交易法则要和后文中关于上升通道 / 下行通道（即后文中江恩常说的不断抬高的底部 / 不断降低的顶部）结合起来理解，这里需要理解两个关键概念：

1. 回调节奏

掌握回调节奏的意义在于更好地选择加仓买入 / 加码做空时机。

江恩认为，一只股票在上涨过程中，第一次回调的幅度对后续回调幅度的判断有重要参考价值，如果一只股票在图中 a 这个回调过程中，调整幅度为 3 个点，那么在后面的 b、c、d 阶段的回调幅度都很有可能是 3 个点左右，如果 a 这个阶段的回调幅度为 5 个点，那么后面的回调幅度也很有可能都是 5 个点左右，这是上升通道的特性决定的，所以有一定的实用价值。

但是，在回调幅度这个地方，有一个关键分别，那就是在上涨时间较短，累计涨幅相对较小时看回调的绝对值；在上涨时间较长，累计涨幅较大的情况下，要看回调幅度的百分比。

举例说明一下。

如果一只个股，在数月时间内，从 10 元 / 股上涨至 20 元 / 股，累计涨幅相对较少，那么这个过程可以用每次回调过程中的股价回调绝对值来作为判断依据，就是上述的 a 过程回调 3 元，那么后面的回调幅度就都有可能是 3 元左右。

如果一只个股，在数年时间内，从 100 元 / 股上涨至 600 元 / 股（例如茅台），累计涨幅较大，那么这个过程应当用每次回调的百分比来作为判断依据，也就是说假设某只股票在 a 过程中回调幅度为 10%，那么后续的回调幅度可能都是 10% 左右。这几次回调过程的回调金额就会存在一个接近等差数列的关系。

举例来说，情况一，某只股票从 10 元起涨，上涨到 15 元之后，回调到 12 元，回调幅度为 3 元；那么后面很可能是从 12 元上涨至 18 元，回调幅度为 3 元，回调到 15 元左右，这就是一次金字塔加仓机会；之后股价再从 15 元上涨至 22 元，回调幅度还是 3 元左右，当股价回调至 18~19 元时是下一次金字塔加仓机会。

情况二，某只股票从 5 元起涨，上涨至 10 元，回调幅度为 30%，调整至 7 元；再从 7 元上涨至 15 元，回调幅度大概率还是 30%，回调到 10 元左右，这里是一次金字塔加仓机会；之后股价再从 10 元上涨至 20 元，回调幅度很可能还是 30%，回调至 12 元左右，这是下一次金字塔加仓机会，依此类推，直至股价无法有效维持上升通道，打破上升趋势之后，投资者择机卖出所有股票兑现盈利即可。

2. 回调时间

江恩认为，股价进入上升通道之后的第一次回调时间长度，也对后续操作有参考意义，比如说图中 a 过程的回调时间历时 3 周左右，那么 b 过程的回调时间很可能也是 3 周左右，因为上升通道中的股价运行有一定的相似关系。

所以，投资者观察并记录第一次回调幅度和回调时间，结合起来可以对后续的回调过程做出一定预期，从而捕抓到最佳的金字塔加仓时机。

合理的盈利预期

大多数投资者都期待通过交易中获得非常丰厚的盈利，他们总是忍不住去盘算，如果每年获利 25%，那经过十年到二十年之后总共能收获多少财富？以 1000 美元为起始本金，每年获利 25%，那十年后就是 9313.25 美元。如果投入 1 万美元的话，同样按照每年获利 25% 计算，十年后就会有

93132.27 美元。由此可见，如果一个人保守些，不要期望得过高，那么在足够长的时间里积累财富是非常容易的。许多投资者都是抱着在一周或者一个月内让他们本金翻倍的想法来到华尔街的，这显然不符合现实，有时的确会有一些比较特殊的机会，让投资者可以在一天、一周或者一个月内赚取丰厚的利润，但是这样的绝佳机会十分罕见，投资者即使遇到了这样的一次机会，并且获得了丰厚的盈利，也不应当继续期盼可以持续不断地获得这种大规模的盈利。请牢记，市场在大多数时间里都处于正常的波动范围之内，而投资者在大部分时间中的盈利水平，都应当处于正常的范围之内。

众多投资者在买入或卖出股票的时候，从未考虑过能够盈利的可能性有多少，也没想过亏损的可能性有多少，这里提供一条操作法则：当你认为一笔交易的盈利不会超过 3~5 个点时，就尽量不要去进行这笔交易，除非你将止损单设置在略低于成交价 1~2 个点的位置上。

通常情况下，为了可以获得 3~5 个点的盈利，而去冒可能损失 3~5 个点的风险，这种操作是不划算的。尽量在你比较有把握的时机出现时再去进行操作，或者至少要在预期盈利比例远高于可能亏损的比例时再行动。当你认为某个机会只有盈利 3~5 点的可能性时，就没有必要参与这笔交易，因为你可能出现判断失误，反而亏损 3~5 个点，甚至更多的本金。最好是等到股价向上突破或向下跌破了阻力位后再介入。这时股价单边运行的幅度也会更大，也更有机会获得丰厚的盈利。抢帽客是赚不到钱的，他们最多就是获取一点差价而已。请牢记，想要在股市中获得成功，你的盈利就必须一直大于你的亏损，你的操作法则是必须做到及时止损，并让盈利飞涨。

专业解读

投资者日常最常犯的错误就是，要么过度追求短期获得超高回报，要么就是为蝇头小利而冒险进场交易。所以，江恩在本段叙述中，着重针对这两种常见错误进行劝导。告诫投资者在每次进场交易前，一定要分析好风险收益比，尽量避免在风险收益比不划算的情况下开始交易，同时也告诫投资者应该尽量追求市场平均化、常态化的收益水平，而非以一夜暴富的目的参与投资。

如何应对追加保证金的要求

当投资者进行交易时，要支付所需的保证金，而过些时候，如果股票的走势与投资者的预期相反，证券经纪人就会打电话通知投资者，要求追加保证金。在大多数情况下投资者要做的不是去追加更多的保证金，而是按照市价将股票卖出，如果投资者当初进行卖空操作的话，就应当按市价买入股票还券。如果投资者有能力追加更多的保证金，可以选择在有充分理由、判断力更好的情况下，用这笔资金进行一次新的交易。在投资者第一次追加保证金之后，如果是进行的做多操作的话，该投资者十有八九会紧握着股票不动，直到又接到经纪人第二次和第三次打来的电话，让他继续追加保证金，只要该投资者手里还有资金，他就会继续追加，最后落得在一次交易中损失了所有本金的下场。如果经纪人不得不打电话让投资者追加保证金，那么一定是该投资者在交易中出现了严重失误，而此时最好的办法就是赶紧离场。

|专业解读|

由于A股市场和当时的美股市场不同，不支持大多数投资者直接使用杠杆进行交易，所以对于追加保证金这部分的描述，对A股市场参与融资融券，或者是使用场外股票配资的投资者比较有实际意义。

同时，这段叙述对于大多数投资者来说，有一种情况可以借鉴，那就是如果投资者在某只股票上深度套牢之后，不要在下跌过程中一次又一次地急于补仓，如果一只股票已需要投资者接二连三地补仓，这只能说明投资者对这只股票的整体趋势判断有误，可以先止损之后再择机挽回损失，而非毫无计划地不断补仓，否则会造成雪上加霜式的亏损。

联名账户

如果投资者能够避免的话，永远不要设立联名账户或是与其他人结成股票交易的合作伙伴关系。当两个人共同拥有一个交易账户时，他们可能一致选择了正确的时间去做多，或者正确的时间去卖空，也许他们刚好选对了开始交易的时机；但问题很可能恰恰就出在这种情况下，因为在进行获利了结时，他们往往难以就离场的时间和卖出价格达成一致意见，结果就会造成他们在出局时出现失误。其中一个人将会因为另外一个人不想离场而继续持股，最后市场行情出现反转，开始向着不利于他们持股的方向发展，而他们此时的行为如果是继续持股，并一心期盼情况能出现好转，那么最终结局就只能是割肉离场，但当初这笔交易其实是有账面盈利的。一个人在股市中进行判断并操作，同时想始终保持正确已经是非常不容易的事了，想要两个人在交易中达成一致意见，并及时进行操作就更是难上加难了。两人合作唯一可以成功的方式是，一个人负责交易，而另一个人只负责设置止损单，止损单在他们出现操作失误时对两个人的资金都能起到保护作用。夫妻共用一个股票交易账户也是不值得提倡的行为，是否入场和离场应当取决于一个人的决定，这个人要学习如何在交易中保持正确操作，要做到当机立断，不受合作伙伴的影响。

投资者不想知道的事

大多数投资者都不愿意听到令人痛苦的真相，他们想听到的是与他们的预期相吻合的事情，当投资者买入一只股票后，会相信所有的新闻、传言、观点甚至是谣言都是看多后市的，但是如果有一些不看好后市的报告出现，或者有人告知他一些关于那只刚买入股票的坏消息，他都会选择不去相信。对他能有所帮助的只有真相，这些真相才是他最应该得知的东西，不要去听那些让投资者建立起希望，但却在将来会让他蒙受亏损的不实之词。投资者在他出现失误之后总会说："我下次不会这样了。"但事实上，他并不能做到，这就是为什么总有自以为是的老鸟，引着新来的菜鸟重走他们亏损的老路，却很少有人向菜鸟们提及在股市中亏损的真相究竟是什么。

无论投资者的实力如何，他们总喜欢谈论在交易中赚到钱的经历，吹嘘他们的成功交易案例，但是绝口不提亏损的事情。

所以那些天真的菜鸟在进入股市前，总相信这里就是一个能令人暴富的地方，他们没有听到另外的声音，不知道那些在股市中亏损的案例，而那些案例恰恰是可以帮助他们提高警惕性，不再重蹈覆辙的金玉良言。初入股市的菜鸟投资者应该知道，股市上 90% 的操作失误是由于没有设置止损单或交易过度造成的。因此，为了能够成为股市中的赢家，投资者就必须克服这些已经摧毁了其他投资者的弱点。

人性最大的弱点

当投资者获得了盈利的时候，他就会开始信任自己，感觉他的判断力优异，所有的盈利成果全都是靠他一个人来完成的，而当他蒙受亏损时，却会转变为另一种态度，他很少责怪自己，而是努力地为亏损这一结果寻找借口。他总会找到借口，比如归罪于发生了无法预期的情况，或是如果他拒绝听从别人的建议就会获利。他能找到很多的"如果"、很多的"要是"以及很多的"但是"，但就是想不到其实错误是他自己造就的。这就是为什么这种类型的投资者会一而再、再而三的犯错并且亏损的原因。

投资者和交易员必须找到将自己从这种状态中解救出来的办法，为自己的亏损向自己问责，而不是归罪于其他人，否则他们将永远无法纠正自身的缺点。毕竟是投资者自身的行为导致了亏损，进行买入和卖出操作的都是他们自己。投资者必须要找到其中的问题，并且对其进行纠正，这样才能在股市获得成功。而在做到这些之前，我们都不可能成为市场中的赢家。

投资者遭受亏损的一个主要原因就是他们缺乏独立思考的精神，而总是让别人帮他们思考问题，并给出操作建议，然而其他人的判断并不一定就优于投资者自己的判断。想要获得成功，就要自己进行调查和研究，只有当投资者从一只菜鸟转变成一个独立思考者，并积极地去寻求知识时，才能避免重走大部分菜鸟的老路，置身于不断催促你追加保证金的屠刀之下。

只有努力自助的人才能被其他人所帮助，才能迈上成功的途径。

我能告知你这个世界上最优秀的交易法则，也能告诉你判断股票走势的最佳方法，但是即便如此，因为你最大的弱点，也就是人性共同的弱点，你仍然很可能在接下来的交易中遭受亏损。你将无法严格遵守这些法则进行操作，你会放任期盼或恐惧的情绪，而非根据实际情况进行交易。你会出现迟疑，也会感到烦躁。你可能会仓促交易，或者犹豫不决而错失时机，因为你有那些人性上的弱点，于是你会自己欺骗自己，将所有问题归罪于市场。不要忘记，交易出现亏损是你自己的错误造成的，不是市场行为导致的，也不是股价操纵者的错，所以你要努力去遵循这些法则，否则你只有远离股市，才能避免失败的命运。

|专业解读|

在交易和投资的过程中，很多正确的判断和操作都是"反人性"的，比如要克制从众心理等。因此，投资者在进入市场前，应该先对自己性格的特点和弱点做出充分合理的判断和分析，进而找到有针对性地克制人性弱点的方式和方法，以免在入市之后，深陷各种人性的弱点而导致不断的亏损，或者是在出现问题之后才开始反思，而非在事前充分做好应对措施和预案。

同时，正如江恩所说，投资者如果能在交易出现亏损时，首先从自身的判断、分析和操作上寻找问题的根源，而非去归罪于市场、抱怨政策的话，那才能真正实现从菜鸟到专业人士的跨越。

第三章　我的投资经验总结

跑赢市场的难度与日俱增

随着时间的推移，普通投资者在股市获利的难度也与日俱增。因为股票的数量在快速增长，目前（1930 年）已经登陆纽约证券交易所的股票大约有 1500 只，这些股票之间，走势截然相反的情况相比过去显著增多，同一板块内的股票也会出现相反的走势，在某个板块整体趋势呈下降或上升状态时，其中的一只股票却特立独行，这就会让投资者陷入困惑，并出现操作失误。

当市场中股性活跃的股票数量较少，而其中大部分又都是道琼斯工业指数和铁路指数的成分股时，这些指数还可作为判断个股走向的风向标。当市场中的股票大量地被把持在主力手里时，主力会在几乎同一时间出手操作这些股票。现在众多上市公司的股票构成了诸多不同的板块，要想找到一个可靠的参照指数，你就必须逐一去查看不同板块的指数，如石油板块、橡胶板块、钢铁板块和制造业板块各自的板块平均指数。你不必把过多的精力放在这些指数上，而要重视组成这些指数的个股的具体走势情况。你会发现，在同一个板块，有些个股的走势偏弱，股价呈下降趋势，而同时，同板块的其他股票却走势强劲，在下文中关于不同板块中个股的分析内容中，我会详细展开来讲这一点。

平均指数算法可以有效应用于人寿保险业务，保险精算师能计算出 1000 名处于不同年龄段的人的预期寿命范围，并能得出之后每一年的平均死亡人数。但精算师却不能计算每一个个体的具体寿命，也无法根据平均数的数值来判断具体某个人会在哪一年辞世。这是因为不同年龄段的人都被归于一个集合，因此这个集合中的所有人都被用同一个指数来描述。股票的指数也是由不同上市公司的股票构成，这些上市公司存续的时间可能是 5 年、10 年、20 年、30 年、50 年或 100 年不等，由于其存续的时间相差很大、行业细分不同、所在地的地理位置不同，并且受其他环境因素的影响，它们中的某些个股与板块指数走势出现相背的情况，也是情理之中的事。

以石油行业和石油板块来说，构成该行业指数的石油公司成立于不同的时间，被不同的管理者经营管理，公司所在地分布在全美国的不同地域，也受制于各种不同的情况，因此为了得出可靠的预测，投资者必须对每家公司的基本面和它的股票走势进行独立分析，逐一进行预测，而不能和其他股票混在一起进行分析和预测。曾经有过这方面的案例，当石油板块中其他个股普遍下跌时，休斯敦石油公司（Houston Oil）的股票却逆势出现大幅上涨，究其原因是休斯敦石油的可交易股票数量（流通盘数量）很小，这让它的股票价格涨起来比较容易，这导致休斯敦石油走出了这段与众不同的独立上涨行情。

在当前的市场环境中，投资者想要在股票交易中取得成功，就必须去研究每一只个股，并遵循它本身的趋势进行操作，而不要过多地在意同板块中其他个股的走势，也不要过多地在意大盘的趋势，或是其他个股及其他板块的动向干扰。但由于人性中的弱点在作祟，做到这一点很难，这就更有必要让投资者建立一套固定的操作法则，坚持执行，并在这一过程中贯彻"使用止损单"这一不变的法则。

美国经济发展到这么大的规模，和其他许多国家都有商贸往来，当其他国家发生局势变化或者突发事件时，无论利好还是利空，都会对美国股市产生影响。这也就增加了那些依据臆测和小道消息进行交易的投资者的操作难度，而真相是，他们无法通过这种方式跑赢市场。

美国已经从一个农业国转变成了一个工业大国，曾经有一段历史时期，铁路板块的走势和农作物收成密切相关，如果农作物丰产，铁路板块就会上涨，而农作物歉收就会导致铁路板块下跌，当铁路公司把业务重心转移到制造业时，其货运总吨位不再单纯地依赖农作物的运输需求，继续将农作物的收成情况当成铁路板块趋势风向标的人就会发现，这个方法在逐步失效。

美国当前的形势日新月异，主流运输方式由富尔顿式蒸汽船转变为火车花了很长时间，但是为了舒适和商务需求，人们的出行方式由使用长途汽车转变为普遍乘坐飞机的时间就明显缩短了。汽车改变了铁路公司的境遇，现在看来，飞机也将改变汽车行业和铁路行业的现状。目前那些大型汽车公司都在试图进入飞机制造领域，这个情况很清楚地反映了上述问题，因为飞机是未来的运输主体；而只生产汽车的公司将会发现，他们的业绩和利润会逐年下滑。

要想获得成功，就必须走在时代的前沿，而非落后于时代。你需要了解那些新兴产业中的优质股票。不要固守夕阳产业的股票，盼望着它们此前的辉煌还能重现。如果他们开始出现下行趋势，就果断卖空，就像从 1909 年到 1917 年应当做空铁路类股票那样，而当 1921 年铁路板块的拐点出现，股价开始上行后，积极买进并持有这些股票就可以赚钱了。

专业解读

在这段论述里，江恩强调关注个股走势，弱化对指数的关注。

但是这里有我们之前说的时代差异和市场差异，所以需要稍作一下解释，并结合国内 A 股市场的实际情况评述一下指数和个股的关系。

道琼斯指数于 1884 年由道琼斯公司的创始人查尔斯·亨利·道（Charles Henry Dow，1851—1902 年）开始编制，是一种以算术平均的方式计算的股价指数。

最初的道琼斯股票价格平均指数是根据 11 种具有代表性的铁路公司股票，采用算术平均法进行计算编制而成的，发表在查尔斯·亨利·道自己编辑出版的《每日通讯》上。

从1897年起，道琼斯股票价格平均指数开始分成工业与运输业两大类，其中，道琼斯工业股票价格平均指数包括12种股票，道琼斯运输业平均指数则包括20种股票，并且开始在道琼斯公司出版的《华尔街日报》上公布。

在1929年，道琼斯股票价格平均指数又增加了公用事业类股票，以及涵盖65只股票的道琼斯综合平均指数，并一直延续至今。在四种道琼斯股价指数中，以道琼斯工业指数最为著名。

江恩在书中所说的指数，实际上指的就是道琼斯工业指数和其他几种行业板块指数。而大家讨论A股时，一般指上证指数（上海证券交易所综合股价指数），与早期的道琼斯工业指数有明显的行业倾向性不同，上证指数涵盖了上交所已上市的所有股票，更能代表市场的整体气氛。

如今的道琼斯工业指数已经不是简单代表工业板块，而是比较全面地涵盖了不同行业的个股。另外，我国的沪深300指数类似于标普500指数，筛选了市场中最具代表性的一些股票。

因此，对于我国的A股市场，大盘指数、行业指数和个股的走势形态都要顾及，不能简单地只看某一种。

大盘指数展示了市场的整体氛围，例如在正常情况下，当大盘指数下行时，覆巢之下少有完卵，投资的难度会相应增大。但是大盘指数比较容易受权重股的影响，例如中石油下跌1%，对指数的影响大于10个小盘股的上涨，因此江恩轻指数重个股的提法也有一定道理。

行业指数展示了行业的发展趋势，行业会有明显的新老更迭，有些行业在指数低迷时因为是新兴行业而走势较佳，有些行业在指数上升时因为是夕阳行业而走势缓慢。

在同行业同板块的个股中，小盘股由于流通盘较小，容易受供求关系推动而走势比较活跃，更容易走出独立的上涨行情。例如，江恩在文中举出的休斯敦石油的独立走势。

因此，投资者需要投入足够的精力，及时更新知识，把握行业变化和个股的独立走势，以便及时发现优质的个股投资机会。

投资风险偏好与年龄的关系

对于投资者来说，年龄从二十岁增长到五十岁的这个过程中，必然要借助一定的机会，方可积累起人生的财富，因此需要良好的判断力和科学的选股方式来平衡投资和交易过程中的风险和机会。而当一个投资者年近半百之时，他的财务状况应该是相对富足的，如果他能在此前的投资和交易过程中遵循一定的法则并且获得成功的话，那么他到了五十岁就应该保持现状，而非为了重大的机会而承担过高的风险。如果他在这个年龄还没有达到相对富足的财务状况，那么无论如何也不应该再寄希望于运气了，因为根据统计数据来看，年逾五十的人如果经营失败或是投资破产的话，很少有人能够东山再起。如果年逾五十，在股市中依然是失败者的话，那么最好选择放弃。如果投资者在这个年纪仍然是股市赢家，未来的日子就可以高枕无忧，安然度日。人们经常会通过追加投入来妄图挽回之前的巨额亏损，这是典型的人性弱点，也是很多年逾五十的投资者或是从事商业经营的人都会犯的致命错误。当然任何规律都有例外，有一些年逾六十的投资者仍然在股市中做得很成功，甚至还有些年过七十的成功投资人士，但是我们讲的是适用于大多数人的情况。

如果一个人要想在投资交易领域或商业经营上获得成功，那么就应该从二十岁左右开始接触一门生意或是研究股市，逐步积累知识和经验。如果他投入十年的时间来努力学习，那么到了三十岁时，他将掌握在未来十年到二十年的时间里投资制胜的能力，但如果他在三十岁时认为自己已经掌握的东西足以纵横市场，因而停止了进一步的学习研究。那么在未来的二十年中，他就可能会在某个时间点遭遇失败。

投资者必须持续研究市场中不断变化的新情况，对新股票的趋势的了解和掌握达到像对老股票一样的程度，以免被股票在不同时间、不同市场环境下发生的变化所愚弄，不要"旧瓶装新酒"，不可以将过去的衡量标准简单套用在不同周期或不同时期的股票上。举个例子来说，不能像很多投资者在

1921 年到 1929 年那轮牛市期间所做的那样，在那轮牛市中，特别是在 1924 年到 1929 年，出于僵化刻板的印象，投资者们普遍认为与以前的牛市行情相比，那一轮牛市的持续时间应该已经足够长了，因此就犯了过早做空或是过早卖出多头仓位的错误。

每个人都必须接受市场的教育，并且牢记，任何人都永远无法完全从市场这所学校毕业，每年你都必须研习相当于研究生一年的课业量才能保持与时代同步发展，事实上，唯有始终走在时代的前沿，你才能成为市场中的赢家。

｜专业解读｜

此段落的关键点在于，培养投资能力不是两三个月可以完成的事，至少要经历十年时间、两轮牛市：第一轮牛市完成入门，第二轮牛市验证交易体系，这样才能拥有成熟的投资能力。之后进入收获期，但是依然要及时更新知识、调整交易体系。

对于投资能力的养成，时间是关键，没有速成的捷径，对于那些所谓"一本书学会炒股"的书籍、"一个月学会投资"的培训，不要轻信，不要在这种言论的引导下急于在股市速成。

投资者的风险偏好应当是随着年龄的增长而降低。

年轻时可支配的收入较低，可投入股市的资金也不多，即使遭遇较大的亏损，因为投资者有不断增长的收入，所以也很容易得到弥补。

比如说我自己，在刚毕业时曾有一次重仓投资失误，当时实亏 3 万元左右，对于当时的我来说，亏得痛彻心扉。但是现在，3 万元已只是我给券商交易员做一场培训的出场费而已。

人到中年就不能在股市中冒太大风险，投资方式应该以谨慎为主，因为中年人往往是家庭财务重担的主要承担者，是家庭收入的支柱。

人到晚年就更不应参与高风险投资，主要是让储蓄和收入跑赢通胀即可。

一个人能赔掉 1 亿美元吗

在大众的想法和印象中，当一个人拥有了 100 万美元或是更多的财富时，以后就不会赔掉它们了，换句话说，他是个风云人物，能够驱使股价按照他的意愿运行，但是我们只需要回顾阿莫尔曾经损失了大约 3 亿美元的例子就能明白现实是什么样子。

在第一次世界大战临近尾声时，身为包装业之王的阿莫尔坐拥 3 亿美元的财富。受战争形势的影响，他在股市中的资产开始缩水，当他看到自己损失了 2000 万美元时，他拒绝接受这个事实，又将其余那 2.8 亿美元投入股市中，期望一举挽回之前 2000 万美元的亏损，但行情持续与他期望的方向背道而驰，情况始终没能好转，反而变得越来越糟糕，他继续在操作上与趋势对抗，直到耗尽了全部的财富，他的健康也随财富而去。他最终在无法挽回破产的绝望境况下离世。他参与到股市中完全是出于对金钱的热爱，因为当时他手里的巨额财富暂时没有什么用场可派，但是当他仅凭主观臆想去用这些财富实现获利的目标时，他却付出了自己的健康以及他所拥有的一切作为代价。

W.C.杜兰特曾因在 1919 年牛市巅峰时号称坐拥 1.2 亿美元的身家而成名，可最终他丧失了全部财产，最终摩根家族和杜邦公司以低于市场价的价格接手了他所持有的通用汽车公司的股票。很多人在股市里获得过 500 万美元到 5000 万美元不等的财富，但又将这些财富损失殆尽。按照丹尼尔·德鲁的说法，他的身家曾经高达 1300 万美元，但也同样耗尽家财，最后不仅遭受破产，还赔上了性命。托马斯·W.劳森的资产也一度达到 3000 万美元到 5000 万美元之间，他的财产最后也全部付诸东流，离世时身无分文。丹尼尔·J.萨利、尤金·苏科尔斯、杰西·利弗莫尔以及其他很多人也都亏损过 500 万美元或是更多的钱。

在 1929 年那次恐慌性暴跌中，在 90 天的时间内，超级投资者们损失了 1000 万美元、2500 万美元、5000 万美元、7500 万美元或者是 1 亿美元，据说甚至有些还损失高达 2 亿美元到 3 亿美元。如果连这些人的损失都以千万或亿为单位来计算，无疑你也不会有比他们更好的机会。如果一个拥有 1 亿美元的人出现操作失误，他亏掉这 1 个亿，和散户操作失误赔上 100 美元相比几乎一样容易，甚至还会更加迅速。投入 100 美元的散户能随时退出，而投入 1 个亿的超级投资者却难以随时退出。或许你会问，为什么一个拥有 500 万美元、1000 万美元或 1 亿美元的人能把全部财产都赔光？这是因为他在亏损的过程中没有保持与他当初在盈利的过程中同等的判断力，获利是一回事儿，保住盈利却是另一回事，人的一生和股价类似，也是有周期的。当一个人达到人生巅峰时，往往并不能察觉。他盈利的好运势结束了，就应该保住已经到手的财富，而不是想着去赚更多。对于一个人的运势，应该是存在着周期趋势，或者其他可以量化的方式来判断它能持续多久、运行多远。当它与这一法则强行对抗时，大潮会扑面而来，它就会被暗流席卷。对于每个人来说，最重要的事就是要知道何时应当退出。当一个人获得盈利以后，他必须知道当盈利足够多时，就应当停手，转而去保住已经拥有的财富。

一些精明的投资者经常会犯的错误是，他们会追随在市场上曾经很成功的知名投资者来进行交易，当这个知名投资者的运势开始下滑时，他们往往无法对市场做出比普通投资者更高水准的判断，甚至水准还会低于普通投资者。但这些投资者却还在跟随模仿。从 1915 年到 1919 年，当杜兰特思路正确、赢得到数以百万美元计的财富时，有成千上万的人学着他的操作方式来交易股票，而在 1920 年到 1921 年这两年内，当杜兰特的操作失误频出时，这些投资者仍然跟踪模仿他的交易，结果不仅导致盈利被反噬，连本金也遭受了亏损。他们当初能否避免遭遇这样大的损失呢？如果采用一些自己的方法，他们就能够判断出汽车板块的下行趋势已经开启，也就会停止买入做多，清空多头仓位，并开始做空汽车板块的股票。

任何人只要按照我的法则去分析股票的行情图，就能从通用汽车和其他几只汽车类股票的走势中察觉，在 1919 年下半年，它们的趋势已经反转下行，并且在 1920 年和 1921 年保持持续下行。那么投资者为什么在杜兰特失误频出并损失巨额财富的时候，还仍旧模仿他的操作呢？永远不要盲从任何一个知名的投资者，更不要长时间地模仿他们，独行的渔夫才会捕获大鱼，如果有太多跟风的人，他们也会使得领路人无法顺利到达目的地。知名投资者犯错误的频率并不比散户低，但大多数的知名投资者都很机警，当他们察觉自己失误时，能够及时应变、纠正错误，而不像普通投资者那样失误后毫无察觉，期望靠持股苦守，来寻求解套的机会。

| 专业解读 |

这段论述中有几个关键点。

1. 盈亏同源

在投资过程中，有些情况是有两面性的，比如说坚持，这在行情有利于投资者的时候是美德，而在行情不利于投资者的时候则是灾难。

因此，对行情的分析判断能力要远远比单纯地坚持某项所谓的"投资品质"更为重要。

2. 赢家不等于常胜将军

跟踪知名投资者、基金经理、股评大 V 都需要谨慎，无脑跟风不可行。

3. 船小好掉头

巨量资金在中小盘股的操作中会有额外的冲击成本，资金量比较大的投资者应当注意，散户投资者也要明白，机构和大户的操作逻辑和资金量较少的散户的操作逻辑有区别，不要简单模仿照搬。

投资运势的变化

人的运势也如同市场行情那样呈现周期性变化，好运势和坏运势交替出现、循环往复。对你自己的交易情况保持记录，你就可以判断出某个时候你的运势是否发生了改变。我曾经保持过连续两百次无亏损的交易记录，当我开始启动那波交易时，我并不相信自己能在连续五十次交易中零亏损，但我保持了那段完美的交易，每笔交易都有盈利，这样的盈利纪录一直被刷新到第两百次交易，那之后，我持续了一段时间的好运势结束了，或者说上升运势完结了。如果我当时无法预测这种改变的时间点，那么关注什么信号可以来提示自己"形势已经对我不利，我应当离场并出局等待"呢？最开始显出运势变化的信号就是我在连续两百次成功交易后，首次出现了亏损的交易，我记得那次亏损不大，大约是 100 美元，而在随后的一笔交易中，我亏损了 500 多美元，这就说明我的运势已经转向了，无论是由于判断力下降、身体状况不佳，还是疲劳产生的紧张或是其他原因，它都已经在向着不利于我的方向发展，如果我当时足够明智，就应该兑现获利并退出，保住到手的全部盈利，但我又进行了第三笔交易，而且还像大多数投资者那样重仓进行交易，这一次交易很快造成了我账面上 5 000 美元的浮亏。但我并没有马上止损出局就此罢休，而是持续失误导致亏损继续扩大，直到 1907 年 11 月银行停业，我再也无法从银行中取出更多的本金，才被迫让经纪人平掉了我所有的仓位，造成了很大一笔实际亏损，究其原因，就是我在逆着自己的运势行动。

我在那段时期的好运势已经完结了，接下来应当做的是休息、娱乐和充电，但是我却在这个时候还继续交易，试图去赚更多的钱，而实际上我自己并不急需那些钱，银行几个月都无法提现。我也就无法获得投资的本金，于是我把时间都用在股市研究和行情分析上，找到导致自己亏损的原因。

1908 年春天，我重新开始交易，那时我已经掌握了一些操作法则，用以判断什么时候我的运势会转向有利于我的方向，我首先从小麦期货起手，并在前三笔交易中都实现了盈利。这说明我的好运势已经到来，此时就应该把握有利的运势，随后我开始在期货市场买入棉花，并跟进一路攀升的市价，在 7 月利弗莫尔第一次成功囤积棉花的同时，我也在棉花期货上采取金字塔式交易，最终赢得了巨额收益。

我能举出很多自己投资生涯中类似的盈利或亏损的例子，但是有一条法则是所有投资者都应该注重并遵循的，那就是历经一系列的交易获利后，只要有两三次的交易出现亏损，投资者就应当出局离场，暂时休息一下，暂离股市可以给你充足的时间梳理思路，随后当你认为自己的思路重回正轨时，轻仓进行两三笔交易，如果第一笔交易的结果仍然不理想，那就应该再度出局离场一段时间，再过些时日，当你再度出手时，如果在前两三次交易中取得盈利，就要把握住自己的好运势，期待在其后一段时间的交易中获利，直到再次看到趋势的大潮开始发出对自己不利的信号时，就必须再度离场。

我在股市中盈利最多的时候，通常都是在暂离股市较长一段时间、再度重返股市之后的这个时间段，而我也经常会在股市中长时间鏖战之后亏损惨重。没有人可以在股市上频繁进行交易而不神经紧绷，而当他的精力消退、健康情况不佳，导致他的判断力也逐步下滑时，就会开始出现亏损，当形势的发展不利于你时，最应该做的事就是果断止损离场，继续在市场中恋战、苦守出现浮亏的股票，都是于事无补的。

此时，在你出局等待市场行情转好的过程中，刚好你的身体状况也得到了恢复，精神也回升到最佳状态，然后，你重返股市就可以获利了。跑赢市场是一场智慧之战，你的头脑必须保持活跃、机敏和警觉，你需要根据实际情况的变化，随机应变、果断出手。当你察觉自己的反应出现迟钝，无法做到当机立断、采取行动时，你就失去了继续逗留在市场中的资格。我从证券经纪公司了解到大批投资者的情况，我看到市场趋势的走向逐渐对这些投资者不利，持续的时间从几天发展到几周。部分投资者开始逐渐退出，但其中仍有一部分人非常顽固，死抱着股票不放，在我看来这是一种顽固，而他们自己认为这是有胆量的表现。但是当趋势已经转向，朝着不利于投资者的方向运行时，坚持不肯抛出手中筹码并非有胆识的体现，这种行为是出于期望而非理性，是固执的表现。胆量不适用于行情对你不利的情况下，你的资金也不足以支撑你持续地与趋势对抗，投资者通常会在证券公司营业部的交易室里交流，如果大多数投资者都割肉止损，剩下的两三个投资者经常会表示，打算上缴更多的保证金并坚持到底，等待市场出现有利于他的拐点。

最后只剩下一个顽抗的投资者时，他会说他绝不会将肉割在地板上，而是要挺过去。再后来，期待变成绝望，他会挂出卖单，准备在股价反弹到一定价位时再卖出股票，但股价却没能涨到他预期的卖出价，在随后的日子里，他不断调整卖单的价格，但却始终没能成交，行情始终在持续下滑。终于有一天，他挂单按照市价将手里的股票抛售一空，这对我来说反而是进场信号，我会以市价买入股票，毫无疑问我会因此收获盈利。这个例子说明，投资者经过长时间的持股后，几乎总会在错误的时间做出错误的决断，而拥有健康、资金、胆识和知识的投资者则会静待最佳时机才积极入场，这是他们总能收获盈利的关键。

一位赌马经验极为丰富的人写下过这样的诗句：

赛马疲惫不堪、垂头丧气时，
比拼也进入惨烈的最后时刻，
昂首阔步、勇于发力的骑手，
必将摘到飘扬在终点的旗帜。

敢于在别人陷入绝望时积极采取行动、勇于进场，这种能力是帮你在投机中取得成功的关键；当市场哀鸿遍野，投资者连最后一线希望都放弃了时，这就是买进那些优质股票的天赐良机；而当市场气氛沸如滚水，每个投资者都对后市充满乐观，股市好似一片晴空万里时，往往就是适合兑现盈利的时刻。在某种情况下，期盼会干扰甚至毁坏人们的判断力，而另一种极端的情况，是恐惧导致人们失去希望和决断力，深陷沮丧情绪的交易者会以地板价割肉出局，甚至其中很多人还开始做空，这是大智若愚式的投资者的绝佳良机，在股市极端低迷时，敢于进场做多的人都会收获丰厚的盈利。

而身在场外、持币等待的投资者，通过坚持研究和观察行情图表，就能够发现这些在股价处于极低点的个股所蕴含的机会，并充分把握这样的机会。

| 专业解读 |

用"运势论"来解释投资过程中的盈亏情况，稍有"玄学"的嫌疑，并非完全科学。但是这里也反映了投资过程中的一个关键点：连续的投资盈利，原因可能是实力，也有可能是运气的助力。

出现连续的投资亏损，一定是投资者的判断和分析有问题，千万别将亏损的原因轻易推给运气。

另外，亏损会带来负面的情绪，在连续亏损后暂离市场的时间里，要做两件事：一个是排除失误的原因，调整交易策略；另一个是消除之前亏损带来的负面情绪。

做好这两件事之后，投资者再度回归股市时往往会有惊喜。

用知识克制恐惧

投资者在股市遭遇亏损的主要原因之一就是恐惧。事实上，恐惧导致了我们人生中绝大多数的困境和不幸。是什么引发了人们的恐惧呢？是无知或者知识匮乏。事实上，无论是系统的科学知识还是其他形式的知识，当一个人拥有知识且通晓其中的道理时，他就不会再轻易感到恐惧了。拥有知识，他就不会盲目期盼，因为他可以分析即将发生什么，也就不会对将要发生的事产生非理性的期盼或是恐惧。

为什么投资者会在股价处于最低谷时卖出手中的股票呢？那是因为他担心股价还会创下新低，如果当时他知道那时的股价已经处于最低点了，他就不会害怕，非但不会卖出股票，反而还会去做多买进股票。同样的道理也适用于股价见顶之时。人们为什么会在股价最高的时候加仓买入股票，或者是在最高价上回补之前卖掉的仓位呢？那是因为他害怕股价还会再创新高。而如果他掌握了相关的知识，就会免于陷入恐惧，就会运用良好的判断力来分析股价的走势。要想获得成功，就必须排除非理性的期望和恐惧情绪，而唯一能够帮助你排除这两种情绪所带来的负面影响的方法，就是尽可能地提高知识水平。

| 专业解读 |

对于投资者来说，必要的知识包括：解读指数或股价运行趋势背后的供求关系的知识和能力、一定的行业基本面常识、对国家大政方针的理解、一定的财务数据解读能力。

掌握越多的知识，越有利于分析和判断市场和个股的运行趋向；市场的实际走势和做出的预期吻合程度越高，分析和判断的正确率越高，投资者越能展开手脚进行积极的操作。和上文中说的一样，这个过程注定不会简单，需要投入充分的时间和精力。

但是，当知识转化为资金盈利时，你会觉得这些付出是值得的。

为何投资者会错过高位卖出股票的时机

在每一轮牛市中，很多投资者都会拥有巨额的账面浮盈，但是他们却并没有在正确的时机兑现盈利。他们任由股价下滑，当他们决定卖出股票之时，已经有50个到100个点的浮盈被市场吞噬了。这其中必定是有原因的，我们已经听过很多有关股市心理学的言论，有些撰稿人认为1929年的恐慌性股灾就是由于从众心理和羊群效应引发的，他们的说法在很大程度上反映了事实，当时这种从众心理点燃了行情，导致每个人都在买进股票，又对后市过度乐观，不肯在获利丰厚时卖出兑现。如果没有发生上述的情况，那么也就不会有股灾时由从众心理推动的反方向的崩溃式下跌了。

下面这个真实的故事，足以说明为什么投资者在获得巨额账面浮盈时没有兑现盈利。

在1921年，有一位我认识多年的先生，以每股80美元左右的成本，买入了美国钢铁这只股票，他坚持持股且于 1927 年获得了 40% 的股息分红，随后除息后的股价下滑到了 111.25 美元。他在股价反弹到 115 美元时增加了一些仓位，并且将前后买入的所有股票一直持有到 1929 年 9 月，当时股价已经上涨到 261.75 美元。

早在股价突破 175 美元之前他就说过，会在股价到达 200 美元时卖掉美国钢铁，但当股价突破 200 美元时，他又觉得股价会涨到 250 美元，决定等到那个时候再卖，大概就在美国钢铁的股价达到 250 美元时，这个人遇见了我的一位朋友，并问我的朋友："江恩现在如何看待美国钢铁这只股票？"我的朋友回答："江恩认为市场大概将在 8 月底左右见顶，还计划到时做空美国钢铁这只股票。"这个人说："我听说美国钢铁会涨到 300 美元，甚至更高，接下来还会进行 10 送 2.5 的送转，在那之后我就将卖掉它。"

1929 年 11 月，美国钢铁的股价跌到了 150 美元之后，这个人来到我那个朋友的办公室，我那个朋友问他："H 先生，你是在每股 250 美元以上的价格卖出了美国钢铁的股票吗？"他回答道："没有，我那时没卖，到现在还持有这只股票呢。"我的朋友又问："你当初究竟为什么没有在拥有巨额浮盈时卖出股票呢？"他的回答是："唉！我当时好像被施了催眠术一样，在股价涨到接近顶部时，如同沉睡了一般，在股价见底之前都不会觉醒过来，当一切为时已晚时才惊醒过来，意识到发生过什么。"

这个人的故事足以说明，投资者没能在高位卖出股票的原因之一就是，他们当时如同被催眠一般，根本就没有意识到发生了什么，或者即将发生什么，直到一切无可挽回，他们才醒悟过来。而投资者和交易员如果能够学会在获利后如何根据浮盈调整止损单，就会在股价下跌的初始期兑现盈利出局，从而保住大部分收益，那他们的投资效果就会更好。这位先生买入美国钢铁的时机是正确的，但却任凭它跌去了 100 多个点，毁掉了最丰厚的一部分盈利，这到头来终是一场空。当美国钢铁的股价下跌了 20 个点以后，他不会相信这只股票还会再跌 80 个点，甚至更多。如果当时能预料到的话，那他就会及时把股票卖出了。一定要记住，你所认定的、猜测的或预期中的那个价格不是必然会出现的，价格是市场决定的。所以你必须运用一些操作法则来保护你获得的盈利，而据我所知，在这方面没有比止损单更好的自动保护措施了。

专业解读

这段论述很好地描述了投资者在获得巨额浮盈之后的状态。

一般情况下，投资者买入股票之后在出现较大盈利时，一开始会比较激动和紧张，部分投资者容易在冲动之下轻易抛出上涨趋势尚未完结的股票，另一部分投资者往往扛过了最初获利的激动情绪，但是随着股价的上涨，盈利持续增长，投资者往往会陷入一种迷茫和对盈利感觉不真实的状态，就像江恩的朋友所说的"催眠状态"。

这种情况是人类心理的正常反应，不能简单依靠所谓的主观行为去"克服"，而是需要一些诸如止盈止损之类的客观的、被动的纪律性操作规则来克制心理状态的变化。

聪明的"傻瓜"

有些自以为是的投资者认为他是无所不知的，总根据市场上的小道消息来进行股票操作。他们经常对自己并不理解的东西横加指责，这样的人永远不会进步，因为他们过于自以为是。这种人把依照历史规律和图表技术分析来操作的人视为傻瓜，其实这些按照股票图表技术分析交易的人却是聪明的"傻瓜"。一般人认为将科技技术应用在股市里是愚蠢的，并且谴责图表技术分析，原因是他们并不知道如何有效地解读走势图表里的信息。他们既没有丰富的投资经验，也没有接受过如何正确解读图表、如何分析预判股价未来运行趋势的训练。成功的投资者则清楚地知道自己能力的局限性，所以一直试图掌握更多知识。

一旦某个投资者认为自己已经对市场无所不知了，那么他就可能要面临失败。随着股票的活跃程度降低，股价就会停滞不前。同理，当一个投资者放弃进一步学习，他就不会再进步，而是会逐渐落伍。想要成功，投资者就一定要建立一套操作计划和法则，并严格遵循它们进行投资操作。

专业解读

对于技术分析是否科学有效的争论很久以前就已经存在了，而且一直持续到了今天。

技术分析的本质是对供求关系的分析，研究图表只是表象，研究的实质是股价和成交量背后的供求关系变化过程和原因。因此很多对技术分析涉足不深的投资者往往认为技术分析只是针对表象的图表来判断市场发展趋势，这是一种典型的误解。

在下一章，江恩会铺开叙述有关技术分析的内容，因此这里我们暂不赘述有关于技术分析的争论，随着下一章的展开，我们再深入讨论。

第四章　股价行情图和与行情趋势变化

解读行情数据的新方法

过去人们解读行情数据的方式就是守在股票行情自动收录机旁，关注一只活跃股伴随着成交量的激增而产生的突破式行情，然后跟进去进行买卖操作。这种方式在从前，每次高度活跃的龙头股从未超过三四只的年代里，还是有很好的应用效果的。但是如今它已然过时了，因为现在每一个交易日，股市当中开放交易的股票数量多达 800 只。个股之间的走势差异化情况极其明显，当部分股票的价格一路下滑时，另一部分股票的价格却是一路攀升。自 1921 年起，那些终日待在证券营业大厅中，守着股票行情自动收录机的人，就再没能跑赢过市场，并且在将来他们也不会再取胜。

在这里我分享给大家一种全新的解读行情数据的方法，它可以应用于任何市场，应用于任何时间，无论是过去还是将来。如果一个投资者能做到遵循冷酷的客观事实，克制自身的人性弱点，避免期盼和恐惧等情绪对判断的干扰，那么这个新方法将发挥强大的效力。我曾在《江恩股市操盘术（专业解读版）》一书中说过，正确解读行情数据的方法如下。

不要在交易时间里紧盯着股票行情自动收录机，取而代之的是在收盘之后再去分析股票的行情数据。工作忙碌的人应该在收盘后去阅读报纸上的行情数据，记录自己重点关注的股票在当日的价格高点和低点，也有必要查阅所有股票的成交量数据，并重点关注单日成交量超过 10 万股的股票。这样的股票要么已然成为市场的龙头，要么就是刚跻身龙头股的行列。假设投资者已经关注一只股票长达几周或几个月，但该股的单日成交量从未超过 1 万股；而突然在某天收盘以后，报纸上的行情数据显示，这只股票的交易量达到了 2.5 万股，这就预示着该股将迎来一波向上或向下的行情，那么这位投资者就应该开始介入并交易这只股票了。

我们可以根据经验把上述情况总结为成交量法则之一：

如果一只股票在某天的成交量放大情况非常明显，并且股价已经经历了一段时间的窄幅波动，那么要等到股价突破窄幅震荡区间之后再进行买卖操作，而且要随着该股的行情启动方向顺势操作。

根据这一法则并结合给出的案例，坚持绘制股票的每日、每周、每月、每年的高低点柱状图，并据此来分析判断股票的走势，才是解读行情数据的正途。

专业解读

在这一节中，江恩主要讲了一条重要的操作法则，这条法则用今天大家比较熟悉的表达方式来说，其实就是——放量＋突破的一个交易法则。

这个交易法则对于大多数 A 股市场投资者来说并不陌生，同时也确实被市场的实际走势印证为一个有效的交易法则。

但是实际上，真正把这个法则熟练地使用好，并依靠这条法则在投资过程中持续获利的投资者并不多。是什么原因导致了这样一条比较简单且有效的交易法则不能被投资者们驾驭并借助其获得盈利呢？

究其原因，是大多数投资者对行情的观察做得不够细致，这种不够细致在这条法则的应用上体现在两个方面。

1. 投资者缺乏对过去行情的充分观察和回溯

首先，要判定一只股票是否出现了突破，就必须对股价近期的关键箱体、上行通道或者下行通道有一个充分的认知和掌握。很多投资者不注重观察股价的历史走势，连最近一个区间震荡形成的箱体的时间起点在哪都不清楚，不能在不看行情图的情况下，清楚地记得自己关注的股票近期的箱体上沿价位是多少、下沿价位是多少，那么何谈在股价出现突破的第一时间及时发现和判断是否值得跟进呢？

正如江恩所言，大多数投资者在买入或者关注一只股票之后，最习惯每天去观察的是图4-1所示的日内股价分时折线图，习惯于紧盯着股票现价数值的波动。但是日内分时折线图和股价超短期的数值波动是随机性非常强的，很容易干扰投资者的情绪，导致非理性判断。

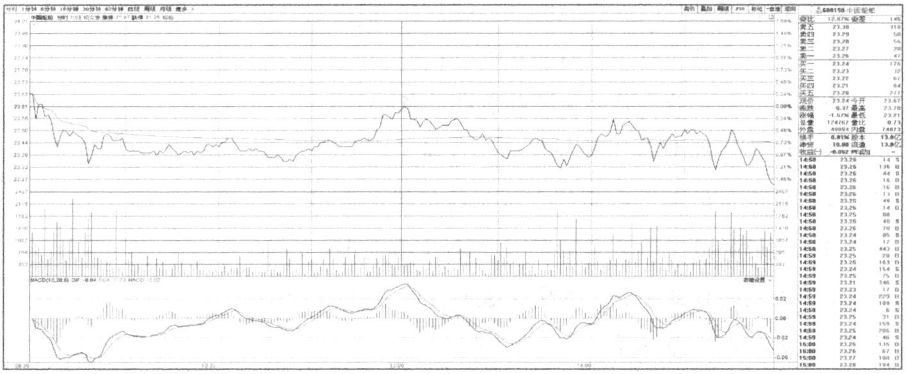

图4-1 中国船舶的日内股价分时折线图

因此，投资者应该把对股价的关注重点转移到日K线图的历史回溯当中，大部分投资者也会浏览股价的日K线图，但是这个过程往往是走马观花，对细节的关注不够，或者不知道该关注的重点在哪里，这里我结合图4-2简要地说一下。

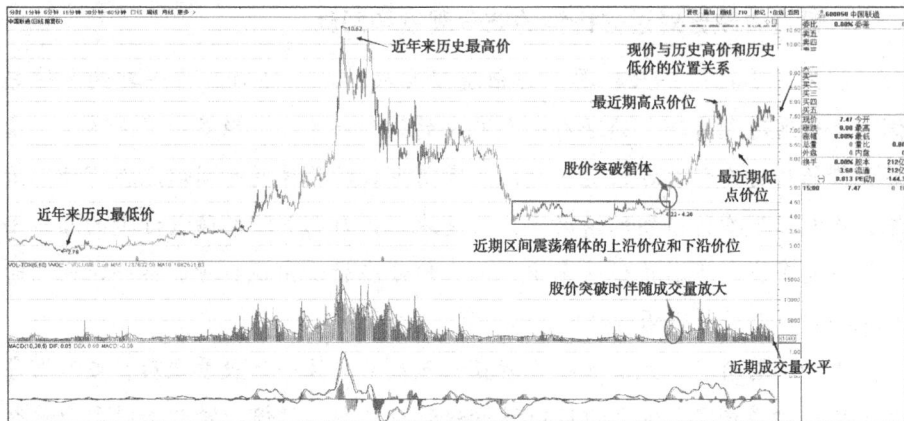

图 4-2 中国联通的日 K 线图

投资者对于持有和密切关注的个股，有几个数据必须第一时间仔细观察，并且时刻牢记。

（1）近期高点价位／近期低点价位；

（2）近年历史最高价位／近年历史最低价位；

（3）现价与近期高低点价位的位置关系；

（4）现价与近年历史高低点价位的位置关系；

（5）较近的成交量密集区的位置和价格范围；

（6）近期箱体或上行／下降通道的上沿和下沿价格；

（7）近期成交量水平；

（8）近期成交量水平与近期成交量高峰／低谷的比例。

将这些数据烂熟于胸，才能在股价出现异常波动时第一时间判断股价是否突破箱体上沿或下沿，及时判断股价目前处于历史高位还是历史低位。

2. 投资者对量价关系的重视程度不够

技术分析并非是仅靠图表信号进行的"玄学"分析，而是通过图表来判断一只股票的供求关系到底处于一种什么状态，后续的供求关系会如何发展，基于目前的供求关系做出什么样的操作才最合理。

最直接的两大反映供求关系的数据就是价格和成交量，股票交易在买入时是价高者得，在卖出时是价低者先变现，因此价格直接反映市场供求关系。而成交量是供求关系真实性的关键佐证，仅是个别投资者或机构急于买入或卖出对股价造成的波动不能长久，而持续的成交量放大才说明供求关系的转变是有持续性的。

同时，股价可以被大资金用较低的成本短期影响，但是难度和成本都比较高，尤其是放量容易缩量难。因此，成交量水平的变化是供求关系变化的一个关键佐证，有必要予以高度的重视。

尤其是现在的交易软件中，成交量被做成柱形图直接显示，比江恩所处的年代更为直观。

对于大多数投资者来说，重视量价配合，通过"放量＋突破"选股可以大幅提升成功率。

行情记录中总结出的因果关系

通过研究过往的历史数据，你会发现历史行情总是会在未来重演，因此你能依据时间要素和市场环境来分析出某轮行情的成因。有时甚至有必要去追溯很长的历史行情来确定本轮行情的起因，这样你就必须要研究诸如战争和它产生的影响，以及战前和战后的市场环境差异。普通投资者能记住的行情通常都比较短暂，他往往只会记住那些他愿意记住的情况，或是符合他内心期盼和恐惧的情况。他会过于依赖他人，缺乏独立思考。因此，他应该坚持对过去的市场行情进行持续的记录，并制作成表格或图形，以此来提醒自己市场中曾经发生过的情况未来还会重演；另外，绝不允许一时的情绪因素凌驾于理性的判断之上，再次出现追随主观期盼而买入股票的情况，并认为市场不会再有另一场恐慌了。股票市场还会再发生恐慌，而后牛市又随之而来，循环往复就如同这个世界每一天都有潮起潮落那样。人类的从众天性总会让人把所有群体参与的事情都做得很过度。当人们充满希望非常乐观的时候，他们会陷入极端的境地；而当人们被恐慌的情绪所控制时，他们会陷入另一种极端。

投资者们在 1929 年的操作失误在于，卖出时太匆忙而买进时又太迟疑。其实这些错误原本都是可以避免的，只要投资者能坚持绘制个股或指数的高低点柱状图，因为那样的话，他们会看到个股和指数都处于明显的上升通道，尤其是那些处于强势状态的个股，它们是不可以被作为做空卖出的标的物的。当道琼斯指数突破了 1919 年的高点，创下历史新高时，这是一个明显的明确看涨信号，股价的上升空间已经打开，牛市还会延续很长一段时间，此时美国的国民购买力水平已经大幅提升，货币流通总量也超过以往任何时间，历史上也第一次有这么多的人被鼓动要去参与投机，这种合力将推动股价走向更高水平，使各种类型的股票价格都超出了股票本身内在价值所能支撑的价格，如果投资者能坚持使用正确的方式解读行情图表，会发现股价一直保持在上行趋势中，跟踪趋势进行操作，就会避免出现失误。那些在期盼和恐惧等情绪支配下进行股票买卖操作的行为是极不专业的表现，投资者的任何一笔交易都应该基于充分且有力的理由，同时他必须意识到自己出现失误的可能性，并且设置止损单来保护交易过程，以防万一。

对于打算交易的某只股票，投资者在操作之前要拿到它以往的行情记录，并且要密切关注它的新情况。如果它的股价曾经在历史上或者近几年出现过大幅的单边行情，而现阶段正处于窄幅震荡的区间中（也可以称为横盘整理的一种行情），那就暂时不要介入交易，等它的走势中出现了明确的上涨信号时再介入。如果该股在上一轮牛市中曾是一只领涨股，或者它在上一轮熊市中曾经是一只领跌股的话，那么它在下一轮行情中再次领涨领跌的可能性就非常小了，除非股价行情图中清楚地显示出它即将再次成为领涨股或领跌股的迹象。

研究每只股票和每个板块的走势，总结它们在反弹和回调时是如何运行的，据此可以判断出它们是否正处在牛市的回调阶段，回调结束是否还要重回上升通道，或者它们是否正处于熊市当中，而一轮熊市行情要到达最终的底部通常要经过 3~4 个阶段。反复查阅你手中的股价行情图，你就会发现当某个板块或某只个股开始进入下跌趋势后，都要经历 3~4 个阶段，具体如下。

第一阶段，股价首先会出现快速急促的下跌。

第二阶段，急跌后随之而来的是一波反弹，市场主力借反弹派发股票。

第三阶段，反弹之后又是一波下跌，市场出现犹豫，因此紧跟着又是反弹，随后再次出现下跌，市场再次停顿犹豫。

第四阶段，连续的犹豫和反弹行情之后，就是最后一次的破位大幅下探，或者我们称之为清盘阶段，此时每个投资者都恐惧不安，认定股价永远不会再次上涨了，于是清空了持仓的股票。

当最后的股票清仓阶段出现时，就是进场买入的时机了，经过一段长时间的回升后，另一次牛市的长期上涨行情也将随之而来。

在股市出现急跌时，投资者多年积攒的盈利可能会在仅仅五周到七周的时间里全部化作泡影，比如 1929 年 9 月到 11 月的那次恐慌性股灾就出现了类似的情况。投资者之所以会将长期积攒下的盈利在短期内亏损殆尽，是因为他没有用止损单作为防护措施。对于投资者来说，止损单是无可替代的防护措施，因为止损单是自动触发成交的。在实际操作中，投资者内心会有一个作为卖出点的预期高价，但是当股价真的到达这个价位时，他却不会及时卖出。投资者已经习惯了回调通常在 10~20 个点的常态市场，当大跌来临时，股价已经跌了 10~20 个点，他们会习惯性地认为股价已经跌得足够低了，会因此而放松对后续下跌的警惕。但是如果遭遇 1929 年的那种情况，股价还是会进一步下跌，而在恐慌性股灾中，股价跌掉 100 点、200 点或是 300 点也不足为奇。在这种情况下，要想有机会及时离场，保住盈利或是本金的话，只有提前设置止损单或者是在下跌初期就以市价卖出股票。

专业解读

很多言论一直质疑技术分析中"历史总会重演"的正确性，认为总结行情在历史运行过程中经常出现的一些规律、方法和技巧，并将其用于分析和判断是"玄学"或"刻舟求剑"，但是通过阅读本章和下一章，并且对比现在 A 股市场的一些运行情况，你会发现江恩在近 100 年前总结的一些规律、方法和技巧在今天的 A 股市场仍部分有效，所以你就会明白这些东西的价值，因为市场的参与者始终是人，只要人性不变，有些基于供求关系总结出现的规律就会继续有效。

江恩写下这本书的时间是 1930 年，光看这个年份的话，很多投资者感觉不到这个年代的久远程度，这里我摘录几条 1930 年发生的大事，有助于大家感受一下年代差异。

1930 年 2 月 16 日，梅兰芳首次在美国演出京剧，征服美国观众。

大家熟知的经典电影角色"007"的饰演者——肖恩·康纳利，以及我国杂交水稻之父袁隆平在 1930 年才刚刚出生。

所以，对于从历史行情走势总结出的基于供求关系的规律有效性毋庸置疑，关键在于如何把这些规律有效地利用起来，和实际的交易合理结合，而非机械地照搬和套用。

这一部分中，江恩讲述了几个关于历史行情经验的关键点。

（1）股价走势图含有巨量的信息，但投资者能关注到和记住的部分很有限，因为对于走势图，投资者需要经常回溯、仔细分析。从走势图的细节中掌握到更多的有关供求关系的信息，才能有利于下一步的判断和操作。

（2）牛熊的轮回交替是股市的自然规律，虽然每次牛熊时长不等，牛熊转换过程有差异，这种交替可能迟到，但不会消失。因此，不要因为 2～3 年的牛市/熊市历程，就产生惯性思维，认为当下的市场形态会始终延续而不向另一边转变。

（3）牛熊市的市场环境和气氛有天壤之别，风险和机会的比例也截然不同。所以市场牛熊转换之后，操作方式和逻辑也要相应调整，否则会给投资者带来巨大的损失。

（4）一轮牛市/熊市的整个过程，会因为供求关系的变化而出现比较明显的几个阶段，每次牛市/熊市过程中，这种阶段的次数和每次的形态有类似之处，观察过去牛市/熊市的各个阶段有什么特征，有利于判断当下市场处于牛熊周期中的哪个位置。比如江恩总结的这种熊市四个阶段就依然适用于A股市场。

上证指数在2007—2014年的走势，基本符合江恩对熊市阶段性特征的总结，如图4-3所示。

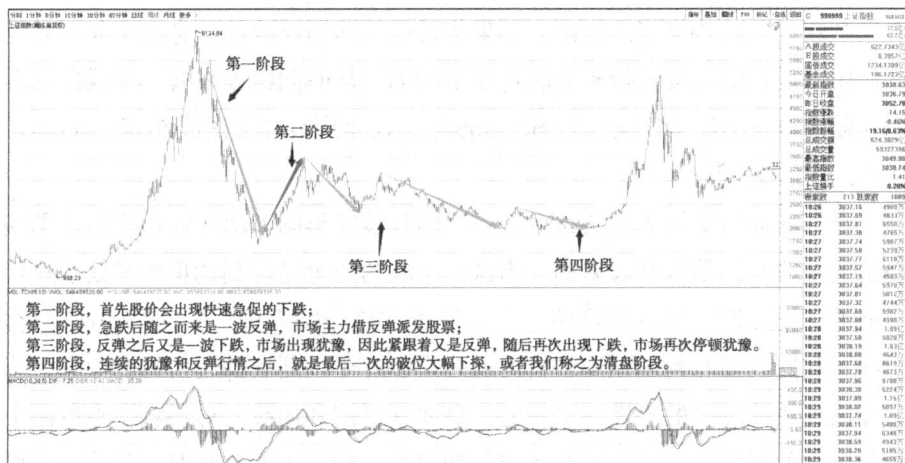

图4-3 上证指数在2007—2014年的走势

最好用的行情图

那些谴责图表技术分析的投资者，其实是不知道应该使用哪种周期的行情图效果最好。他们在观察各种周期的行情图时刻板地套用同样的法则和推理，最能愚弄大多数投资者的当属股价波动折线图，它虽然可以显示股价上下2个、3个或5个点的波动，但是这种图表没有反映任何时间因素。另一个经常出现假信号的就是股价的日高低点柱形图，根据它判断大势的运行方向出错率很高。这种股价日柱形图的缺陷，就是它仅体现股价的短期小幅波动，这种小幅波动就像是小石子落在大海中激起的涟漪一样弱，它不能排除短期干扰或决定股价的单边运行以及主要趋势的方向，但是绝大多数投资者日常使用的就是这样的日线柱形图。

效果最好的图表是股价的周线柱形图、月线柱形图和年线柱形图。股价的周线柱形图比日柱形图有更高的价值，这是因为它涵盖的时长是后者的7倍，与周线柱形图相比，月线柱形图是更能反映主要趋势的风向标，因为它所涵盖的时长是周线柱形图的4倍，是日线柱形图的30倍。股价的年线柱形图是判断主要趋势最好的指南，如果将月线柱形图反映的信息联系起来并配合使用的话，给投资者带来的利益是最大的。从时间跨度来看，年线柱形图所涵盖的时长不仅是日线柱形图的365倍，还是周线柱形图的52倍，也是月线柱形图的12倍。

当市场上的交投非常活跃时，股票的日线柱形图和周线柱形图对于那些高价的个股来说是很有效果的，当这些个股的股价已经到达顶峰或处于最后一波冲刺阶段时，这两种图将会显示股价在趋势转变过程中的第一次变化。日线图和周线图在判断顶部转折时的效果要好于判断底部转折时的效果，当市场出现快速凌厉的恐慌性急跌时，日线柱形图和周线柱形图将会在判断上提供巨大的帮助，但是在判断股市长期攀升行情或主要趋势时，年线柱形图和月线柱形图的形态还是最好的指南。

| 专业解读 |

本部分的关键点是，级别越大的K线走势图，越容易捕捉到大周期的底部，而在判断市场的顶部时，小级别的K线走势图反映得更加明显一些。

因为大级别均线可以排除短期资金冲击，或政策干扰造成的杂波。

而市场主力的资金优势、短期政策的刺激在日线级别的影响非常明显，但是对周线级别的影响就相对较小，对月线级别的影响就更为不显著。

所以，在国内A股市场这种做空工具和手段较少的市场中，周线级别走势图有着独特的优势（月线实际上更有优势，但是A股市场存续的时间较欧美股市来说比较短，所以月线的魅力会随时间的推移而越来越明显）。

而大多数投资者往往最重视日内分时折线图，其次才是日线级别走势图，关注周线级别和月线级别的投资者较少，对于目标是牛熊周期转换这种大机会的投资者来说，一定要学会关注周线级别走势。

行情周期与趋势级别

股价行情图将向你展示，市场在经历为期 20 个交易日、20 周、20 个月和 20 年的运行后会如何进一步演绎。在以上这几个周期级别的行情图中，股价走出的横盘波动区间看上去是十分相似的，但是为什么那些年线柱形图与日线柱形图走势相似的股票，在后续的拉升幅度上会有巨大的差异呢？这是因为用 20 年的时间积累起来的能量和关键推动力等影响因素是永远不可能在 20 个交易日、20 周或 20 个月里完成积累的。而这也是很多重视图表分析的投资者最容易被愚弄的地方。如果研究的对象是一只次新股，或是一波新行情的初始阶段，这类股票经历的蓄势或派发的时间比较短，因此不能期待这类股票的股价会出现长期单边上涨或单边下跌的行情。如果没有经历足够长时间的蓄势或派发阶段，那么股价很难会出现长时间持续的上涨或下跌。一只股票经常发生很多次假启动。在派发过程中，股价会多次回到接近底部的价位，或是多次涨到靠近顶部的价位，不过一旦蓄势或派发阶段走完，该股就会突破到新的价格区间，接下来股价的快速波动行情也就展开了。

| 专业解读 |

这一部分和上一部分的叙述是关联的，主要是举例证明在不同级别的走势图中，在前期走势类似的情况下，后续行情可能出现的巨大差异。

从图 4-4 中我们可以看到，同一只股票，在不同级别走势中经历了类似的箱体整理（A 段行情）之后，后续的走势差异巨大。越是级别大，在"放量＋突破箱体"之后的后续走势越强劲。

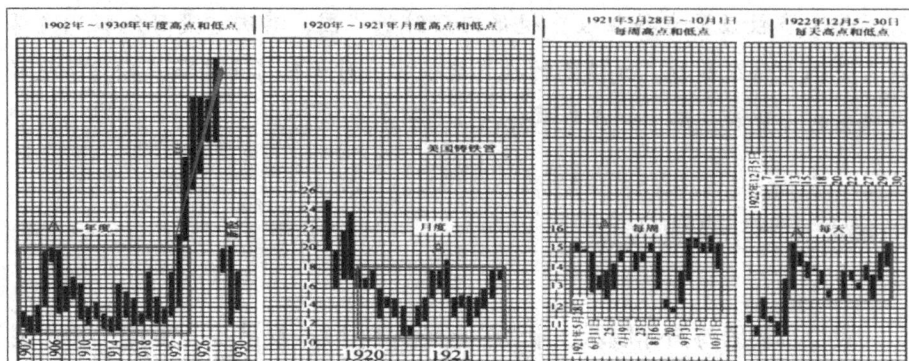

图 4-4　不同级别走势中相似走势的后续发展

这和大级别长期累积的供求差异和能量有重要关系。

"四段式行情分布" 在日线、周线和月线级别的应用

一般情况下，股价上涨的过程可能由四个阶段构成，每个交易日投资者都需要注意判断股价目前运行在第几个阶段。如果股价开始上行，出现一定的涨幅，随后走势出现停顿，进入我们所说的横盘整理态势，之后在继续向上的过程中突破横盘整理区间的上方阻力位。那么我们之后要观察股价第二、第三和第四次上涨之后的停顿和回调是如何运行的。当股价出现第三次或第四次上涨后，就要留意主要趋势是否要发生转变，因为这两个阶段的后续很容易演化为主要趋势的顶部（如图 4-5 所示）。投资者也可以将上述这个四阶段运行法则应用在周线柱形图或月线柱形图的分析上。这个法则不仅适用于中期行情，也适用于长期行情。

当指数开始下行，或是个股进入下跌趋势时，通常股价还要经历两次、三次或是四次的下行—反弹过程。如果趋势快速逆转，那么只会出现第一波和第二波的下跌，随后股价就会重归上升通道（如图 4-7 所示）。不过对于经历了长时间持续下跌并出现了第四波下跌之后的行情，你需要关注行情是否即将触及最终的底部，并注意观察下行趋势转折的信号（如图 4-8 所示）。

| 专业解读 |

在江恩的叙述中，这部分内容的篇幅不大，但是非常关键，因为他在这里总结了上涨行情和下跌行情中比较常见的几个阶段性构成，而且由于这个内容单看叙述不容易理解，所以我根据他的叙述画了三个配图，结合文字和配图很容易让大家理解一波上涨／下跌行情中常见的几个阶段。

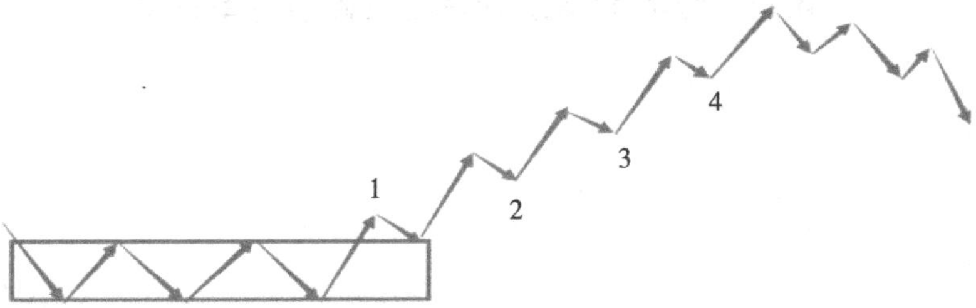

图 4-5　上涨行情的四阶段分布示意图

如图 4-6 所示，对比一下上证指数最近两轮牛市行情，你会发现这个在 1930 年左右做出的总结，依然有很强的实用性。

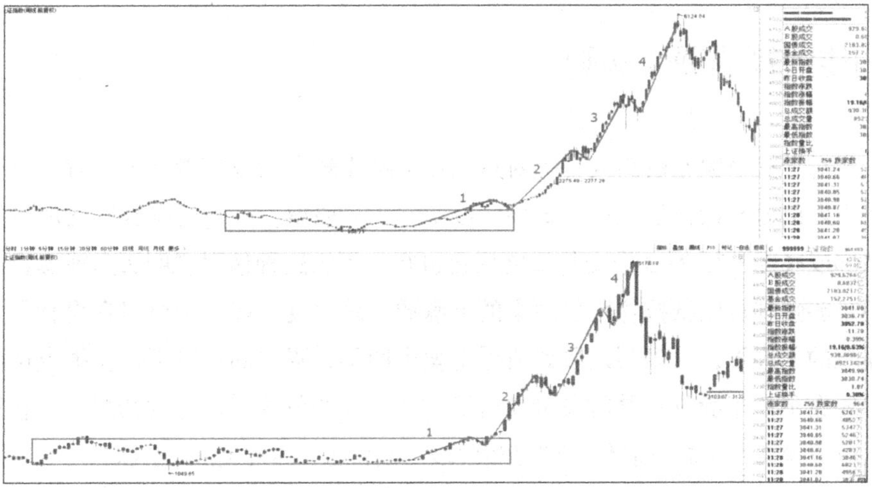

图 4-6　上证指数最近两轮牛市的走势图

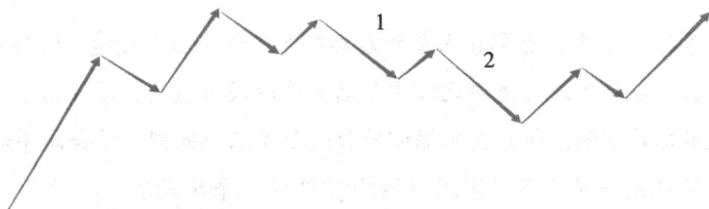

图 4-7　下跌后经历两波下跌重回上涨通道的走势示意图

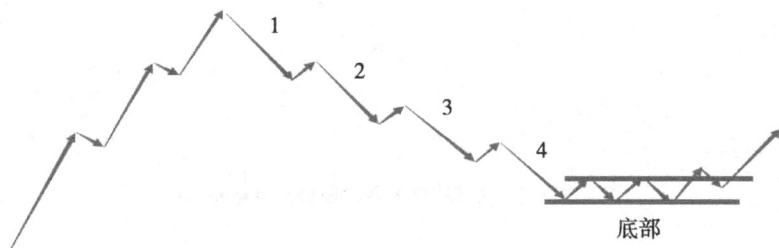

图 4-8　下跌行情的阶段性分布示意图

日线级别的操作法则

对于交易频率较高或者针对短期波动操作较多的投资者来说，有一个效果很好的分析操作法则——要抄底或卖空一只股票，一定要等到它的股价在顶部或底部停顿 2~3 个交易日之后再进行。因为这种情况说明买盘或卖盘已经足够强到可以抵抗住股价原本的上涨或下跌力度。接下来可以在设置了止损单的前提下，做多买入股票或做空卖出股票，买进的情况下，止损点位应设置在不低于股价止跌阶段最低价下方 3 个点的位置，卖空的情况下，止损点位应设置在不高于股价高位盘整阶段最高价上方 3 个点的位置。

这条法则不适用于市场恐慌性下跌的情况，在成交量较大且波动极为剧烈时，投资者可以不必等 2~3 个交易日，因为在这种情况下，股价无论是向上还是向下运行，行情的转折都会比较尖锐而快速。所以在股价出现快速凌厉的上涨时，要在顶部尽快了结获利，在股价出现恐慌导致的快速下行时，可以借机回补之前卖空的仓位。然后等待并观察下一个交易日市场如何运行。例如 1929 年 3 月 25 日，股价出现大幅向下跳空缺口，且当日成交量达到创纪录的 800 多万股，这时投资者就应该回补之前卖空的仓位或者也可以做多买进，然后等待短线的快速反弹。

其后在 1929 年 10 月 24 日、29 日和 11 月 13 日这三个出现恐慌性暴跌的交易日，在股价凌厉下跌的同时成交量都异常放大，随后也都出现了急速反弹。

对于股价运行迟缓、波动幅度较小的股票，不要耗费太多时间，也不要有想借持有这类股票跑赢市场的错误想法。要等到一只股票显示出趋势转变的信号，并开启一波新行情以后再介入。对每一只股票进行分析判断时，都要依据个股本身的走势形态，而不要简单地将个股与其所在板块的走势混为一谈，除非个股的行情走势图能明确地显示出个股和板块正处于高度同步的状态。

如果你查阅了通用汽车从 1921 年到 1924 年的股价高低点图表，你将会注意到，当克莱斯勒、哈德逊汽车（Hudso Motors）及汽车板块内很多其他个股的股价都在上涨时，通用汽车的股价非常不活跃，且在狭窄的价格区间内波动。之后，当通用汽车显示出股价的主要趋势开始向上时，它的股价于 1928 年和 1929 年持续上涨，直至完成最后一个头部形态后，这轮上涨趋势才调转向下。

在 1921 年到 1925 年，通用汽车的股价持续上涨的同时，我们注意到怀特汽车（White Motor）的股价连续走低，在同期持续下跌了将近 100 个点。而怀特汽车的股价高低点柱形图清晰地显示了趋势已经转折向下，这时你应该在买进通用汽车的股票做多的同时做空怀特汽车。这样做就是在市场上与主要趋势保持一致并且跟踪主要趋势来进行正确的操作。

请谨记，我认为在判断行情的大趋势是否改变上，周线柱形图和月线柱形图上的信号价值和重要性是最大的。日线柱形图经常出现"假动作"，并且会愚弄投资者使其误判行情的方向。因为在大多数情况下，日线柱形图展现的趋势改变信号仅是中短期波动信号，而非主要趋势逆转信号。

| 专业解读 |

江恩在日线级别的操作法则中，讲了一个技巧。简单概括来说就是：放量急跌之后会有暴力反弹，可以尝试在第一时间抄极限底，有博超短线收益的机会。

非放量暴跌的其他类型下跌要等 2～3 个交易日的止跌结构出现之后再考虑抄底。

其中的道理是，放量急跌会刺激投资者产生强烈的抄底意愿，同时跌速较快的情况下，很多原本持股的投资者会暂时迷茫，不会急于割肉抛售，一旦反弹出现就会变得惜售。这样的话，供求关系就会得到一个快速的短期转变，买盘会压制卖盘而出现暴力反弹。

但在非放量急跌的情况下，抄底意愿很难集中在一个时间点形成合力，原本持股的投资者也会有持续的割肉离场意愿，使供求关系构不成压制性逆转，需要有止跌过程过渡之后才能有像样的回升和反弹。

其实不见止跌结构不抄底，不见短期头部形态不做空，看似是一句"正确的废话"，但是真正能做到并且坚持执行的投资者并不多，在大多数情况下，投资者还是避免不了因头脑发热而做出不合理的操作。

周线级别的操作法则

在周线级别的图表上，最好的操作法则之一就是在持续上涨的个股出现回调时，等到这个同调持续 2~3 周之后，才可以买入。这尤其适用于交投活跃的股票。因为这类股票中的绝大多数在重回主趋势之前，很少出现超过三周的回调。当处于熊市行情中时，投资者就要把这条法则里的回调替换成反弹了，也就是说在抄底之后，持有经过2~3周的反弹即卖出股票。无论股价的运行方向是向上或者向下，趋势的改变通常出现在第三周，因此对这个时间点要尤为重视和关注。

在股价出现快速上涨和急速下跌的情况下，与之对应的周线操作法则就是——不论股价运行方向是向上还是向下，都要密切关注股价是否在第六周或第七周到达阶段顶点或底部，且同时观察这周的日线柱形图，等股价见顶或见底之后再择机进场买入或卖出，同时于股价运行的阻力位之上（做空）或者之下（做多）设置止损单。

月线级别的操作法则

对于那些股价处于强势状态或者上升趋势的个股，在第二个月出现回调的情况极为罕见。你的操作法则就应该是买进做多，且将止损单设置在上一个月的最低点下方。投资者需要始终关注上涨通道中的每一个上涨启动点，无论是上涨行情最初的底部，还是从上涨通道中第二个、第三个或第四个相对位置较高的底部启动点，你始终都要关注每一个起涨的点位。这些启动点通常是比较好的买入点，并且也要在该点位下方3个点的价位设置止损单。当一只股票在见顶之后出现下跌或见底之后出现上涨，并且这样的运行方向在转折点之后延续了超过两个月，那么下一个关键的变盘时间窗口就往往出现在第三个或第四个月。

所有这些法则都适用于走势活跃的个股，或者成交量比较大的个股。研究那些股性活跃的高价股的日线柱形图、周线柱形图和月柱形图，你就会发现这些法则的使用效果有多好了。

| 专业解读 |

在这两个部分，江恩讲了一些周线和月线级别的操作方式，但是简单地数周数和数月数来进行操作，还是稍有机械和套用之嫌。

另外，由于年代性，以及美股与 A 股的差异性，这个数周数和月数的方法在 A 股市场的适用性是有局限的，不过大家可以根据这个逻辑来总结自己关注的个股在大级别时间周期上的一些规律，并依据这个总结出适当的操作方式。

不过，重视周线和月线级别走势来捕捉大行情的效果远高于日线级别的效果，这是毫无问题的。因此，大家可以增加对大级别走势的关注度。

每周和每月的变盘时间窗口

每月的变盘时间窗口比每周的变盘时间窗口更为关键，而且每周的变盘时间窗口规律也只适用于交易活跃的市场。每周重要的盘面变化经常发生在每周一的第一个小时。如果一只股票周一早盘低开，而股价在午间休市之前没有跌破该开盘价，这就是一个向好的信号。如果午后到收盘前该股保持强势，且价格逐步攀升的话，那就是一个后市可能更加向好的信号。周一这个时间点比较重要的原因之一，是公众投资者的买卖操作往往都集中在每周一的第一个小时里，这就会引发股价出现波动。如果市场主力想拉动股价向上，就会接手公众投资者卖出的筹码，然后推动股价并保持行情上行。如果是公众投资者在买进股票，而市场主力或投资机构却不打算进一步推高股价，他们就会卖出筹码来满足公众投资者的买入意愿，随后就任由股价自由下行。

下一个重要的变盘时间窗口是每周的周三，并以周三下午尤为重要。如果市场行情在之前已经持续上涨或下跌，那么它通常会在周三下午或周四上午开盘后的第一个小时内到达低位或高位。

再下一个重要的变盘时间窗口，是每周的周五。普通投资者通常都会多疑并且迷信，因为他们在参与股市的博弈时总是受情绪影响来做出决策。他们忌讳周五是因为这一天是传统的行刑日，过去大多数欧美国家的行刑日都是周五。除了周五，投资者对数字 13 也是忌讳的，每逢 13 日也有与周五类似的对投资者的情绪效应，实际上这种日子并没有什么特别的意味。在这种时间，当日的行情依然取决于市场实际运行情况。不过周五的早盘往往会成为一周的高点或低点，主要原因是那些已经获利的大户们会在周五获利了结，然后在场外观望周六这个交易时间较短的交易日。另外一个原因是美联储会在每周四收盘之后公布下一周的融资借款利率。如果市场在周五前已经处于弱势，并且整周都呈下行状态，交易者就会失去希望，并决定在周五离场等待。这样一来，短期行情经常会在周五见顶，之后下跌随之而来，因为空头回补使得市场的技术形态被削弱。

| 专业解读 |

对每周和每月的变盘时间窗口的总结对短线交易有一定的帮助，比如A股比较容易出现"黑色星期四"，周四出现大跌的概率要稍高于其他时间。

类似的一些变盘时间窗口还有不少，大家可以自行总结。

但是这里强调一个关键点，变盘时间窗口要和行情走势形态结合使用，在行情走势形态出现乏力的情况时，要重点关注最近的变盘时间窗口是否会出现逆转趋势的异动，在走势形态正常且健康的情况下，不要简单地因为遇到变盘时间窗口而凭猜测去做一些躲短线下跌或博短线上涨的操作，否则可能被行情甩下，得不偿失。

变盘时间窗口是基于供求关系临近转折点而发挥作用的，并非脱离供求关系仅因为一点投资者的群体情绪因素而发挥作用的，这一点大家要谨记。

每月的重要日期和趋势变化

关注股价在每个月最初几个交易日的表现特别重要。关键的变盘经常会发生在每月的1日到3日之间。其中一个重要原因是，投资者会在每月1日收到他们的证券账户月账单，并且得知自己账户的盈亏情况如何。他们经常会在收到账单后卖光手里的股票来保全其已获得的盈利，或是因为股价下跌导致账户内资金亏损，而去抛售股票。每月的10日也是很重要的变盘时间窗

口。15 日虽然也是个重要的变盘时间窗口，但不如 10 日那么重要。每月 20
日到 23 日也是投资者要重点关注的变盘时间窗口，因为行情每个月的高点或
低点通常是在这段时间前后出现的。

我的经验已然证实，对于持续关注这些变盘时间窗口的投资者来说，上述
日期是非常重要并且有价值的，可以多次辅助他们预判出股价的顶部或底部。

关于美国钢铁每月的股价运行情况，我们在前面已经讲述过了，当股价
处于高位和低位时，关注股价是否在每个月里的关键变盘时间窗口出现变化
是很重要的。通过这样的方式，你就能更多地了解到该股的股价运行情况，
也会判断出股价是否会在这个月上旬、中旬或是下旬达到月内最高点或最低
点。我们以美国钢铁这只股票为例，你不仅会看到每个月该股的股价出现月
内最高点和最低点的日期，也会看到该股发生小幅波动的日期。

专业解读

在股指期货交易正常时，A 股市场经常会出现"交割日效应"，也就是说
指数容易在每个月的期指交割日出现异常波动。

这里江恩所讲述的一些情况已经随着市场的发展而出现了变化，比如即时
的电子账单早已取代了邮寄的纸质账单，股市的月初效应也随之大为削弱。

但是市场会不断出现新的情况，导致一些新的规律性特征会在几年的时
间内持续有效，适当地了解和掌握这些情况对分析和操作有益。但是强行生
搬硬套一些过时的规律就得不偿失了，而且这种类型的规律起的是辅助作
用，而非决定性作用，大家不要本末倒置就好。

1927 年

1 月：股价月内低点出现在 1 月 4 日和 5 日，月内最高点出现在 11 日，
月内最低点出现在 28 日。

2 月：2 日为低点；15 日为高点；之后股价回撤，低点出现在 20 日；最
后股价于 24 日和 28 日创下月内的最高点。

3月：低点出现在 2 日，反弹的高点出现在 17 日和 18 日，随后的回调于 22 日创下低点，月内最高点出现在 30 日和 31 日。

4月：第一个高点出现在 9 日，股价于 12 和 13 日见底，随后股价反弹见顶于 18 日和 19 日，22 日为回调的低点，25 和 26 日为反弹的高点，月内最低点出现在 28 日到 30 日。

5月：月内最低点出现在 2 日和 3 日，之后股价于 11 日出现高点，随后股价回调于 16 日和 17 日出现低点，21 日是反弹的顶部，25 日到 26 日是月内最高点。

6月：1 日和 2 日是月内最高点，随后股价回调于 14 和 15 日出现低点，20 日为反弹的顶部，30 日是月内最低点。

7月：1 日和 2 日是月内最低点，14 日和 15 日是股价回升的高点，18 日和 19 日是股价回调的底部，29 日是月内最低点。

8月：月内的最高点出现在 3 日，低点出现在 8 日和 9 日，随后股价在 10 日展开快速反弹，12 日为低点，30 日股价重回月内最高点。

9月：1 日和 2 日是月内最低点，15 和 16 日是月内最高点，19 日是股价回调后的低点；随后股价反弹于 26 日见顶，其后股价回调在 29 日出现低点。

10月：高点出现在 4 日；低点出现在 10 日；随后股价回升在 14 日见顶；而后股价再次进入调整期，直到于 29 日创下月内最低点为止。

11月：1 日是月内最低点，15 日是股价回升的顶部，随后股价回调于 17 日出现低点，19 日是反弹的高点，月内第二次回调的低点出现在 21 日和 22 日，26 日和 29 日出现月内最高点。

12月：高点出现在 1 日和 2 日；随后股价回调在 9 日出现低点；之后股价回升，到 16 日和 20 日见到高点；21 日股价立即开始回调；24 日股价到达月内的最高点；之后股价又一次下行，并于 30 见底。

1928 年

1月：3 日和 4 日是股价回升高点；随后股价下跌，在 10 日和 11 日出现底部；14 日股价二次回升见顶；18 日股价再次回调见底；27 日股价出现月内最高点。

2月：低点出现在4日，回升的高点出现在9日，20日为回调的底部，23日为反弹的高点，当月的二次回调在27日创下月内最低点。

3月：月内最低点出现在2日，17日是股价反弹的顶部，24日是股价回调的低点，26日是股价反弹的高点，27日出现回调，31日出现本月最高点。

从此时开始，美国钢铁的交投变得更加活跃，以下我们只给出月初的重要交易日期、月内最高点和最低点出现的日期，以及每个月的收盘情况。

4月：2日和3日为低点，12日为月内最高点，24日为月内最低点，30日的收盘价接近月内最低价位。

5月：3日是日内低点，11日是月内最高点，22日是月内最低点，25日是反弹的高点，29日也以接近本月月内最低点的价格收盘。

6月：1日为本月的高点，月内最低点出现在25日，反弹在29日见顶。

7月：2日是低点；9日是反弹高点，接下来的下跌延续到12日和17日，并见到月内最低点；28日是月内最高点，当月的收盘价比该顶部低了3个点。

8月：月内最低点出现在3日和8日；29日出现月内最高点，当月在接近该顶部的价位收盘。

9月：5日为月内最低点，22日为本月的高点，本月收盘价也接近该顶部。

10月：3日是月内最低点，15日和24日是高点，本月在该高点下方6个点的价位收盘。

11月：月内最低点出现在1日至3日，月内最高点出现在16日和17日，本月收盘价比该顶部低了6个点。

12月：4日为月内最高点，随后有一波大幅下跌并分别在8日和14日见到低点，当月收盘价比该低点价位高出了11个点。

1929 年

1月：3日是第一个高点，8日是月内最低点，25日是月内最高点，股价到30日下跌了13个点，收盘时价格比月内最高点低了9个点。

2月：2日为上半个月的高点；股价在16日达到调整的极低点，跌去了20个点；随后股价反弹，持续到26日见顶；收盘价比高点低了5个点，同时比月内最低点高出了 16 个点。

3 月：1 日是本月的高点，6 日和 11 日都回调到了相同的低点，15 日是反弹的顶部，26 日是月内最低点，月收盘价比该低点高出了 12 个点。

4 月：12 日为月内最高点，17 日为回调的低点，30 日是本月的高点，收盘时比该高点低了 3 个点。

5 月：1 日是当月的高点；31 日是月内最低点，股价最低为 162.5 美元，这是大幅涨升前的最后一个低点。

6 月：3 日为月内最低点，28 日为月内最高点，本月在高点价位收盘。

7 月：1 日是月内最低点，24 日是月内最高点，当月收盘价比该高点低了 4 个点。

8 月：1 日为月内最低点；14 日为反弹的顶部；反弹期间，10 日股价下跌了 10 余点；24 日为月内最高点；当月收盘时比该高点低了 4 个点。

9 月：3 日是美国钢铁股的历史最高点，也是当月的月内最高点，股价最高达到 261.5 美元；13 日至 16 日为回调的底部，跌去了 31 个点；19 日是强力反弹的顶部，涨了 17 个点；30 日是本月的月内最低点。

10 月：4 日为低点，股价最低为 206.5 美元；11 日为高点，股价最高达 234 美元；24 日是第一次出现恐慌性下跌的日子，股价最低为 193.5 美元；25 日为高点，股价最高达到了 207 美元；29 日是恐慌大爆发的一天，股价跌到了 166.5 美元，这也是当月的月内最低点；31 日股价反弹到了 193.5 美元，收盘收在 193 美元。

11 月：恐慌性下跌在这个月里出现了止跌，美国钢铁在 3 日达到了月内最低点，股价最低为 150 美元；21 日股价反弹到了 171.75 美元；27 日又下跌到了 160.75 美元；当月的收盘价在 162 美元。

12 月：2 日是低点，股价最低为 159.25 美元；10 日是高点，股价最高达 189 美元；23 日是低点，股价最低为 156.75 美元；当月收盘价是 166.5 美元。

1930 年

1 月：2 日为月内最低点，股价最低为 166 美元；反弹到 10 日见顶，股价最高达 173.25 美元；之后又回调到 167.25 美元，当月收盘收在 184 美元。

2 月：14 日和 18 日同为本月的高点，股价最高都在 189.5 美元；25 日为月内最低点，股价最低为 177 美元。

3 月：13 日是月内最低点，股价最低为 177.75 美元；随后有一波快速反弹，股价在 31 日达到了 195 美元，这是当月的月内最高点，最后股价收在 194 美元。

4 月：3 日为低点，股价最低为 192.75 美元；17 日为高点，股价最高达 198.75 美元；之后出现回调，并于 14 日见底，股价最低为 192.25 美元。

研究股价在每个月内的这些小幅波动，关注底部和顶部出现的时间与价位，并且记录这些数据将其整理为笔记，然后你可以预判股价将在什么时候向上突破压力位或是向下跌破支撑位。对每只股票的时间波动和空间波动研究得越深入，你的交易成功率就会相应提升得越多。同时也要重视该股在每个重要的底部和顶部时的成交量情况，同时考虑它的流通股数量，这将有助于你判断目前的供求关系偏向于哪一方，是否可以进行买卖操作，以及买入还是卖出更为有利。

需要关注的变盘月份

研究股票过去的股价运行历史，来观察它完成一次主要趋势运行所需要的时长是很关键的。股价的一轮主要趋势运行或是区间振荡行情可以细分为几个阶段。所有股票的股价都有年度和季度的关键变盘时间窗口，投资者需要关注这些季节性的变盘节点。尤其要关注股价在第三个月、第六个月、第九个月、第十二个月是否会变盘，但最重要的时点就是每年的年末，要留意观察是否会有大的盘面变化发生。这里，我所指的一年，并不是平常所说的公历年。比方说，如果一只股票在 8 月见底，而随后股价的趋势转为上行，那么最值得关注日期就是下一年的 8 月，或者说是一年以后。届时至少也会出现短期的次要趋势改变，可能会持续 1~3 个月，或者更久的时间。

我曾经多次指出，股票的股性就像人有习惯特性一样，也有其自身的习惯，所以在判定任何一只股票的走势时，你必须有针对性地研究每只个股，而非把多只股票简单地当成一个整体来放在一起研判。你追溯一只股票的历史成交记录越久远，花在研究上的时间越多，你对它的运行方式就会理解得越透彻，并且对于其股价见顶和见底的时间点就会有更准确的判断。

研究美国钢铁股价在1901—1930年的波动图，从中你能看出关键的顶部和底部是如何形成的，以及在不同年份中重要的变盘出现的时间。正如记录所示，美国钢铁在1月、2月、5月、6月，以及10月和11月见顶和见底的次数要远多于其他月份，其中2月见底的次数最多。所以，知道这些月份变盘时间点，你就可以重点关注股价在这些时点是否有趋势上的改变，这对判断行情将有很大的帮助。

专业解读

对于变盘月份的这个总结，看似有刻舟求剑的嫌疑，但是实际上其背后是有一定供求关系的依据的。比如说江恩讲到的，一只股票在今年8月见底之后出现上行，那么下一年的8月很可能成为一个关键的变盘时间窗口。

其实，因为无论是市场主力和机构低吸筹码再高位抛售，还是散户自然地交投推动股价运行，从积蓄需求量——需求量被满足（买方充分成交）——股票的供应量增加（抛售意愿开始增强）——到供应量压倒需求量（股价进入下行通道），这整个过程是需要时间的，这个时间和股票的流通盘数量、板块热度、主力持股和散户持股比例都有关系。

所以同一只股票在流通盘没有重大变化的情况下，走完这个过程的时间长度是差不太多的，也就是我们常说的周期性。

所以前一个变盘时间点加上这个周期数得出的结果，可能很接近下一个要变盘的时间。

所以我们可以把自己关注的股票的历史走势找出来，统计其每波重要行情从开始到结束的时间，求一个平均值，通过这个平均值来推算这只股票的下一个变盘月份，而非简单地照搬。

再比如，每逢每季度结尾、年中、元旦前、春节前的时点，因为银行回笼资金而出现"钱荒"效应，有可能会导致 A 股市场受到负面影响，这个和我国现行的银行考核方式有关，也和国人的节日习惯和消费习惯有关。

这个东西要随着变化而不断总结和调整，并非绝对得一成不变。

另外，港股市场和 A 股市场也有句被大多数投资者挂在嘴边上的话——"五穷六绝七翻身，金九银十好过年"，说得也是类似江恩总结的这种规律，这个东西可以被当作判断行情的辅助技巧，但是不要每年都去生搬硬套，当年的走势特征展现出的供求关系是投资者做出判断的最主要根据。

以下是江恩对美国钢铁历年股价的一个文字记录，大家可以简单浏览一下，并结合江恩的方式来印证一下找到关键变盘月份的方法，然后在自己的股票上进行检验。江恩是从根据统计数字绘制的图表上来寻找规律的，我们现在的交易软件要比江恩所处时代的交易工具便捷很多，我们可以从图表上找到高低点数字，效果都是一样的，都可以强化和加深对股价运行过程的印象和记忆，并找到有可行性的规律。

美国钢铁历史价格变动情况

1901 年的低点在 5 月。

1902 年的高点在 1 月。

1903 年的低点在 5 月。

1904 年的年度极端低点在 5 月。

1905 年股价回调后的低点也在 5 月。

1906 年股价在 2 月见顶。

1907 年股价在 1 月见顶，在 10 月见到年度最低点。

1908 年的高点是 11 月。

1909 年股价在 2 月见底，而在 10 月见到年度最高点。

1910 年 2 月是回调后的低点，而 11 月是反弹后的顶部。

1911 年的高点在 2 月，在 5 月见到了第二个高点，而全年的低点是在 11 月。

1912 年的高点是在 2 月，5 月是回调后的低点，10 月是全年的高点。

1913 年的低点在 6 月，高点在 8 月，10 月为回调后的低点。

1914 年的高点是 2 月，反弹的最后一个高点是在 5 月。纽约证券交易所在 1914 年 7 月到 11 月期间关闭（受第一次世界大战影响），但美国钢铁的股价于 11 月在纽约场外交易市场中达到了最低价。

1915 年 2 月股价达到极低价。

1916 年 11 月股价达到年度最高价。

1917 年的低点在 2 月，而全年最高点是在 5 月。

1918 年 2 月是股价回调前的高点，5 月也有个高点，6 月是股价回调后的低点，而全年的高点是在 8 月。

1919 年 2 月是全年的低点，最后一次反弹的高点是在 10 月。

1920 年 2 月是反弹前的低点。

1921 年 6 月达到年度最低点。

1922 年全年的高点是在 10 月，回调后的低点出现在 11 月。

1923 年 10 月是全年最后一个低点，其后就展开了一波大幅上涨行情。

1924 年 2 月为回调前的高点，年度最低点出现在 5 月。

1925 年 1 月是回调前的高点，而全年的高点是在 11 月。

1926 年 1 月也是股价回调前的高点，而 10 月是股价大幅回调后的低点。

1927 年——注意，老股（配送除权前）在 5 月见顶，而新股（配送除权后）在 1 月达到年度最低点，9 月达到极高点位，随后股价回调在 10 月见底。

1928 年 1 月是股价回调前的顶部，2 月是股价回调后的低点，5 月达到最后一个低点，最后一波大幅拉升就此展开。

1929 年的第一个高点在 1 月，2 月是回调后的低点，最后一个低点是在 5 月，其后股价开始大幅上涨，直至 1929 年 9 月 3 日见顶，当日的股价达到了 261.75 美元的历史最高价。接下来，在 10 月股价有一次破位大跌，11 月达到了 1929 年的最低点。

1930 年 1 月上旬是回调后的低点，2 月 18 日为反弹后的顶部，到 2 月 25 日又回调了 12 个点，股价在 4 月 7 日又涨到了 198.75 美元，这是截至我写本书时股价见到的高点。

综上所述，你可以看出，如果仔细回顾美国钢铁在最初 8 ~ 10 年的股价运行记录，也就是对美国钢铁股在 1901 年到 1911 年的股价运行记录做了仔细研究以后，你就能意识到该股在 1 月、2 月、5 月、6 月、10 月和 11 月更可能会发生重要的变盘这一规律。掌握了这些规律，在之后对股票行情图进行研究的过程中，将会有助于你判断该股何时见顶和见底。

通用汽车历史价格变动情况

回顾和研究通用汽车从 1911 年在纽约证券交易所挂牌之日起到现在的股价历史波动情况是很重要的，通过这样的方式，你就会了解到该股在哪个月份见顶和见底的次数最多。

1911 年 8 月，该股见到全年的高点 52 美元。

1912 年 1 月和 2 月为全年的低点，当时的股价是 30 美元；8 月和 9 月见到高点，股价为 42 美元。

1913 年 6 月见底，股价在 25 美元。

1914 年 5 月见顶，股价是 99 美元；7 月见底，股价为 55 美元。

1915 年 1 月，股价在 73 美元见底，12 月股价在 567 美元见顶。

1916 年 4 月是回调后的低点，股价是 405 美元；10 月股价又见到极高点 850 美元，此时该股宣布分红、除权后的新股开始上市交易。

1917 年 1 月，新股在 146 美元见顶，4 月股价在 98 美元见底，7 月的高点为 127 美元，10 月见到全年的极低点 74.25 美元。

1918 年 2 月，股价在 141 美元见顶，3 月见底时的股价为 113 美元，8 月见到高点 164 美元，9 月和 10 月见到低点时的股价均为 111 美元。

1919 年 11 月见顶，股价是 400 美元。

1920 年 2 月见底时的股价在 225 美元，3 月见顶，股价为 410 美元，此时该股进行了一次分拆，将 1 股分拆为 10 股。

1920 年 3 月，拆分后的新股（配送除权后）达到了 42 美元的高点，这相当于将原先的老股（配送除权前）股价升到了 420 美元。

1921 年 1 月，股价的高点在 16 美元，8 月该股的低点是 9.5 美元。

1922 年该股表现非常低迷，处于窄幅振荡的行情，3 月股价达到了极低点 8.25 美元。

1923 年 4 月和 5 月，该股在 17 美元见顶，这一年又是窄幅振荡的行情。

1924 年 4 月和 5 月，股价最后的低点为 12.75 美元。此时，该股以 10 股老股兑换 4 股新股的标准实行了并股。随后新股的交易很快活跃起来。

1924 年 5 月和 6 月，新股股价在 52 美元见底。

1925 年 11 月，股价在 149 美元见顶，12 月股价达到回调后的低点 106 美元，而这次回调只持续了三个星期，并且股价在涨升至新高之前，再也没有跌破过这一价位。

1926 年 8 月，股价在 225 美元见顶，该股此时宣布分红。

1927 年该股再次进行分红，8 月，新股（配送除权后）见底时的股价只有 111 美元，10 月报价达到了 141 美元的高点，11 月和 12 月股价又跌至 125 美元。

1928 年 5 月股价的高点是 210 美元；6 月是回调后的低点，股价为 169 美元；10 月和 11 月又达到 225 美元的高点。该股又一次宣布分红方案。12 月，新股（配送股票）入市交易，股价当月的高点是 90 美元，低点是 78 美元。

1929 年 3 月，股价的高点是 91.75 美元；7 月是回调后的低点，股价为 67 美元；9 月是最后一次反弹的高点，股价为 79.75 美元；10 月，股价达到了全年的年度最低点 33.5 美元。

截至 1930 年 4 月我写这本书时，该股的股价已经涨到了 54 美元。

通用汽车的重要月份——从上文和它每月高低点的股价可以看出，通用汽车最重要的顶部和底部大都出现在 3 月、4 月、5 月、8 月、9 月和 10 月。翻看过去连续多年的记录，你就能发现那些高点和低点是如何分布在这些月份的。所以，如果研究通用汽车这只股票，关注该股曾经见顶和见底的月份，并在以后每年都对这些月份加以留意，你就能更好地判断该股的顶部和底部会在哪里出现。

1911 年的高点在 8 月。

1912 年的高点在 9 月。

1913 年股价窄幅波动，但低点出现在 6 月。

1914 年的高点在 5 月。

1915 年的低点在 1 月，高点在 12 月。

1916 年 4 月是回调后的低点，而年度最高点出现在 10 月。

1917 年股价在 1 月见顶；4 月是回调后的低点，股价在 10 月达到全年的年度最低点。

1918 年的低点在 3 月，高点在 8 月。

1919 年的全年高点在 11 月。

1920 年老股（配送除权前）和新股（配送除权后）的股价都在 3 月见顶。

1921 年股价在 8 月见底，10 月是反弹后的顶部。

1922 年的低点是 3 月，8 月到 10 月的顶部价位相同。

1923 年股价在 4 月和 5 月见顶。

1924 年，最后的低点出现在 4 月和 5 月，新股在 1924 年 5 月见底。

1925 年股价的高点在 11 月，12 月是回调后的低点。

1926 年股价在 8 月见顶，在 11 月见底。

1927 年 8 月该股宣布分红，新股（配送除权后）在 8 月见底，股价在 10 月见顶，并在 11 月和 12 月出现回调。

1928 年的高点在 5 月，6 月是回调后的低点，在 10 月和 11 月又见到高点。

1929 年股价在 3 月见顶，7 月是回调后的低点，9 月是反弹的最后一个高点，而当年的年内最低点出现在 10 月。

只要你关注了 3 月、4 月、5 月、8 月、9 月和 10 月这几个月，你就能抓住通用汽车关键的变盘时点。

第五章　成功的选股方法

以自有资金交易股票——无杠杆交易

很多投资者都会通过阅读别人的文章或是从其他投资者的言论中得出这样一个结论——全部以自有资金交易股票是唯一确定的可以跑赢市场的交易模式。而实际上这种交易方式的缺点与其他任何一种交易方式相比都并不少。在正确的时机全部以自有资金交易股票是明智的做法，最终可能会使投资者获得利润，但是投资者和交易员需要能够判断出全部以自有资金交易股票的正确时机。而通常情况下，当正确的时机到来时，全部以自有资金进行交易和使用 25%、50% 的保证金比例来进行交易是同样安全的。因为如果股价上涨，而投资者恰好在正确的时机买入股票，并且有充足的保证金来为交易提供保护，会减少利息费用支出。很多投资者轻易地损失了他们所有的财富，或是亏掉了其本金的绝大部分，是因为他们简单地认为，其持有的股票都是用自有资金买入的，持股应该是很安全的。他们放任股价一路下行，直到公司停止支付股息分红，甚至是等股票到了破产清算接管人的手中，情况变得不能更糟糕时才醒悟。回头来看，如果当初他们是以一定比例的保证金来买入股票，或是在以自有资金重仓买入股票时设置止损单，来防止股价趋势改变，他们就会避免遭受巨大的资金损失。

我认为，只有一种全部以自有资金买入股票并持有的情况可以算是百分之百的安全，即买入那些股价在 12 美元以下的股票，并且只用本金的 10% 来承担风险去交易这类股票，因为它们可能下跌到分文不值，甚至被交易所进行退市摘牌处理。从可追溯的市场记录来看，我们可以发现有很大一部分价格涨到了很高的位置，并经常发放红利的股票，几乎都会在此之前出现过股价低于 10 美元的情况，甚至其中一些股票的价格曾经仅有 3 ~ 4 美元，因此当投资者全部以自有资金买入股价不到 12 美元的股票时，在这种情况下投资者的每股最大亏损自然也不会超过 12 美元。如果投资者在高于该价位的其他任何价位上买入股票，并且没有设置止损单作为防护，那么他们已经支付的本金就有可能会遭受很大比例的损失，甚至是损失其全部已支付的本金。几乎每只优质股票都曾有过一段徘徊在低价位的时期，这是让投资者以低价买进的好机会；而其后它们的股价会涨到极高的价位，这个时候投资者就应该果断卖出。在股票创下历史极高价位之后，其中一些股票将不会再次到达这样的高价，而其他股票可能要花 20 ~ 30 年的时间才能重新达到这样的历史高位。

表 5-1 优质个股历史低价列表

股票名称	最低价	股票名称	最低价	股票名称	最低价
领先 – 拉姆利	6	伊利铁路	10	北太平洋	3
空气压缩机	30	得克萨斯自由港	8	无线电公司	20
艾利斯·查莫斯	1	通用沥青	3	雷丁	3
美国汽车与铸造	11	通用电气	20	共和钢铁	6
美国树胶	5	通用汽车	8	雷明顿·兰德	17
美国与国外电力	12	格利登	6	圣路易斯 S.W.	1
美国制冰	9	固特异	5	希尔斯·罗巴克	24
美国国际	12	格兰比建筑	12	南太平洋	12
美国机车	11	哈德逊与曼哈顿	4	南方铁路	10
美国安全刀片	4	哈波汽车	2	田纳西铜业	11

（续表）

股票名称	最低价	股票名称	最低价	股票名称	最低价
美国给水工程	4	IBM	24	得克萨斯与太平洋	5
美国毛纺	7	宝石茶	3	联合太平洋	5
安纳康达	15	堪萨斯市苏打水	14	美国铸管	6
阿奇逊	9	凯瑟公司	17	美国工业乙醇	15
威斯康星州大西洋湾	3	肯尼科特	15	美国地产	8
巴尔的摩与俄亥俄	11	洛斯	10	美国橡胶	7
伯利恒钢铁	8	墨西哥海岸	3	美国钢铁	8.375
加利福尼亚石油	8	密苏里、堪萨斯与得克萨斯	8	钒钢	20
凯斯收割机	14	密苏里太平洋	9	弗尔康脱锡	3
密歇根与圣保罗	11	蒙哥马利·沃德	12	瓦伯什铁路	5
可口可乐	18	穆林斯制造	8	华纳兄弟影业	12
科罗拉多燃油	14	国家酿酒	6	西马里兰	8
哥伦比亚天然气与电力	14	国家铅业	11	西屋电气	16
玉米制品	8	新港	10	华盛顿泵业	19
克鲁斯伯钢铁	3	诺福克与西部铁路	9	莱特飞机	6
电力与照明	15				

| 专业解读 |

在这段叙述中的美股市场和目前的 A 股市场有很大差异，所以我们重点讲一下这些差异。

当时的美股市场： 1929 年股灾前美国股市保证金交易泛滥。

20 世纪 20 年代是美国经济自由放任的时代，货币信贷也很宽松，对股票交易融资贷款是没有任何政策限制的，投资者们最高可以用 10% 的保证金融资 90% 去购买股票。

1929 年银行向证券市场提供贷款的主要模式为：银行向证券经纪人提供资金，证券经纪人再把贷款发放给自己的客户。

1929 年股灾是美国资本市场杠杆风险最大的一次股灾，后续制度完善手段主要是分业监管以及限制全社会的杠杆率。

在这次股灾之后，美国主要在以下两个方面加强了金融监管。

1. 确立了商业银行与证券分业的模式，成立了美国证券交易委员会，对银行资金入市加以监管。

2. 实现了全社会统一的杠杆率管理，在全社会范围内管理保证金融资，即要求保证金比例必须在 50% 以上，从而降低了金融风险，同时防止股市过度分流实体经济资金。

目前的 A 股市场：在 2014—2015 年的 A 股牛市行情中，通过配资形成的杠杆对 A 股市场造成了很大的困扰，因此在"股灾"出现之后，证券监管部门严禁杠杆配资业务，目前唯一符合法律法规的加杠杆方式只有融资业务。

江恩认为使用杠杆交易的优点主要在于以下两个方面。

1. 合理地使用杠杆交易，投资者可以用较少的本金持有更多的股票，从而放大盈利。

2. 在美股市场中退市和清算比较常见，如果投资者以全部自有本金买入股票之后遭遇股票被退市或者被清算，他们所遭受的损失要远远大于因为股价跌破强行平仓线而被强行平仓所造成的损失。

但是，使用杠杆交易，在扩大收益可能性的同时，也扩大了风险，一旦操作不当很可能导致投资者爆仓被强行平仓，损失全部的本金投入。同时 A 股市场到目前为止，退市机制尚不如美股完善，被退市和被清算的上市公司数量不多，因此投资者全部使用自有本金买入并持有股票所承担的风险要小于美股市场。另外我国监管部门对于股票配资这种非官方的杠杆形式在法律法规上是不支持的，甚至是禁止的。

因此，虽然杠杆交易有一定的优点，但是在现阶段的 A 股市场环境下，使用杠杆交易的条件尚不成熟，投资者应该尽量避免使用融资业务之外的其他高风险杠杆交易模式。

虽然因为两个市场之间的差异和时代的差异，江恩对于杠杆交易的看法目前并不适用于 A 股市场，不过在这段叙述中有两个关键点值得大家注意和思考。

1. 上市公司是有可能被退市或者破产清算的，即使在现阶段的 A 股市场这种情况不多，但是随着 A 股市场的成熟和完善，这种情况会逐步增加，因此投资者在买入股票之后出现亏损甚至被套牢之后，依然死抱着股票不放等待翻身机会的行为是不可取的，而且随着退市制度的完善，这种投资方式所带来的风险会越来越高。

2. 很多优质个股也曾有过低价徘徊期，在一些优质低价股上存在供投资者"淘金"的机会，一旦遇到这种机会，投资者应对适当地把握住机会，因为这种股票交易起来会相对安全。

这两个关键点里蕴含的机会和风险是值得投资者重视的。

平均波动幅度或常态波动幅度

对于投资者正在交易或是有意向交易的每一只股票，投资者都应该研究它在日线级别、周线级别和月线级别的平均波动情况。了解该股股价的常态波动和异常波动是很重要的。异常波动不会频繁地连续出现，并且不会持续太长时间。假设投资者要交易美国钢铁这只股票，投资者应该掌握该股完整的历史交易数据，去了解该股在日线级别、周线级别和月线级别上出现过的最大单边运行幅度是多少、高点和低点的位置以及这些情况发生的时间。以投资者计划交易该股的时间为起点，查阅过去一年或两年时间的交易记录，并统计出其日线级别、周线级别和月线级别的股价平均波动幅度，这样投资者将能观察到这只股票什么时候进入了活跃期，或者是出现了向上或向下的异常波动。此外，投资者还要统计股价在创下极端高价或极端低价过程中的成交量变动情况。很多投资者在股价处于正常波动时可以获取盈利，而股票一旦进入异常波动阶段，他们就开始赔钱。请谨记，你总是有可能在错误的时机进入市场，而能保护你的本金并且能让你在出现失误之后及时退出市场的方式，就是在交易时时时刻刻都设置止损单。如果你在错误的时机进场，并且又在错误的时机离场的话，那就等同于投资中的自杀行为。换句话说，当你本可以在承担一个小的亏损并快速离场时，如果你一直持有亏损的股票不放，它就可能会给你造成无可挽回的巨额损失，使你最终被迫承受巨亏离场。

专业解读

这个段落看起来字数不多，但是内容很关键，这里提到了一个分析股票时的重要技巧，只是江恩写作的年代比较早，对这方面的展开不够充分，我们结合一些现代技术来仔细表述一下这个技巧。

这段里最关键的内容用比较现代和专业的说法来讲叫作——用可量化的方式来掌握个股的股性。

股票的股性是大多数投资者经常听说但又总是不太理解的一个概念，简单来说，股票在股性上的不同体现在两个方面。

一个是个股与个股之间的股性差异，比如说A股市场里一个比较常见的情况是：权重股和银行股的股性相对比较黏滞，也就是说大多数情况下，这类股票的波动幅度很小；而小盘股的股性相对比较活跃，也就是说大多数情况下，这类股票的波动幅度比较大。那么权重股和银行股的股性决定了在它们身上做短期套利的机会不多，而小盘股的股性决定了在它们身上做短期套利的机会就明显要多一些。

另一个是个股在不同情况下的股性差异，在经历长期下跌之后，股价进入底部缩量整理区间时，个股的股性就显得很黏滞；等到股价打破了整理区间开始上涨之后，个股的股性就会出现明显的转变，变得非常活跃。

因此合理的交易一定是建立在对股性的准确把握之上的，比如说理解了权重股和小盘股之间的股性差异，投资者就不会犯在权重股上频繁做短期套利投资这种费力但不讨好的错误，或者如江恩在文中说的那种情况，一只个股在底部做箱体整理，投资者只看到了这种常态波动，因此每次在股价到达箱体下沿时就买入股票，每次在股价到达箱体上沿时就卖出股票，但是股票在箱体整理结束时，会开始出现异常波动并挑战箱体上沿的压力，而投资者没有及时察觉到股性的转变，还是在股价到达箱体上沿附近时卖出股票，就会刚刚好错过股价在脱离底部之后的持续上涨行情。

很多投资者都能够理解股票股性的重要性，但是在实际分析和操作时却没有办法准确地判断个股与个股之间的股性差异，也抓不住同一只股票在不同时期的股性变化，觉得股性这个东西比较"玄"，比较"虚无缥缈"，好像是只有很厉害的成熟投资者才能掌握的东西。而实际上对股性的把握和判断并没有那么"玄"，江恩给出的方式就是——可量化（这里所说的量化和"量化交易"中的量化有所区别，主要是指能够将一些情况用数字计量，而不是凭感觉来判断）。

统计一只个股在常态下的涨跌幅度平均值，这个办法看似简单粗暴，但是极为有效。因为对一只股票的感觉和对另一只股票的感觉是没有办法直接对比的，即使对比也很难得到一个清晰明确的结论。而一旦将股性这种感觉方面的东西用统计的方式进行计量，并用数字加以记录的话，就可以将其转化成能够客观、直接对比的东西。

如果一只股票日线级别的涨跌幅度平均值是1%，而另一只是2%，那么后者的股性就是明显比前者活跃的，如果这一对股票在涨跌幅度方面的统计数据发生了变化，我们也能直观地判断出其股性的变化，从而可以指导分析和操作。再比如同一只股票，之前的涨跌幅度平均值是1%，但是近期连续出现涨幅在2%以上的持续上涨，那么我们可以初步认定该股的股性出现了变化，并相应地调整对其的操作计划。

因此，对于很多令投资者比较困惑的技术分析概念，如果能将其转化为统计数据的，一定要进行"量化"和记录，当一个投资者在进行分析和操作时，从凭借感觉来判断转变为通过清楚明确的统计数据来作为依据，那么他就已经可以领先绝大多数投资者了。

总之，感觉并不可靠，但即使最简单的统计数据对比也有可取之处，不仅统计过程可以加深投资者对个股的理解，统计数据也可以协助投资者进行分析和判断，这个小小的举动可以带来极大的效果，有心的投资者应该坚持进行这方面的统计和梳理，可以极大提升分析能力和操作可靠性。

股价的上升通道和下降通道

投资者应该持续关注股价的底部和顶部，观察是否有趋势改变的信号。不要急于敲定操作，要等其他人为你开辟了道路，并且市场也已经展现出趋势转变的信号时再出手。如果你正等待择机做空，通常要等到一只股票出现一次到两次顶部和底部逐步走低以后再开始操作（即下降通道形成，如图5-1所示）往往会更为稳妥，因为这是市场向你展现的趋势转向信号。同样的法则也适用于择机买进做多一只股票时。你可以持续关注目标股票，等到股价的底部和顶部开始逐步抬高之后再介入（即上升通道形成，如图5-2所示）。如果一只股票的价格不能形成逐步抬高的底部，并且持续横盘几个交易日或是一周，那么说明该股仍处于弱势形态，不适合买入做多。有时，一只股票的价格底部在逐步抬高，但是价格却未能做出更高的顶部（即三角形整理，如图5-3所示），也就是说，价格不能突破最后一次回调开始时的位置，这就表明买入力量没有强到能够克服之前下跌开始时出现的卖方力量。你要做的就是顺应趋势，而非逆势而行。等待一个明确的趋势转折迹象之后再开始交易，这可能要花费投资者较长的等待时间，但是从长期回报来看，这种等待是值得的。

判断股价顶部或底部的一个重要信号，就是看股价是否出现一系列窄幅震荡，同时伴随着很小的成交量。如果股价放量大幅度上涨，随后又快速回落，随后是一波反弹，但反弹过程中成交量比较小，价格也没能重新站上之前大幅上涨留下的极高价位，并且连续多个交易日都在反弹高点的价位附近进行窄幅震荡，同时成交量萎缩，这就意味着买方力量不足，难以支撑该股上行。你应该选择在股价沉闷横盘几个交易日后去做空，或者在股价刚一跌破这几天的缩量窄幅震荡区间下沿时就去做空。同时要设置止损单，止损点位选在略高于极高价位一线的位置上。

同样的法则也适用于股价处在底部的情况。在股价出现巨量的恐慌性下跌后，如果紧接着有一个快速反弹，就表明有空头在进行回补；如果股价在反弹结束后，再度回调到极低点附近，但是并没有跌破极低点，而是出现了窄幅震荡，成交量也出现萎缩，这就是一个卖方力量正在减弱的迹象，意味着没有足够的抛售力量去迫使股价变得更低。你就应该买进做多，并在极低价位下方设置止损单，或者选择等到股价突破这几个交易日留下的窄幅震荡区间上沿时就买进做多，因为这个突破预示着趋势将调转向上。

| 专业解读 |

在这段内容中，江恩叙述了一些关于股价上涨通道和下跌通道的一些观察和分析思路，单看文字好像不太好理解，但是我们配上几个图形就可以很容易地理解这段内容了。

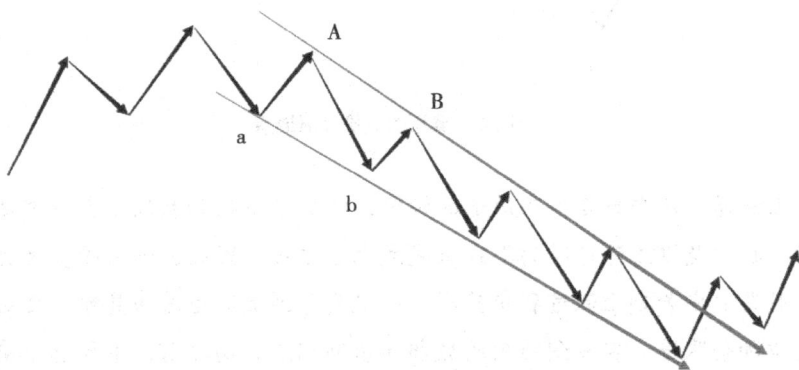

图 5-1　典型的股价下降通道

对于大多数经历了长期上涨的个股，尤其是涨幅已经严重脱离了股票本身内在价值的个股来说，其创下高价并做出头部形态之后的下跌过程，基本上都是以走出一个下跌通道的形态来完成。

判断一个下跌通道的宽度、斜率是后续操作的关键环节，而判断这两项的关键在于图中"a"和"b"这两个下跌通道初期的低点以及"A"和"B"这两个下跌通道初期的高点。有了这四个点，就基本可以预期该股未来的下跌通道形态，并成为后续操作的关键依据。

因此江恩在叙述中点明了这四个点的重要性，投资者不见到这四个点就大幅做空比较冒险，而等这四个点全部出现并预计好下跌通道之后再加大做空力度才是比较稳妥的做法。

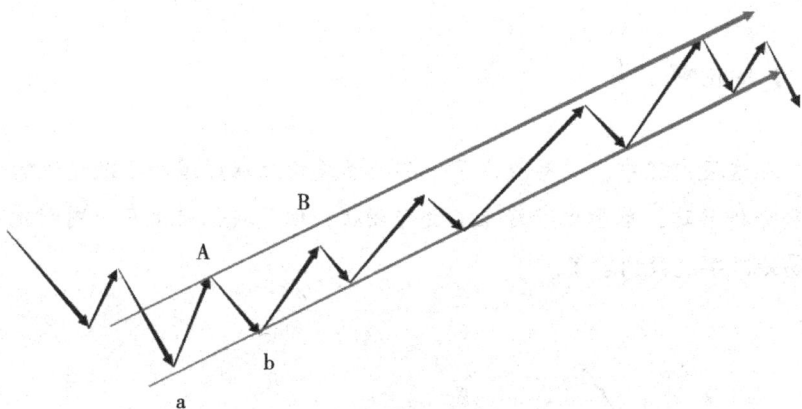

图 5-2　典型的股价上涨通道

上涨通道几乎就是下跌通道的镜像，经历了下跌和长期底部调整之后的个股，往往是以上涨通道的形式来完成上涨过程，因此，如果投资者打算在一只股票的中长期上涨过程中获利，一定要等到上涨通道初具雏形之后再开始逐步加仓跟进。在看到明确的底部和顶部相应抬高之前，不要急于重仓跟进，否则容易造成资金损失，或者浪费时间成本。

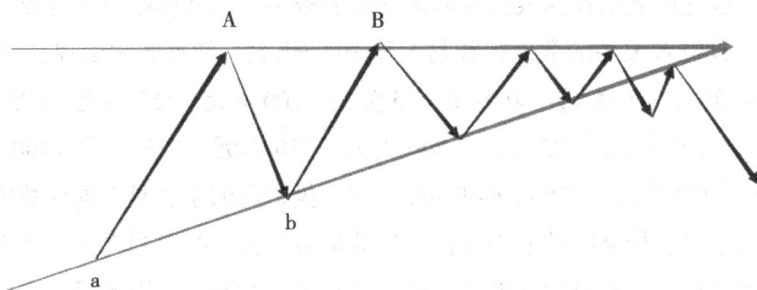

图 5-3 三角形整理走势

三角形整理走势分为两种，一种是图中所示的这种底部抬高，但是顶部不随之抬高的走法。一般情况下，股价在走到临近三角形顶点附近时，会转而下跌。如果不仔细观察的话，很容易将这种走势的前半段与上涨通道搞混，很多投资者就是吃了这种亏，看到不断抬高的底部出现，就以为是上涨形态，追击进场之后才发现，最终是一个三角形整理走势，因此在类似情况下，一定要留意观察顶部是否也相应抬高，否则不能轻易视之为上涨通道。

还有一种就是图中这种情况的镜像，刚好反过来，是顶部不断下降，而底部不降低，最终股价大概率会上涨，但是容易与下跌通道搞混，导致投资者过早地卖出股票，错过三角形整理走势结束之后的上涨。因此投资者要注意观察细节，来得出准确的判断。

有了这几个图形，大家基本上就可以完全理解这个段落中江恩想要表达的内容了，主要是要学会识别上涨通道和下跌通道中的机会、通道构筑过程中两个高点和两个低点的关键作用，以及可能会混淆的三角形形态，通过这个段落能掌握这几点就是重要的收获。

认同度较高的关键价位

投资者的想法在大多数时候是相近的。投资者们会关注某些特定股价数值，并且以这些数值作为成交价的情况要显著多于以其他数值进行成交的情况。普通投资者关注的数值往往是 5 和 10 的倍数。常见的关键成交价有 25 美元、40 美元、50 美元、60 美元、75 美元、100 美元、150 美元、175 美元、200 美元、210 美元、225 美元、240 美元、250 美元、275 美元、300 美元、325 美元、350 美元、375 美元和 400 美元。投资者似乎总是以这些数值来作为他们选定交易价格时的心理价位，这就是为什么一些股票无论是在上涨还是下跌的过程中，都经常不能恰好达到这些价位的原因。因此投资者应该关注一只股票的动向，并且在股价距离这些整数关口还有几个点的时候，稍提前于股价到达整数关口时进行买入或卖出的操作。

例如，如果每个投资者都打算在 50 美元这个价位下单卖出股票，那么该股的股价可能会上涨到 48 美元或 49 美元，甚至达到 49.75 美元，但却不会走得更高。聪明的投资者会持续关注股价行情图来观察该股在这些整数关口附近的运行情况，从而将持有的股票及时卖出，而不会试图在一个其他投资者都期望达到的价位上成交。当一只股票的价格超出 100 美元后，通常会有投资者把大笔的买入委托单挂在 100 美元，等待股价回调到这个价位时成交。但该股将会回调到 102 美元，甚至是 101 美元，但就是不回调到 100 美元这个价位上。聪明的投资者不会计较最后那 0.125 美元的买入价差，而是在股价接近这个价位，并且行情图上显示这里有支撑时，就果断买入该股。很多投资者会在整数关口或者 100 美元附近买入，并且在与之很接近的价位上设置止损单，他们的预期是，股价应该不会跌破这个整数关口，或者说是 100 美元。市场主力熟知这种情况，知道大多数止损单都集中在整数关口附近很小的范围内，因此他们就让股价迅速跌破 98 美元、97 美元或 96 美元，一举吃掉这些止损单。这就会使得一些投资者感到气馁，随后股价重拾升势。一般情况下，一只股票处于强势并且一举突破 100 美元整数大关后，就很少会再回调到 95 美元左右。

如果你等待在这些整数关口附近买入股票，你就通常要坚持到股价突破了这些整数关口之后再买入。如果想买一只股价在 200 美元以上的股票，就应该预计它的股价会达到大约 202 美元或 203 美元；随后股价也许回调 7 到

10 个点；之后再有 2~3 次再度达到 202 美元或 203 美元附近。这时密切关注它第三次突破这个整数关口，或者说是 200 美元时的情况，如果突破过程伴随成交量的放大，就应该选择买入，预计股价会快速上涨到 210 美元，甚至是 225 美元。如果股价又顺利突破了 210 美元，就应该调高预期值到 225 美元，这里通常会是个强阻力位。股价也许会上涨并到超出这个价位，也可能没有完全达到这个价位，随后股价将回调到 215 美元附近，但是只要股价在这里蓄势之后的第二次或第三次上攻过程中突破了 225 美元，就应选择买入，并上调预期值到 240 美元，甚至有可能会到 250 美元。

同样的法则也适用于股价达到 300 美元的股票。在这个整数关口附近，股票会承受很多抛售压力，但是当股价在几次试探后突破了这个整数关口时，股价将会快速上涨到 325 美元、350 美元或 375 美元。当股价突破 300 美元以后，阻力远高于其他价位的区间大概会出现在 355 美元到 360 美元的这个范围。而当股价达到 400 美元后，它就不再属于适合散户交易的范畴了，这种高价股通常会被市场主力借送转、拆分等噱头，向散户进行派发。股票是需要被卖出才能兑现盈利的，每一个持股的投资者，无论他的持股数量有多少，都希望有一天能卖出股票进行变现，并且希望能在股票的价格涨到他们认为足够高的时候再选择卖出。

普通投资者习惯交易的股票，其价格大多集中在 50 美元到 100 美元。职业投资者倾向于交易 100 美元到 200 美元的股票。他们知道交易 150 美元到 300 美元的股票最容易获得丰厚的收益。大多数情况下，当股票进行分拆或者宣布分红时，其目的就是通过分拆除权后股票的价格可以下降到 25~75 美元，因为市场主力清楚，这些价格是最受普通投资者欢迎的买入价位。掌握这些情况后，我们的法则应该是在伴随着止损单的前提下，去交易那些股性活跃、运行速度快的个股，这样我们就能获取最丰厚的盈利。

| 专业解读 |

对于投资者来说，这段里所叙述的投资者习惯在整数关口交易股票的情

况，大家都很好理解，因为这是很多新手投资者的共性，而且后面江恩有一段专门又讲了"整数价位附近的下单技巧"，所以这里我们就不赘述了，直接到那个段落后面的点评一起来写。

这里稍微说一下这个段落里的另外两个相关的关键点。

第一，股价在整数关口附近的突破准备和突破走势。

一般情况下，在这种情况下的股价走势和江恩的描述基本一致，尤其是市场主力控盘度比较高的个股，通常会多次试探整数关口，或者在整数关口附近震荡，打乱投资者的预期，借此消化掉整数关口附近的散户买卖委托单，之后再放量突破整数关口开始上涨，因此投资者在股价到达关键的整数关口时，一定要胆大心细地仔细观察具体走势，把止损价设置在合理的位置，耐心一点来分析和判断市场主力的意图，再做好交易计划合理跟进，不要因为价格的震荡而出现情绪化的操作。

第二，低价股、高价股和分红送转。

大多数投资者，尤其是新手投资者习惯去交易低价股，因为感觉低价股更安全，将来上涨的空间也更大。以市场主力的视角来看，散户越喜欢、持股越多的个股，其在操作时受到的干扰和控盘成本更高，因此往往不会轻易发动上攻走势。而高价股因为门槛高，散户投资者参与度较低，很容易形成高度控盘方便拉升股价，之后再借助高送转等噱头，既能降低每股单价，又能吸引散户接盘，来实现盈利兑现。

所以，对于大多数投资者来说，尽量把视线从低价股中分出一部分来关注一些活跃的高价股，有可能找到更多更快的获利机会。

高价股更容易出现单边快速运行

与交易 50 美元左右的股票相比，交易 100 美元左右的股票获利效率更高；与股价在 100 美元左右的股票相比，股价在 200 美元或 300 美元的股票运行速度更快，运行区间更宽。因为股价能够达到这样的高价位，一定是有原因的，普通投资者通常很少去交易股价超过 200 美元的股票。当股票的价格达到这个范围时，它们往往是掌握在百万富翁和千万富翁们的手中，这些人交易股票的规模通常很大，这会导致股价在短时间内出现宽幅震荡。因此交易那些股性活跃的高价股总是很划算的。当投资者交易价格在 100 美元以上的股票时，获利幅度将是最丰厚的；而当投资者交易价格 200 美元以上的股票时，赚钱的效率会是最高的。与高价股相比，那些价格处于 50 美元以下的股票，它们会做出较多的误导性的波动，并且回调的次数也较多，因为这些股票要么大部分被普通投资者持有，要不就是股价还没有高到可以让投资者们对它满怀信心的程度，买方力量尚不足以支撑股价出现快速运行。

当股票处在下面所述的两种情况时，股价运行速度会很快。

第一种情况是，在公司成立时间不久，股票第一次发行的时候。承销商或发起人会力挺该股，推动股价迅速攀升，以吸引普通投资者的关注，但是当股票发行完成后，他们将撤回护盘或托盘资金，而把风险都转嫁给在高位接盘的普通投资者，股价会从顶部开始滑落。

第二种情况是，上市公司成立多年，有良好的盈利能力，并且能在较长时期内保持连续分红。投资者持续吸纳这些股票，市场上的浮动筹码日渐稀少。投资者在股价上涨时并不卖出它们，而是继续持股。所以，对于市场主力来说，快速推高这类股票的价格就比较容易，因为他们在推高股价的过程中不必去购买大量的筹码。

| 专业解读 |

在这一段落江恩主要展开讲解了上个段落中的最后一部分，并提出了股价运行速度比较快的两个股票种类，这两个类型的股票，用 A 股投资者熟悉的名称来说，第一种情况说的就是次新股（代表性最强的就是暴风科技，如图 5-4 所示），第二种情况说的就是知名度较高的绩优行业龙头股（代表性最强的莫过于贵州茅台，如图 5-5 所示）。

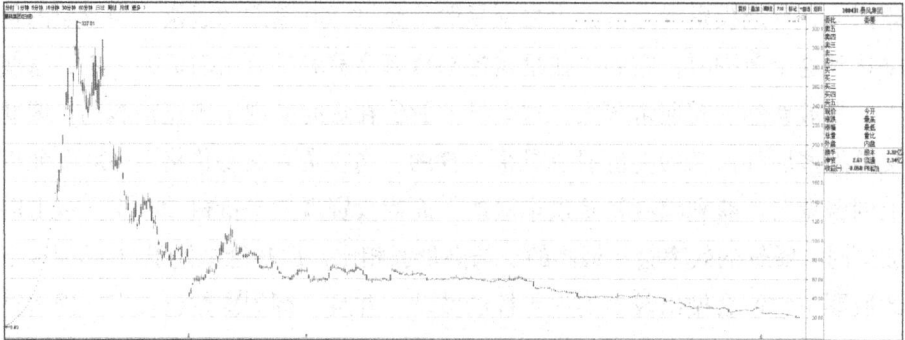

图 5-4　暴风集团日线图

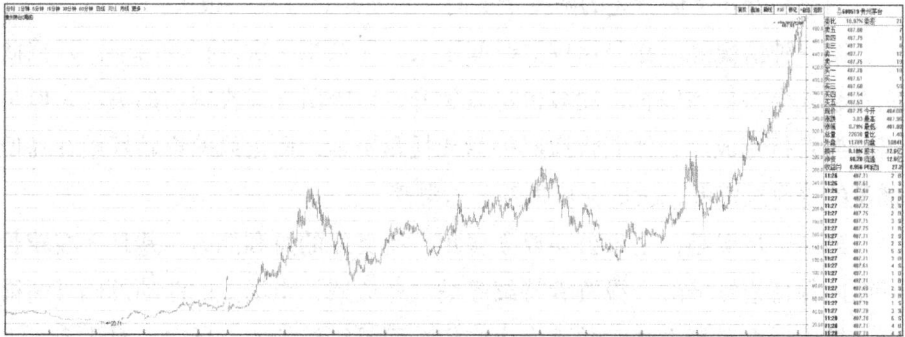

图 5-5　贵州茅台周线图

　　对这两种股票的描述在今天的 A 股市场依然适用，而江恩写这本书的时间是 1930 年。一段对特殊类型股票的总结，在跨越了近 90 年的时间后依然有效，一来真的可以证明在股票市场中，历史会跨越时间重演，投资者们可以通过总结历史上的共性和规律来服务于未来的交易；二来也说明江恩作为投资大师确实实至名归，尤其是在总结归纳市场情况，梳理投资小技巧和类型股方面领先于他所属的年代。

　　最后简单说一下这种快速运行个股出现的根本原因。

　　其实股票市场的价格形成，从供求关系的角度来说受三种情况推动，分别是：物以优为贵，物以知为贵，物以稀为贵。

其中，次新股历来暴涨的时候多，上市就破发的情况极少，主要原因是因为股票上市的第一时间里，大部分股票掌握在上市公司大股东和金融机构手里，可以随意交易的流通股数量非常稀少，而中签的投资者有往往惜售不肯卖出，导致短期供求关系失衡，大量资金追着买，而没有多少股票被出售。因此想拿到股票的资金只能不断提高买入价格，通过股票价高者得这一规则来获得想要的股票，进而造成这种物以稀为贵的短期持续暴涨，但是如果公司本身最终被证明不够优秀，这种因为稀缺性而得来的高价将最终回归到合理水平。

而知名度较高的绩优行业龙头股往往同时占有这三项推动因素。

首先，类似贵州茅台这种股票，公司本身的业绩就足够优质，而好的东西必然应该对应好的价格，因此股价受第一推动力——物以优为贵持续推动。

其次，这些类型公司的产品一般知名度都比较高，同样两款商品放在消费者面前，如果价格差异不是很大的话，绝大多数人会选择知名度比较高的那个，股票市场中也是一样，对于估值相近的两只个股，大多数投资者都会选择知名度更高的那个，因此这类股票也享受第二推动力——物以知为贵的推动。

最后，如果一只个股业绩优良，知名度又高，并且投资者买入后获得的收益也不错，那么即使盘面稍大，也很少有投资者舍得随意卖出，这就造成了持有的人不想卖，想买的人只能提价的局面，这是第三推动力——物以稀为贵的体现。

一般情况下，受其他任意一项推动力推动的优质个股都能实现长期上涨。

而像贵州茅台这种三项全能的选手，就能久盛不衰。

而不占据优质这项因素，只占有其他两项或者任意一项因素的个股，可能呈现中短期暴涨的趋势，但是长期却很可能被打回原形。

因此投资者在选择股票时，一定要仔细思考自己关注的个股到底占据了这三项中的哪一项或者哪几项，以决定投资策略和相应的操作计划，否则会出现错配、追高而导致亏损。

历史记录中的顶部和底部

拥有股票行情图表的最大价值，就是可以追溯 10 年前或者更久远的交易记录，当然前提是股票上市的年份也要够久远，行情图表会让你知道过去的顶部和底部是在哪里出现的，股价在什么时候突破了前期的底部区域。这些内容我曾在我的《江恩股市操盘术（专业解读版）》一书中做过全面的论述，但在这里我还想再提出一些实用的法则。

假设有一只股票曾在几个月前或几年前见顶于 100 美元左右。当它的股价再度突破 100 美元时，我们有充分的理由相信股价会涨到 110 美元、125 美元，甚至可能达到 150 美元，此时你就应该买入做多。随后，当股价涨到了 103 美元时，如果该股在中短期还能继续上涨的话，它的股价在触及 103 美元后的回调过程中通常不会回落到 97 美元以下。所以你可以将止损单设置在 97 美元。如果股价的回调幅度真的大过上述情况的话，那可能表明市场的主要趋势已经改变，而且在这种情况下有一点是几乎可以肯定的，那就是股价不会在近期上攻，你最好先离场。

专业解读

在这里江恩讲了在股价挑战历史顶部或底部时的操作技巧，我们可以找一只股票的历史走势来进行简单的举例。比如在图 5-6 中，a 和 b 两个阶段的股价都出现了放量突破历史高点的走势，其后又都出现了一波快速的上涨。

但是在 c 阶段中，股价多次挑战当时的历史顶部，但是最终都无功而返，而且挑战历史顶部后的下跌幅度超出了江恩所讲的预期值，于是最终股价出现了回落，形成了一个长期大箱体，并没有出现持续性的快速上涨。

直到 d 阶段时，股价再次放量打破了当时的历史顶部，股价才突围箱体形成一波快速上涨的爆发式行情。

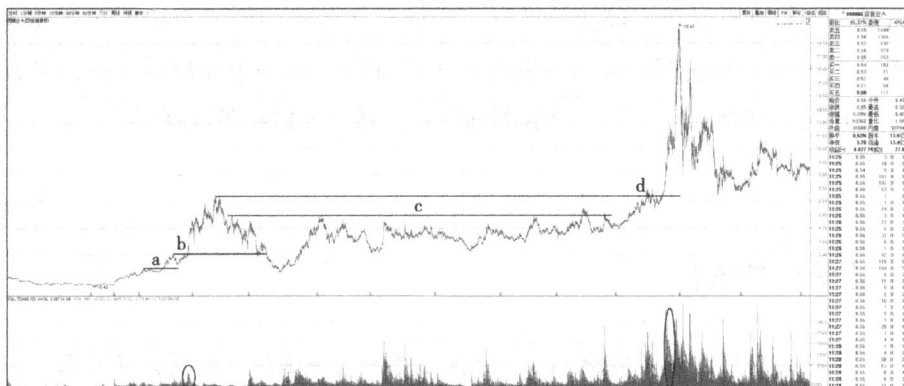

图 5-6　深振业 A 日线图

　　因此那些习惯追高买入的投资者需要仔细理解本段落的内容，有利于投资者更合理地去追击那些正在挑战历史高点，并有可能成功的股票。

第一次上涨和第一次下跌

　　在涨势已经形成后，关注它的第一次回调非常重要。对于大部分股票来说，常见的回调幅度是 5 ~ 7 个点。而对于交易更为活跃的高价股来说，常见的回调幅度一般是 10 ~ 12 个点，但是无论不同类型的个股之间有怎样的回调差异，投资者要关注的重点是，同一只股票的价格在不同位置出现回调时，回调的幅度是否比较接近。例如，从美国钢铁公司股票在 1907—1909 年以及 1914—1919 年的价格记录中你会观察到，当股价从任何一个高位回调 5 ~ 7 个点以后，你进场买入的话，总能获得盈利，但如果你是在股价回调幅度超过 10 个点后买入的，那就很可能遭遇风险，你应该在股价下一次反弹时把持有的股票都卖出。股价在上涨的过程中总是伴随回调，这些回调只不过是股价上行过程中的休整期而已。而在股价下跌时也一定有反弹出现，这些反弹是抄底买盘进场的结果，有些投资者认为股价已经下跌得比较充分了，所以开始买进。你必须意识到及时买入和卖出的重要性，不要拖到最后一个小时再行动。出局过早总比出局过迟要好。你要关注股价的第二个顶部和底部或者第三个顶部和底部，如果当前这次的顶部低于第一个顶部的高度，或者当前这次的底部失守了第一个底部的价位，接下来你就要暂离市场，保持观望了。

|专业解读|

江恩的这段叙述其实应该放在上涨通道和下跌通道那个段落的后面，因为这两个段落的内容是有相关性的，所谓的第一次上涨和第一次下跌，其实是指在股价经历上涨或下跌之后，在见顶或见底过程中的第一次上涨或下跌的幅度和位置是重要的参照物。

以上涨通道结束时价格见顶的过程为例。如果股价在有过第一波上涨之后，在随后的第二波上涨中没能创出更高的价格，那么股价有很大概率会走成图5-7中所示的M形头部；如果股价有过第一波上涨之后，又在第二波上涨中创出新高，但是经历回调之后的第三波上涨的幅度和位置都低于第一波上涨的幅度和位置的话，那么有很大概率会出现图5-7中所示的头肩顶；而如果第二次和第三次上涨都没有创出新高的话，大概率会是图5-7中所示的三重顶。

M形头部　　　　　三重顶　　　　　头肩顶

图 5-7　价格见顶时的 M 形头部、三重顶和头肩顶形态

如图5-8所示，下跌筑底的情况和上述见顶的情况类似，只是方向相反而已。

双底　　　　　　　　　　　　　头肩底

图 5-8　价格下跌筑底时的双底和头肩底形态

如果股价第一次下跌后，第二次下跌的幅度大于第一次，位置也低于第一次，那么双底形态不成立；

如果第一次下跌后，第三次下跌的幅度大于第一次，位置低于第一次，那么头肩底形态不成立。

只要底部形态不成立，就说明市场筑底尚未成功，只能抢反弹，但是不适合抄底。

因此，上涨见顶过程中和下跌见底过程中的第一次上涨和第一次下跌是极为重要的参照物，投资者一定要重视观察这个阶段的涨幅和位置，才能更好地判断后续走势是否见顶或者筑底成功。

如何对股票进行盈亏结算

投资者可以采用会计记账的方式来给正在持有的股票做一个盈亏账目，这和会计师给会计账面做结算平衡的方法是一样的。这样盈亏账目可以显示出你的股票在每天收盘时的账面是盈利还是亏损。如果账目在收盘时出现亏损，或者说比前一日的收盘价低的状况在延续的话，那么它的趋势就是向下的，在借方出现盈余之前，你没有理由去买进它。当一只股票的收盘价走高或走低时，你要持续观察数天、数周或数月。当一只股票在三天或更多天当中，收盘的价位几乎一样时，你就要予以特别关注。一旦它的收盘价高于或低于这个价位，就说明股价要朝着那个方向波动了，特别是当市场非常活跃，而收盘价走高或走低的这一天出现了很大的成交量时，信号尤其明确。你始终都要关注成交量，因为它可以表明推动市场运行的能量是在增加还是在减少。

| 专业解读 |

在这一段落里，江恩叙述得比较复杂，其实这个内容很好理解，大家看一下根据江恩的说法做出来的图表（如表 5-2 所示）就一目了然了。

表 5-2　美国钢铁股从 1929 年 5 月 31 日至 12 月 31 日每天的最高价位和最低价位

日期	开盘价	最高价位	最低价位	收盘价	跌	涨
5 月 31 日	164.125	166.5	162.5	166	…	2
6 月 1 日	166.25	166.25	165	165	1	
3 日	165.5	168.75	165.25	167.5	…	2.25
4 日	168	170.375	167.5	169.75	…	2.25
5 日	170	170.75	168.25	168.75	1	
6 日	168.5	169.25	168.5	168.5	0.25	
7 日	169.25	171	168.375	169.125	…	0.625
8 日	168.75	168.75	167.75	168	1.125	
10 日	168	168.375	165.5	166	2	
11 日	166	167.75	165.5	167.25	…	1.25
12 日	167.5	168.5	167	167.5	…	0.25
13 日	167.75	174.25	167.5	173.75	…	6.25
14 日	174	177.25	173.75	175.75	…	2
15 日	176	176	175.25	175.5	0.25	
17 日	176.5	179.75	176.5	178	…	
18 日	178.25	179.75	177.25	177.25	0.75	
19 日	177.5	178	175.25	176	1.25	

（续表）

日期	开盘价	最高价位	最低价位	收盘价	跌	涨
6月22日	180.5	181.5	180.5	180.75	…	0.5
24日	182	182.375	179.75	179.75	1	
25日	179.5	179.375	185	184.75	…	5
26日	185.75	190.25	185.75	189	…	4.25
27日	188.25	189.25	186.75	188	1	
28日	188.25	191.375	188.25	189.5	…	1.25
29日	189	190.75	188.625	190.75	…	1.25
7月1日	191.5	192.75	189.5	192.25	…	1.25
2日	192.5	196.75	192.5	196.25	…	4
3日	196	199.625	196	196.75	…	0.5
5日	197.5	200	197.5	198	…	1.25
6日	196.75	197	195.25	196.25	1.75	
8日	196.625	201.75	196.625	201	…	4.75
9日	200.5	201.75	197.75	199	3	
10日	199.25	200.25	197.5	199.25	…	0.25
11日	198.375	199.25	197.625	198.25	1	
12日	200	203.25	199.75	203	…	4.75
13日	203	204	201.5	202.375	0.625	
15日	202.75	203	198.5	198.5	3.875	
16日	199	205.25	198	202.5	…	3.75
17日	202.25	202.5	200	200	2.25	
18日	201	204.25	199.75	201.75	…	1.75
19日	204.75	208.375	204.5	208.375	…	6.625
20日	208.5	209.75	207.5	207.75	0.625	
22日	207.375	207.5	204.375	204.375	2.375	
23日	205	204.5	208.5	207.25	…	2.875
24日	208.25	210.375	205.75	205.75	1.5	
7月25日	206.5	207.25	204.5	205.5	0.25	
26日	207.5	208.5	205.375	206.75	…	1.25
27日	207	207	205.375	206	0.75	
29日	205	206.625	204.375	205	1	

（续表）

日期	开盘价	最高价位	最低价位	收盘价	跌	涨
30 日	205	207.5	205	206.5	⋯	1.5
31 日	205.5	210	205.5	209.5	⋯	3
8 月 1 日	210.5	213.25	209.25	213.25	⋯	3.75
2 日	213.5	215.5	213.5	213.5	⋯	0.25
3 日	214.5	215.25	213.75	214.5	⋯	1
5 日	214.5	215.25	211	211.75	2.75	
6 日	211.5	212.5	209.25	211.75		
7 日	212.5	217.25	210.75	215.5	⋯	3.75
8 日	217.5	221.25	217.375	220.75	⋯	5.25
9 日	216	217.25	213.5	213.5	7.25	
10 日	217	218	214.625	218	⋯	4.5
12 日	219	229.625	219	229.625	⋯	11.625
13 日	230	240.5	228.375	237	⋯	7.375
14 日	237	245	237	238	⋯	1
15 日	238	239.25	238.25	238.625		
16 日	238.625	242	238.625	238.625	⋯	1.125
17 日	338.625	239.5	238.25	238.625		
19 日	239	248.875	237.5	248.5	⋯	9.875
20 日	249.5	251.5	247.5	247.75	0.75	
21 日	249.25	252.5	247.75	248	⋯	0.25
22 日	249.75	251.75	248.75	249.75	⋯	1.75
23 日	251	260	250.5	259.75	⋯	10
24 日	259.5	260.5	256.75	258.25	1.5	
8 月 26 日	258	259.375	254	254.5	3.75	
27 日	256	256	252.625	254	0.5	
28 日	253.5	256.5	252.75	233.75	0.25	
29 日	252	254.5	251.625	253.25	0.5	
30 日	254.5	258	254	256.5	⋯	3.25
9 月 3 日	258.5	261.75	257.25	257.5	⋯	1.25
4 日	257.75	258.75	253.5	254.5	3.5	
5 日	253.75	255	243.75	245	9.5	

（续表）

日期	开盘价	最高价位	最低价位	收盘价	跌	涨
6 日	247.5	251.5	247.375	250.25	…	5.25
7 日	252	252.5	247	247.5	2.75	
9 日	246.25	247.75	241.5	243	4.5	
10 日	243	245.25	237.875	238.5	4.5	
11 日	238.5	243.25	238.25	240.5	…	2
12 日	242.75	243	233.75	235	5.5	
13 日	234.5	236.25	230.5	235.5	…	0.5
14 日	235.5	236.75	233	233.25	2.25	
16 日	233.25	237.5	230.625	237.5	…	4.25
17 日	238.25	238.25	233.5	234	3.5	
18 日	233.75	244.75	233.5	244.5	…	10.5
19 日	245	247.5	241.125	241.25	3.25	
20 日	242.25	243.25	234.5	234.75	5.5	
21 日	234.5	235.75	232	232.25	2.5	
23 日	234	238.75	232.25	237	…	4.75
24 日	237	241.75	231	231.75	5.25	
25 日	233	234.25	226.5	231.5	0.25	
26 日	231	234.25	230	232.5	…	1
27 日	231.5	232	223.5	226	6.5	
9 月 28 日	225	226.25	222	224	2	
30 日	224	225.5	221.25	222.5	1.5	
10 月 1 日	223	224.5	218.75	221.625	0.875	
2 日	223.5	226	221.75	223.5	…	1.875
3 日	223	224	212	25	213	10.5
4 日	213	215	206.5	210	3	
5 日	214	217.75	212.5	214	…	4
7 日	218.5	220	215.25	219	…	5
8 日	218.5	221.875	216	218.75	0.25	
9 日	219	220.5	216.25	218	0.75	
10 日	218.75	230.75	218.25	230.25	…	12.25
11 日	230	234	229.875	230.75	…	0.5

（续表）

日期	开盘价	最高价位	最低价位	收盘价	跌	涨
14 日	232	233.25	227.25	227.5	3.25	
15 日	228.5	229.25	223	223.25	4.25	
16 日	223	223.25	211.5	213.5	9.75	
17 日	213	219.375	210.25	218.5	…	5
18 日	216	219.25	211.25	211.25	7.25	
19 日	211	213.75	208	209	0.75	
21 日	212	2L2	205.25	210.5	…	1.5
22 日	212.5	216.5	212.5	212.5	…	2
23 日	213.5	214.25	201.75	204	8	
24 日	205.5	207.5	193.5	206	…	2
25 日	207	207	203.5	204	8	
26 日	204.5	204.75	202.25	203.5	0.5	
28 日	202	202.5	185	186	17.5	
29 日	185.75	192	166.5	174	12	
30 日	177	187	176.5	185	…	11
10 月 31 日	190	193.5	188	193.25	…	8.25
11 月 4 日	185	190.625	182.5	183.5	9.75	
6 日	181.25	181.25	165	169	14.5	
7 日	162	179	161.5	174.5	…	5.5
8 日	174.5	175.75	170.5	171	3.5	
11 日	169.75	170	159.5	159.5	11.5	
12 日	158.5	163.5	152.75	153.5	6	
13 日	156	160	150	151.5	2	
14 日	155	162	155	160	…	8.5
15 日	162	167.5	161.5	164.25	…	4.25
18 日	163.5	164.5	159.75	160	4.25	
19 日	160	166.5	160	166.5	…	6.5
20 日	167.5	169.25	166.375	168	…	1.5
21 日	167	171.75	165.5	169.75	…	1.75
22 日	169.75	170	165.75	167	2.75	
23 日	165.75	167.5	164.25	167.5	…	0.5

（续表）

日期	开盘价	最高价位	最低价位	收盘价	跌	涨
26 日	167.5	168	162.25	163.25	4.25	
27 日	161.75	163.75	160.625	162	1.25	
12 月 2 日	161.5	162.5	159.25	161.5	0.5	
3 日	162.5	166.5	162.25	166.625	…	5.125
4 日	167	169.5	165.5	167	…	0.375
5 日	168	168.5	164.5	164.625	2.625	
6 日	165.5	172	165.25	171.75	…	7.125
7 日	173.75	183.5	173.5	182.75	…	11
9 日	182.25	189	179	180	2.75	
10 日	180.5	184.5	179.75	181.5	…	1.5
11 日	180.5	182.625	177.25	177.5	4	
12 月 12 日	176.5	177.75	166	166.5	11.5	
13 日	167.5	172.5	164.25	172	…	5.5
14 日	172	174.875	169.75	174	…	2
16 日	174	174	166.25	166.5	7.5	
17 日	167.5	173	166.25	171	…	4.5
18 日	171	173.5	169.75	171		
19 日	170	171.5	166.25	167.75	3.25	
20 日	168	168.5	158	162	5.75	
21 日	162	164.5	162	163	…	1
23 日	163	163	156.75	159.75	3.25	
24 日	161.5	164.25	160.5	161.5	…	1.75
26 日	162.25	166.75	161.625	166	…	4.5
27 日	166.5	169.5	165	165.75	0.25	
28 日	165.5	165.75	163.625	164.5	1.25	
30 日	165	167.5	164.75	166.5	…	2
31 日	168	171.75	168	171	…	4.5

江恩的股票盈亏统计算法如下。

T+1 日收盘价 –T 日收盘价，如果结果是正数，记为涨、盈余或者是借方余额；

T+1 日收盘价 –T 日收盘价，如果结果是负数，记为跌、亏损或者是贷方余额。

统计这个计算结果后的用法如下。

如果结果持续为负数，即持续亏损的话，说明下跌趋势尚未结束，不可贸然抄底；

如果结果持续为正数，即持续盈余的话，说明上涨趋势尚未结束，不可随意做空；

如果结果持续出现微涨微亏的话，说明股票在派发或者蓄势，值得密切关注；

如果随后出现了放量上涨，有可能是上涨趋势启动；

如果随后出现了放量下跌，有可能是下跌趋势启动。

这种算法再次体现了江恩的分析智慧：能用简单统计结果"量化"的东西一定要统计和量化出来，方便进行直观的对比或者分析。

在这种统计算法和统计结果的基础上，江恩提出了后文所说的三日看盘法则，是一种比较有效的短线交易模式。

三日看盘法则

这是我总结的可以使投资者通过交易那些交易活跃、运行快速的股票而在短期内获取巨大利润的法则之一。我已经靠这个法则赚了很多钱，一些投资者为了学到这个法则，向我支付了高达 1000 美元的费用。现在我将这个法则作为福利送给本书的读者，希望大家能从中获益。

法则如下。

如果一只股票进入了强劲的上涨趋势，那么你的盈亏账目上就不会连续三个交易日出现亏损。如果一只股票在你的盈亏账目上连续三个交易日出现亏损的话，就表明趋势已经逆转，至少是暂时性转折。

该股如果出现连续三个交易日的回调，或者说连续三个交易日内，每个交易日的收盘价都较前一个交易日的收盘价更低的话，这就是一个明确的迹象，标志着之前的上涨行情已经结束了，而且这段上涨持续的时间越长，那么这个转折信号就越有可能是准确的。

同样的法则也适用于股价的下行趋势。在股价的下跌过程中，一般不会出现连续两个交易日盈亏账目上统计结果为盈余的情况，或者说很难出现连续两个交易日收盘价逐步提高的情况。当该股连续两个交易日盈亏账目统计结果为盈余，或者说连续两个交易日盈亏账目上借方有余额时，就表明趋势已经反转，至少是短期的暂时性逆转，后面或许会有较大的涨幅。股票在一个交易日内的最高价或最低价都不具备决定性的意义，关键要看收盘价相比前一个交易日是亏损还是盈余，在你的盈亏账目中是被记录在借方还是贷方。这是最有价值的操作法则之一，对于那些交易活跃的高价股来说，这个法则将帮助你在股价的快速上涨或下跌中获取盈利，让你能够把握住股票发生一些短期趋势变化的时机。

这一法则同样也适用于以周线柱形图和月线柱形图为依据而进行的操作。

| 专业解读 |

在这个段落里江恩的叙述比较难以理解，但是实际上三日看盘法则要说的内容很简单。

表 5-3 所示为下跌趋势结束，上涨趋势启动（至少是强力反弹）的情况。

表 5-3　美国钢铁股从 1929 年 5 月 31 日至 6 月 19 日每天的最高价位和最低价位

日期	开盘价	最高价位	最低价位	收盘价	跌	涨
5 月 31 日	164.125	166.5	162.5	166	…	2
6 月 1 日	166.25	166.25	165	165	1	
3 日	165.5	168.75	165.25	167.5	…	2.25
4 日	168	170.375	167.5	169.75	…	2.25
5 日	170	170.75	168.25	168.75	1	
6 日	168.5	169.25	168.5	168.5	0.25	
7 日	169.25	171	168.375	169.125	…	0.625
8 日	168.75	168.75	167.75	168	1.125	
10 日	168	168.375	165.5	166	2	
11 日	166	167.75	165.5	167.25	…	1.25
12 日	167.5	168.5	167	167.5	…	0.25
13 日	167.75	174.25	167.5	173.75	…	6.25
14 日	174	177.25	173.75	175.75	…	2
15 日	176	176	175.25	175.5	0.25	
17 日	176.5	179.75	176.5	178	…	
18 日	178.25	179.75	177.25	177.25	0.75	
19 日	177.5	178	175.25	176	1.25	

连续三个交易日统计结果为涨，标志之前的下跌趋势结束，上涨趋势启动。

表 5-4 所示为上涨趋势结束，下跌趋势启动（至少是大幅回调）的情况。

表 5-4　美国钢铁股从 1929 年 8 月 26 日至 9 月 27 日每天的最高价位和最低价位

日期	开盘价	最高价位	最低价位	收盘价	跌	涨
8 月 26 日	258	259.375	254	254.5	3.75	
27 日	256	256	252.625	254	0.5	
28 日	253.5	256.5	252.75	253.75	0.25	
29 日	252	254.5	251.625	253.25	0.5	
30 日	254.5	258	254	256.5	⋯	3.25
9 月 3 日	258.5	261.75	257.25	257.5	⋯	1.25
4 日	257.75	258.75	253.5	254.5	3.5	
5 日	253.75	255	243.75	245	9.5	
6 日	247.5	251.5	247.375	250.25		5.25
7 日	252	252.5	247	247.5	2.75	
9 日	246.25	247.75	241.5	243	4.5	
10 日	243	245.25	237.875	238.5	4.5	
11 日	238.5	243.25	238.25	240.5	⋯	2
12 日	242.75	243	233.75	235	5.5	
13 日	234.5	236.8	230.5	235.5	⋯	0.5
14 日	235.5	236.75	233	233.25	2.25	
16 日	233.25	237.5	230.625	237.5	⋯	4.25
17 日	238.25	238.25	233.5	234	3.5	
18 日	233.75	244.75	233.5	244.5	⋯	10.5
19 日	245	247.5	241.125	241.25	3.25	
20 日	242.25	243.25	234.5	234.75	5.5	
21 日	234.5	235.75	232	232.25	2.5	
23 日	234	238.75	232.25	237		4.75
24 日	237	241.75	231	231.75	5.25	
25 日	233	234.25	226.5	231.5	0.25	
26 日	231	234.25	230	232.5		1
27 日	231.5	232	223.5	226	6.5	

连续三个交易日统计结果为跌，标志此前的上涨趋势结束，下跌趋势开启。

这个三日看盘（交易）法则是一种比较简单有效，而且掌握难度不大的右侧交易模式，从后文江恩举例的美国钢铁股的走势分析中可见一斑。三日看盘法则放在 A 股市场中的大多数个股上也有不错的表现和实际指导意义。

从本质上讲，三日看盘法则的一些理念与日本蜡烛图技术中的经典看涨形态——红三兵，及经典看跌形态——三只乌鸦有殊途同归的味道，但是对于新手投资者来说，通过每日的计算、统计一只股票的实际涨跌来追踪个股的投资机会，比直接看形态更可靠，效果稍优于直接分析 K 线形态的方式。

三日看盘法则应用实例——美国钢铁

从表 5-4 中，我们可以注意到以下一些现象。

以 1929 年 5 月 31 日的 162.5 美元为起点，美国钢铁的股价开始出现上涨，直到 8 月 24 日出现第一个顶部 260.5 美元，这期间从未出现过连续两个交易日以上收盘价逐步走低的情况。8 月 24 日当天，美国钢铁的收盘价为 258.25 美元，较前一个交易日的收盘价低 1.5 个点；其后第二个交易日的收盘价是 254.5 美元，相比 8 月 24 日的收盘价又低了 3.75 个点；接下来的一个交易日，或者说第三个交易日，收盘价为 254 美元，又比前一个交易日低了 0.5 个点；第四个交易日的收盘价是 253.75 美元，这个收盘价相比前一交易日又低了 0.25 个点；第五个交易日的收盘价为 253.25 美元，再次下降了 0.5 个点，而当天的日内最低价是 251.625 美元，比 8 月 24 日的顶部低了 8.875 个点。这个价格于 8 月 29 日再次出现，该股在这一价位见底。这应该被视为来自盘面的第一个警示信号，提醒你该股的大趋势将开始下行。

随后，该股股价于 8 月 30 日和 9 月 3 日出现了反弹。其中，9 月 3 日美国钢铁的股价涨到了极高价 261.75 美元。这意味着收盘价在连续三个交易日以上逐渐下行后，出现了仅维持两个交易日的上涨。从历史记录可见，在连续两个交易日的走高过程中，第一个交易日收盘时的盈利为 3.25 个点，第二个交易日的盈利是 1.25 个点。接下来，该股的主要趋势掉头向下，直至 1929

年 11 月 13 日在 150 美元见底，在此之前再也没有收盘价连续两个交易日以上持续走高，或者较前一交易日有账面盈利的情况出现，这就是主要趋势将一路下行的迹象。

而 150 美元这个价位，与上一轮行情启动时——1928 年 12 月 22 日的极低价 149.75 美元相差 0.25 个点，当股价再次跌到 150 美元时，这就是个买点，买入的同时应该将止损单设置在此价位下方 3 个点处。11 月 13 日，该股从 150 美元开始回升，但是第一次出现连续三个交易日收盘价走高是在 11 月 19 日、20 日和 21 日。

你会注意到，11 月 19 日的收盘价比前一个交易日盈利了 6.5 个点；在下一个交易日，也就是 11 月 20 日，盈利为 1.5 个点；而在 11 月 21 日，盈利是 1.75 个点。该股收盘价连续三个交易日走高，就说明趋势已经再次逆转并向上了。

11 月 21 日，该股反弹到了 171.75 美元的高点，随后是一波下跌，12 月 2 日，股价下探到了 159.25 美元的低点。在这个时候，美国出现了连续三个交易日，即 11 月 26 日、27 日和 11 月 28 日，收盘价走低的现象。不过，在其中的最后一天，亏损额非常小，仅为 0.5 个点。而事实上，该股的底部比前一次的低点已经有所抬高，所以这三天收盘价走低并不表明股价会出现任何大的下跌，尤其是在该股之前已经从上一次反弹的顶部下跌了 10 个多点的情况下。

从这一低点起步，该股又开始了快速上涨，12 月 9 日美国钢铁的股价冲击到了 189 美元的高位，但是当天的收盘价为 180 美元，比日内最高价低了 9 个点，同时伴随着成交量的放大（与成交量相关的内容，我们在下文中还会详细展开）。当日收盘价比前一个交易日跌了，或者说亏了 2.75 个点，尤其是它没能达到 10 月 31 日反弹的顶部价位 193.5 美元，这就预示着股价已经见顶，随后会出现下跌。

12 月 23 日，该股跌到了低点 156.75 美元，比 11 月 13 日的底部价位要高一些，而且没有跌到 12 月 2 日的底部下方 3 个点的价位。如果投资者已经在上一次的底部价位 159.25 美元附近买进了该股，并且在该价位下方 3 个点设了止损单的话，止损单就不会成交。我们也可以注意到，12 月 2 日以后，美国钢铁每天都在进行着盈亏之间的平衡。没有出现过连续两天以上有账面盈利的情况，也没有出现过连续两天以上收盘价下跌的情况。从 12 月 23 日的低点 156.75 美元开始，美国钢铁的股价再一次重拾升势。

12 月 31 日，股价上涨至 171.75 美元，当日收盘价同时也是年度收盘价为 171 美元。1930 年 1 月 2 日，美国钢铁最高涨到 173.75 美元，但随后又跌至 166.5 美元。不过，从 1 月 2 日以后，它的股价就从未低于 166 美元，该股一路上行，直到 4 月 7 日见顶于 198.75 美元。

如果该股的股价能突破 200 美元整数关口，后续还会有更大的上升空间。

| 专业解读 |

根据前文中的美国钢铁价格统计图表，画一个简单的折线图，并配合阅读这个段落的内容，可以使投资者对一只个股的涨跌、横盘、蓄势、变盘关键点等细节有更好的理解。

成交量

当查阅纽约证券交易所从 1921 年到 1929 年的成交量数据，并与之前更早年份的记录进行对比时，我们必须考虑到在此期间于纽交所上市的公司数量在增多，同时，股票的分红、拆分和企业并购与扩张，也造成了股票数量增加的情况。而且在这些年中股票交易量的增加尤为明显，在股票纷纷创下了历史高价的同时，成交量也在放大。这说明市场主力的派发规模也是历史上最大的，接下来的回调或下跌也与成交量和股票上涨的高度成比例。

交易量犹如洪水，如果某一时段的成交量比日常成交量扩大两倍或三倍，它就必须随着价格的波动宣泄到更大的区域，甚至会冲毁堤坝，造成巨大的破坏。而当华尔街上的泄洪闸被打开时，会有上百万的投机者和投资者开始抛售手中的股票,以往所有的记录都会被打破,如山崩地裂般的抛盘会将股价压至最自信的悲观主义者都不敢想象的境地。

当股价上涨时,成交量总会随之放大。这一法则在观察日成交量、周成交量、月成交量和年成交量时都适用。在抛售行为仍在继续,但抛售力度日趋衰竭的过程中,成交量会出现萎缩。熊市年份的成交量总是较小,而牛市年份的成交量总会较大。

研究纽约证券交易所的年成交量十分重要。

图 5-9 所示为 1875—1929 年纽约证交所全体股票的年成交量。观察 1875—1929 年纽约证交所全体股票的年成交量,可以看到以下现象。从 1875 年到 1878 年,每年的总成交量在 4000 万到 5000 万股。

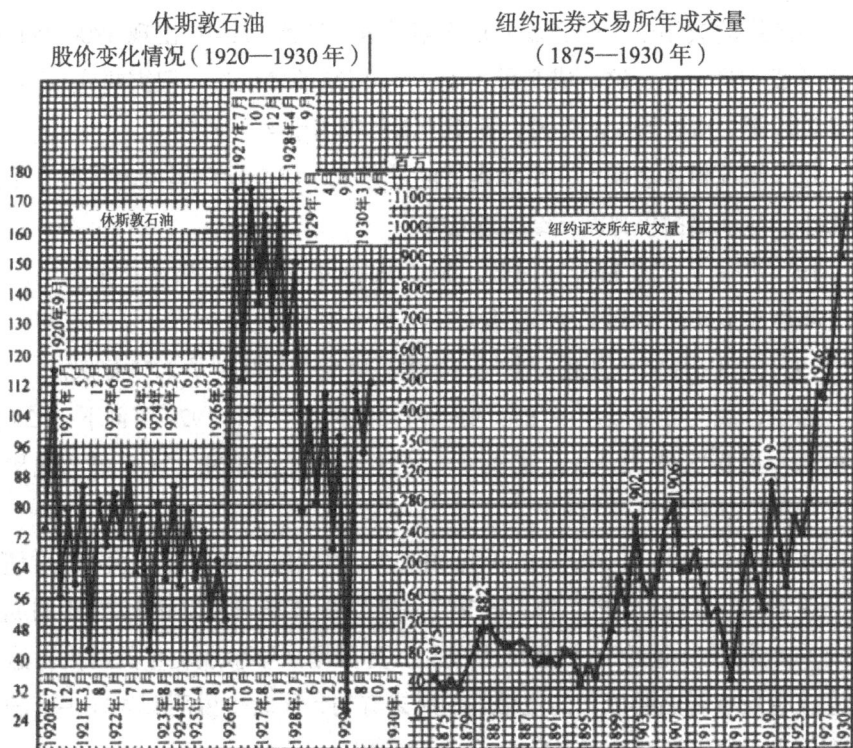

图 5-9　1875—1929 年纽约证交所全体股票的年成交量

1878 年年度总成交量是最后一次低至 4000 万股的一年。

1882 年，当牛市结束并见底时，当年年度总成交量达到了 1.2 亿股。

1894 年和 1896 年是漫长熊市行情的底部，当时的年度总成交量再次跌到了 5000 万股。

随后，麦金莱繁荣期到来，股市的年度总成交量在逐年放大，直到 1901 年达到 2.66 亿股为止。

从这次牛市行情的顶部开始，成交量在随后的回调中，或者说在熊市中出现萎缩，这与此前每次熊市中成交量的表现一样，1903 年年度总成交量减少到了 1.6 亿股。

下一轮牛市见顶于 1906 年，当年的年度总成交量再次打破了所有的记录，高达 2.84 亿股。

在随后的数年中，成交量又是逐年递减，直到 1914 年出现 4800 万股的年度总成交量为止，这一成交量是 1896 年以来的最低量。但需要注意的是，在此期间第一次世界大战爆发，证交所因此曾闭市 4 个多月。

这一情况再次表明，在市场走低的过程中，成交量在熊市的最后一年会非常小，显示出抛售力度已经接近衰竭。

1914 年后，成交量开始回升，到了 1919 年又一次打破了之前的历史纪录，年度总成交量达到了 3.1 亿股。

1921 年 12 月熊市见底，当年的年度总成交量又跌到了 1.71 亿股。

随后，成交量又以超乎往常的速度逐年递增，直到 1929 年创下 11.24 亿股的历史最高纪录，这个天量水平与 1921 年熊市底部时 1.71 亿股的地量水平形成了天壤之别一般的对比。

在截至 1929 年 11 月 2 日的一周时间里，单周的总成交量到达 4350 万股，这几乎相当于 1914 年全年的总成交量。特别是当我们考虑到 1928 年的成交量是 9.25 亿股，逼近 10 亿股的大关时，更可见当年总成交量的巨大，这也就意味着投资者购买股票的规模是前所未有的，同时也说明有人在牛市的最后两年当中向市场释放了高达 20 亿股的筹码。

1929 年 9 月至 11 月的总成交量是 30.323 万股，比 1929 年全年总成交量的 1/4 稍多一些。尽管在恐慌性下跌过程中已经有沉重的抛盘出清和股价的暴挫，但是这样的成交量还不足以与过去两年的巨大成交量相抗衡。这就表明，很多股票将在未来的几年中持续处于熊市状态，而在这一波熊市结束，下一波牛市来临之前，它们的成交量会出现非常严重的萎缩。

研究个股每周、每月和每年的成交量变化，对于投资者判定股价走势是很有帮助的。

专业解读

针对股票价格的各种分析模式，其产生效果的根源是对市场真实供求关系的分析与判断，脱离了供求关系而只简单地沉迷于所谓的规律或者形态的话，就是误入歧途。而分析市场供求关系的两个最基础数据，一个是价格，另一个是成交量，因此在绝大多数技术分析手段中，量价关系都是核心。

所以对于投资者来说，观察和理解成交量的变动及其背后的变动原因，是极为关键和重要的。在观察成交量变动的过程中，投资者的主要任务是通过成交量的变化掌握以下两件事。

1. 判断价格变动的真伪

在不完全成熟的市场中存在一定程度的股价操纵行为，有时这些操纵股价的市场主力会用很少的资金成本来快速拉动股价，制造假象，吸引普通投资者跟进。但是在这种情况下的价格走高过程中，对应的成交量往往不够，因此我们可以通过观察成交量来判断这种价格上涨的真伪。

还有一些市场主力会在股价冲击关键位置时，或者在高位出货过程中，通过对敲（利用不同账户进行自买自卖）等手段来做大成交量，制造吸引投资者的假象，我们也可以通过观察成交量来分析这种突破走势或者高位震荡走势的后续情况。

这类情况还有很多，这里就不一一列举了，大家有时间自行学习和整理相关知识点即可，这里只要明确理解成交量对判断价格变动真伪的意义就好。

2. 判断当前的市场氛围和投资者的群体情绪

成交量激增说明市场交投活跃，投资者参与热情高，但是也容易因为大家都已经参与到市场中之后新的增量资金来源不足，而导致指数或股价走到尽头。

成交量低迷说明市场交投冷清，投资者参与热情低，但是也容易因为大家都已经放弃手中的持股之后再没有新增的沉重抛压，而导致指数或股价重新启动。

因此，高价＋成交量峰值＝人取我弃，低价＋成交量低谷＝人弃我取。

很多投资者会说，这个道理不难理解，我自己也懂，但是为什么每次根据成交量逃顶和抄底的过程都不是很顺利，甚至还会出现完全误判的情况。这种情况的出现，有两种可能的原因，第一种是被一些主力操纵行为迷惑，这需要投资者先掌握判断真实成交量的技巧，按照脱水后的成交量水平来进行分析和判断；第二种是对成交量的峰值和低谷的理解有问题，仔细阅读江恩在描述市场周期时，对峰值和低谷在数值的极端所做的对比，你会发现决定周期逆转的成交量差异极其巨大，这种差距和中短期内出现的放量和缩量是两个概念。很多投资者都犯过将中短期的缩量和放量误认为是大周期的天地量的错误。

美国钢铁的成交量变化案例

对于投资者来说，关注个股每日、每周和每月的成交量变化情况，同时将该股的流通股本总量变化的因素考虑进去，始终是很重要的日常功课。

1929 年 5 月 31 日，美国钢铁的股价为 162.5 美元，这是该股股价从 1929 年 3 月 1 日的顶部价格下跌了 30 个点之后的结果。

当该股股价处于 192 到 193 美元的顶部区域时，每天的成交量在 12.5 万股到 25 万股。而当股价跌到 162.5 美元的低点时，每天的成交量为 2.5 万股或是 7.5 万股，这就显示该股在低位时卖盘并不沉重，该股正处于蓄势整理行情中（**阶段** 1）。

1929 年 6 月 21 日，美国钢铁的股价突破了 180 美元，要注意该股每天的成交量是如何放大到 10 万股甚至 10 万股以上的。

1929 年 7 月 8 日股价突破 193 美元，突破前期高点，进入新高区域，当日成交量为 19.4 万股，而且成交量的放大一直延续到了 7 月 31 日，当日的成交量达到了 20.8 万股，收盘价在 209.5 美元，刷新了当时收盘价的新高。

8 月 8 日的成交量为 29.5 万股；8 月 9 日的成交量为 26.3 万股；8 月 12 日的成交量为 33.7 万股；8 月 13 日的成交量高达 48.87 万股，创下当年单日成交量的最高记录；8 月 14 日的成交量为 29.6 万股（**阶段** 2）。

值得注意的是，8 月 12—14 日这三天的总成交量合计为 112.18 万股，同时股价上涨至 245 美元，股价在三天时间内从 219 美元涨到了 245 美元，或者说上涨了 26 个点。

随后我们注意到，8 月 19—24 日这六天的总成交量合计为 81.42 万股，同时股价在 260.5 美元出现了第一次见顶，这期间股价从 238 美元涨到了 260.5 美元，或者说这 81.42 万股都随之上涨了 22.5 个点。

而后，股价从这个顶部开始回调，这表明趋势开始出现转变。

从 8 月 26 日到 29 日这四天时间内，该股的总成交量合计为 24.74 万股，股价在此期间下跌了 9 个点。这种水平的成交量显然不足以支持股价再次出现单边大幅上涨，同时该股已经连续四个交易日收盘价走低的情况足以表明，投资者可以在该股反弹时对它进行做空。

此后，该股的反弹只进行了两天，就重现下跌趋势。

8 月 30 日和 9 月 3 日，股价累计上涨了 10 个点，达到 261.75 美元。这两个交易日的总成交量合计为 24.02 万股，反弹过程中的成交量水平低于下跌过程中的成交量水平，表明买盘正在萎缩，也能观察出市场主力正在卖出股票，而散户投资者正在买进。

毫无疑问，在此前股价上涨至 8 月 24 日高点的过程中有大量的空头回补，而普通投资者在做多买进。在接下来的这次股价上冲过程中（8 月 30 日—9 月 3 日），也有空头回补的情况，但是数量远不如上一波，普通投资者还是在买进，但数量也同样要远远小于上一次，因为在之前的上涨过程中，很多投资者都已经是接近满仓了（**阶段3**）。

从1929年9月3日开始，要注意成交量是如何在股价下跌的过程中逐日增加的。

9月19日，在股价下跌过程中最后一次反弹高点出现，这一反弹高点的股价为247.5美元，之后股价继续下跌，直到10月4日在206.5美元创下低点，这期间股价下跌幅度为41.5个点。而9月19日—10月4日之间，该股的总成交量合计为210.58万股。成交量超过200万股这一情况，就表明出抛盘仍然很沉重，主趋势仍然是向下的。

10月4日以后，该股从10月5—11日反弹了六个交易日。股价从206.5美元上涨至234美元，上涨幅度为27.5个点，期间总成交量合计为84.65万股。这样的成交量在下跌趋势中已经可以被视为比较高的水平了，但是仍然不能抵消卖盘的压力，而且毫无疑问，大部分的买盘是由空头回补和散户买入构成的。投资者认为该股在下跌了50个点之后，股价已经足够便宜了，因而开始买进，事实证明他们的判断是错误的。

美国钢铁的趋势在10月11日再次出现下行，该股遭受沉重的抛压，这种情形一直延续到10月29日，在此期间，股价从234美元跌至166.5美元，跌幅为67.5个点，总成交量高达277.61万股。

其中10月23日和24日这两个交易日的成交量合计为66.8万股，而在出现恐慌性下跌的10月28日和29日，总成交量合计为59.2万股。这一情况表明卖盘依然很强，抛售尚未结束。

接下来在10月29—31日，美国钢铁的股价反弹了两个交易日，股价涨幅为27个点。这两个交易日的总成交量合计为20.44万股。这期间的成交量比较小，难以支撑股价持续上行。在此期间的买入行为主要是一些空头回补和少量的做多买进，而卖出行为主要来自短期股价操纵者借快速拉升出货。

10月31日—11月13日，美国钢铁的股价从193.5美元跌至150美元，跌幅为 43.5 点，期间总成交量合计为 73.24 万股。这样的成交量水平表明抛盘已经在逐渐衰竭，比当初该股股价跌至 166.5 美元时的成交量明显减少。

11 月 13 日以后，该股的成交量进一步萎缩，有时单日成交量不足 5 万股。这表明比较集中的抛售行为告一段落，而市场主力只在有散户卖出时才承接买入，并没有去主动通过竞价进行买入（**阶段 4**）。

12 月 6 日—12 月 9 日，美国钢铁股价上涨 29.5 个点，期间总成交量合计达 59.96 万股。在此期间卖盘依然是以空头回补为主。其中该股 12 月 9 日短期见顶的这一交易日，成交量为 35.55 万股，收盘价比日内最高价位低了 9 个点。如果该股当日在单日成交量放大的情况下，收盘价在接近日内最高价位附近高收的话，这就会形成一个合理的买点，但是当日的走势并没有完全符合这一要求。

12 月 9 日—12 月 23 日，美国钢铁的股价从 189 美元跌至 156.75 美元，跌幅为 32.25 个点，期间总成交量合计达到了 126 万股。从技术角度来看这已经是最后一波抛盘，可能是有些投资者持有股票的时间已经太久，在第一次反弹没有卖出之后，这批投资者的信心出现了问题，认定美国钢铁的股价最终会跌破 150 美元，因此决定在第二波调整过程中抛出持有的股票。

然而美国钢铁股价的底部在抬高，说明该股有大量的买盘在承接，股价在下跌途中即将获得支撑。

12 月 23 日，美国钢铁的股价达到了 156.75 美元，当日的总成交量只有 11.18 万股，而在 1929 年 11 月 13 日该股创下当时最低点时，成交量仅为 9.75 万股。在大幅下跌之后的极低点，成交量萎缩到如此地量，说明抛盘已经彻底枯竭，市场上正在卖出的浮筹所剩无几（**阶段 5**）。

对比一只股票的股价从极低点到极高点这个过程中的累计成交量非常重要。

1928 年 12 月 22 日，美国钢铁见底于 149.75 美元，随后股价一路上扬，直到 1929 年 9 月 3 日见顶于 261.75 美元。这个期间的累计成交量为 1889.5 万股，而该股的流通股数量仅有 800 多万股。这就是说，在此次上涨过程中，所有流通股都经历了两次换手。

1929 年 5 月 31 日，该股股价最后一次冲击至 162.5 美元，这比 3 月高点时的股价相比，要低 30 个点，从这个低点开始，股价一直持续上涨到 1929 年 9 月 3 日的 261.75 美元，期间涨幅达到将近 100 个点。在此期间，该股的累计成交量是 761.51 万股，几乎等于全部的流通股数量。

其后，股价从 1929 年 9 月 3 日的高点 261.75 美元，跌到了 1929 年 11 月 13 日的低点 150 美元，期间总成交量为 736.53 万股。注意这两个阶段的总成交量如此接近。

当股票下跌过程中的成交量水平与股票上涨过程中的成交量水平相等，或者非常接近时，是一只股票见底的积极信号之一。

但是，当我们将股价从 149.75 美元上涨到 261.75 美元过程中的累计成交量 1889.5 万股，与其后下跌到 150 美元这一过程中的累计成交量 736.53 万股相比时，会发现二者之间存在着巨大差距，而这两个期间内股价的波动幅度相等，这表明在股价上涨过程，有市场主力在操纵股价，当时一定有大量的洗盘行为吸引了散户的关注，吸引他们接货。而在股价下跌过程中，洗盘行为往往比股价上涨过程中的要少。

实实在在的交易和真正的抛售都是在股价下跌过程中发生的，而对于大多数股票，上涨过程中的买入有很多是洗盘行为。为了吸引投资者的关注，就需要有强大的买盘来推升股价，但是当抛售潮来临后，市场主力就不需要再做什么，只是任凭散户卖出股票就好了。

如果投资者去研究不同股票在顶点时的日成交量、周成交量和月成交量，就会发现它非常有助于投资者判断该股何时处在强势或是弱势。

| 专业解读 |

在这一段落中，江恩以美国钢铁的股价运行为例，详细讲述了股价在一个周期运行过程中，各个阶段的成交量与股价的关系，理解这一段落的内容，对投资者将来根据成交量和价格的变动关系，对股价处于哪种阶段做出分析有很大的帮助。

我们在文中标识了股价在一个周期波动过程中，比较显著的 5 个阶段。

这里稍微说一下各个阶段的状态和一些关键点。

阶段 1 为蓄势整理阶段，主要的特征是成交量随着股价的回落有明显的缩量迹象。

阶段 2 为突破和攀升阶段，主要的特征是成交量在突破关键价位时有明显的放量，同时随着价格不断走高，成交量也应该随之持续放大，但是这种放大也不是指每个交易日都要出现台阶式的上升，而是一个更高价格上攻阶段对应的总成交量要大于之前一个价格上攻阶段对应的总成交量。如果出现价格上了一个台阶，但是这个阶段的总成交量水平却没有明显较上一阶段放大，就是一个值得注意的信号，股价有可能会因为新进场的增量资金不足而出现转变。

阶段 3 为头部形态的构筑阶段，在这个阶段中，美国钢铁的股价两次达到 261 美元附近，其中以一次 9 个点的下跌为间隔，形成了一个 N 形的走势。但是在这个 N 形走势中，股价第二次冲击 261 美元过程中的成交量要明显小于股价第一次冲击 261 美元时的成交量水平，甚至还略微低于中间回调 9 个点过程中的成交量水平。

这种情况就是所谓的量价背离，在价格相差不多的情况下，成交量出现了巨大差异，这对后市来说是一个危险信号，股价很可能由 N 形转变为 M 形，完成头部形态的构筑。

阶段 4 为下跌过程中的抛压阶段。

江恩仔细讲述了美国钢铁在做出头部形态之后，在快速下跌过程中的成交量变化过程。通过叙述和对比一些我们比较熟悉的个股，我们会发现，在下跌过程中，成交量的变化分为两种主要情况，一种是跌破关键价位时的放量暴跌，一种是暴跌之后的缩量持续下滑和缩量弱势反弹。这两种情况有时会在一只股票下跌的过程中反复多次上演。而大多数投资者在通过量价关系进行判断和操作时，最容易失误的地方也在这里。很多投资者看到某些交易日的成交量水平萎缩到股价高位时期的一半左右时，就简单地认为股市已经到了地量见地价的时刻，认为这里是抄底时机。其实不然，下跌过程中的缩量休整和地量地价还是有区别的，一定要充分理解地量和缩量之间的区别，以免造成误判，导致过早抄底被套。

阶段 5 为成交量严重萎缩阶段，卖盘枯竭，地量地价时刻到来。

一般情况下，一只个股的走势过程都会由这 5 个典型阶段构成，个别情况下会出现一些变化，但是整体过程还是相似的，掌握股价和成交量的变化过程，对投资者的分析和判断能力有显著提升。

股票的极度弱势行情与极度强势行情

我经常会说，某只股票当前的走势如此之强，它是不会出现回调的。这种情况通常会发生在该股股价持续上涨，并突破了很多年以前的历史高价以后。这种情况下，那些已经持股多年的投资者会选择将这只股票卖出；而那些知道该股股价还会走高的投资者则会在较高价位上持续买入，这样一来市面上的浮筹就会日渐稀少；随后股价会出现一次疯狂甚至是接近失控的狂飙式上涨行情。例如，1925 年美国制罐（Ameirican Can）突破了此前的历史最高价 68 美元，突破后的股价就开始持续拉升，并且拉升过程中的回调都非常短暂。

1906 年美国冶炼（American Smelting）的股价创下了 174.5 美元的历史高价，后来该股在 1925 年突破了这一历史高价，投资者将该股抛售一空，职业交易者也开始对其进行做空。然而这只股票的技术形态非常强势，以至于不仅没有出现回调，反而又上涨了 100 个点。当一只股票处于极为明确的强势行情时，永远不要去卖空它。这时候买进它比在此前股价处于低位时买进更安全。在极高的价位上买进股票需要非常大的勇气，而这种勇气可以帮助投资者收获利润。当然有些人是知道美国冶炼这只股票的价值要超过 175 美元的，否则他们就不会在这样高的价位上收集市场中的浮动筹码。事实上，该股在越过以往的历史高价之前，已经经历了非常充分的和长时间的整理和蓄势，这也预示着该股股价有理由在越过历史高价之后继续走高。

一些股票在经过长时间的上涨之后，会进入极度弱势的状态，在这个过程中股价不会出现反弹，而是仅有一些微小的反抽。但是投资者会因为之前的长期上涨，而对这只股票抱有不合理的信心，于是会在股价每次出现小幅回调时买进，这种情况一直持续到该股最终被充分派发完毕，甚至出现超买为止。接下来，当股价开始下跌时，在下行过程中就没有买盘或者其他对股价有支撑效果的交易行为，而当那些在较高价位买进的投资者也开始抛售手里的股票时，该股的走势也会进一步趋弱，反弹的幅度也会越来越小。

例如，1925 年，基业公司（Foundation Company）的股价出现大幅上涨，并于 11 月在 183.75 美元见顶。（从图 5-11 中可以看出）该股股价经历了很长的高位派发期，当股价向下突破派发区域后，股价开始持续下跌，而且是在其他股票都在上涨的情况下，该股股价逆势持续走低。股价的下跌持续了很长一段时间，但是很多投资者却一直持股不动，寄希望于股价会有起色，其中还有一些投资者是在股价下跌过程中买入进场的，当最终该股股价跌破了75 美元时，投资者们才如梦初醒般开始抛售。随后，在股价下跌了 100 多个点的情况下，该股的走势进入极度弱势状态，以至于根本无力反弹。这个位置是做空的安全价位，此时做空与股价在 180 美元左右做空一样，都可以快速获得利润。1929 年 11 月该股股价跌至 13 美元。

另一只因为市场主力崩溃而被遗弃、导致走势进入极弱状态，以致股价毫无反弹的股票，就是领先—鲁梅利公司的股票（Advance Rumely）。另外，国际内燃机工程公司股票（International Combustion Engineering）也是这样一个曾被超买的股票，在股价下跌 50 个点后，技术形态处于极度弱势状态，导致此后的反弹力度进一步减弱，甚至低于下跌 50 个点这一过程中的反弹幅度。

要敢于去做空股价出现大幅持续下跌的个股，因为这些股票的走势处于日渐趋弱的状态，这时选择做空其实比在高位时做空更安全。

| 专业解读 |

股价的上涨或者下跌，从整体上来看都是波动或前进的，也就是说股价上涨的过程会伴随着一些回调走势，下跌的过程中也必然会有一些反弹走势出现。

但是为什么江恩在这个段落里讲说有些个股会出现没有回调，或者没有反弹的极端走势呢？这一情况是否和我们之前所理解的市场正常涨跌过程相矛盾？

实际上，这两种情况并不矛盾，这段中所说的极度强势和极度弱势走势是正常涨跌过程中的一环，而不是整体涨跌的形态。

比如说，我们经常会听说所谓的主升浪，也就是波浪理论中上涨最为迅猛的一浪，通常就会走成江恩所描述的那种几乎没有回调过程的极度强势上涨走势。

如图 5-10 所示，在股价的整个上涨过程中，股价整体还是波动式前进的，但是具体到上涨过程中的 1 阶段中，阶段内部的走势大概率也是波动式上涨的；但是到了迅猛拉升的 2 阶段，出现极度强势走势的概率是最大的，这个阶段的内部走势很可能是陡直向上、很少有回调的；3 阶段的情况一般要看 2 阶段，如果 2 阶段是极度强势走势的话，那么 3 阶段一般会是正常波动走势，如果 2 阶段的走势比较正常的话，3 阶段可能会出现加速赶顶式的强势走势，成为这一轮行情中上涨最快、回调最少的阶段。

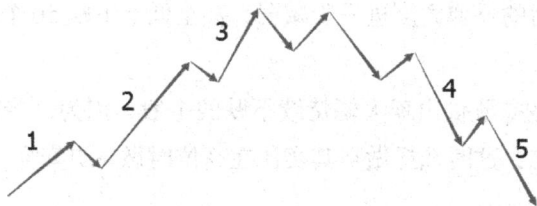

图 5-10　股价整体涨跌中的波动状态

而在下跌过程中，整体还是会有反弹的，但是具体到某个阶段来说，图5-10中所示的4阶段和5阶段，可能会因为套牢盘失去耐性而出现集中抛售，造成持续性的下滑而没有明显反弹，从而成为极弱势行情。

阅读本段落的关键是，理解股价整体涨跌过程中的波动状态，与整体涨跌过程中不同阶段内波动状态的区别，在出现极强势行情或者极弱势行情时，大胆跟进做多，或者空仓等待，而不是在错误理解这个阶段的波动状态的情况下，傻傻地等回调再跟进而踏空行情，或者是因为过早期盼反弹和回升行情的出现，而提早建仓导致本金受损。

判定正确的卖出时机

很多投资者介入一只股票的时机是正确的，但在出局时机的把握上却出现了失误。他们的买入时机是正确的，但是并不知道何时应该卖出，或者不知道应该遵循什么样的法则来判断股票是否见顶。假设投资者买入了经过较长时间蓄势的股票，比如美国铸管（U S.Cast Iron Pipe）、熔炉钢铁（Crucible Steel）和莱特航空（Wright Aero）。投资者一旦选对了介入时机，就一定会期望盈利最大化；因此为了判断何时是正确的卖出时机，投资者就必须去留意一些迹象。在牛市的初期，股价上涨的速度通常较为缓慢，且过程中伴随很多次回调，但是当股价的上涨进入临近尾声或者最终冲刺阶段时，一旦股价突破某个关键点位后，就会出现爆发式拉升。我们的法则应该是——只要股价的运行方向与对我们有利的方向保持一致，我们就可以一直持股，直到股价突破关键点位，并出现爆发式上涨之后，再开始卖出兑现盈利，在这一过程中要始终有止损单跟进。大多数股性活跃的股票都会以一波快速上涨来结束一轮持续上涨行情，这一波快速上涨有可能会持续六周到七周，有时会长达十周，而且股价的波动速度会非常快。与此同时，成交量水平通常都会异常放大，这表明有大量的买盘和卖盘在持续成交，这种成交有可能是市场主力自导自演的对敲盘，目的是为了作秀和吸引市场的注意力，方便其完成派发操作。通常情况下，一只股票经过6~7周的快速上涨，往往标志着股价一次单边上行已经到达了顶峰，就像在恐慌性下跌的行情中，股价经过6~7周的快速下跌，特别是放量下跌之后，就标志着熊市的终结，而此时适合进行空头回补，并等待新的介入时机。

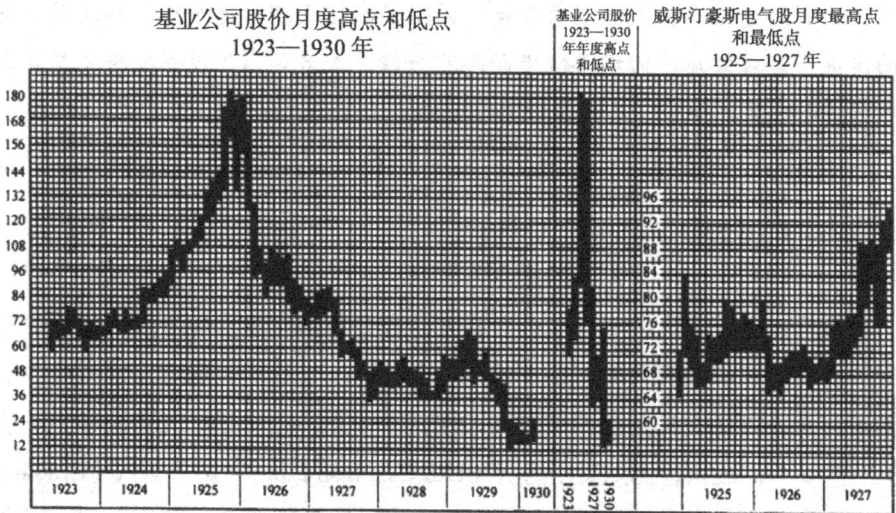

图5-11　基业公司和威斯汀豪斯的股价历史行情数据

例如1929年5月31日，美国钢铁股价最后的低点是162.5美元。随后股价开始了大幅上涨行情，而在8月14日见顶之前，该股再没有出现过7个点以上的回调，这一阶段的涨幅是82.5个点，最高价冲击到了245美元。接下来股价回调到235美元，跌了10个点，这是经过10周的快速上涨后，第一次出现预示上攻行情结束的信号。不过，直到9月3日该股见顶于261.75美元之前，从未出现过连续3天收盘价渐次走低的情况。自5月底到9月初，该股的累计涨幅接近100个点。我们的交易法则之一是，当一只股票在短期内上涨了85~100个点，或是短期出现85~100个点的跌幅时，我们就应该留意股价是否有见顶或筑底迹象，并准备在合适的时间兑现盈利。

如果投资者在低点建仓美国钢铁的股票，并随着股价的上涨持续加仓，并且在每个交易日都将止损单设置在前一交易日收盘价下方 10 个点处，那么在股价达到 261.75 美元之前，止损单都不会被触发；此后如果他在高点卖出股票，并在股价出现超过 10 个点的跌幅之后开始卖空，并且随着股价的下跌而持续加码做空，同样也能斩获巨额收益。从自 9 月 3 日开始，美国钢铁股价出现快速下跌，运行速度和幅度如同它当初的快速上涨时的镜像一般。自 9 月 3 日至 11 月 13 日，在不到十二周的时间里，股价放量下跌了 111 个点。自 10 月 11 日最后一次反弹结束后时，美国钢铁的股价为 234 美元，其后一直下跌，直到 11 月 13 日，美国钢铁以 150 美元报收，在不到五周时间里下跌了 84 个点，这是一个提示信号，提示投资者应该进行空头回补，之后耐心等待或者买入建仓，为下一次反弹做好准备。因为这种快速的恐慌性下跌的持续时间，一般不会比上涨时最后的冲刺阶段持续的时间更长。这样的情形通常标志着一波上涨或下跌行情的结束。

钒钢公司（Vanadium Steel）是另一个股价快速拉升的例子。

1930 年 2 月 25 日，钒钢股价见底于 65.5 美元；3 月 25 日涨到了 124.5 美元，在四周时间里上涨了 59 个点，若从 1929 年 11 月 13 日的低点算起，股价上涨 87 个点。股价形成顶部时伴随着成交量放大，表明随后会有调整，尤其是在如此短的时间内股价飙涨了 87 个点的情况下。最后的极速上涨是空头回补的结果。钒钢在之后的几天内跌幅超过 20 个点，回调到了 104 美元。

请牢记，如果股价是以快速冲刺的状态完成最后的顶部形态的话，那么随之而来的下行回调大概率是迅猛的，会走出陡直的回调形态。

如果股价是以加速赶底的状态完成一轮下跌的最终探底形态的话，那么随之而来的首次反弹大概率是凌厉的，会走出强横的反弹形态。

（第一次反弹的速度会很快，涨幅也会相当大，随后会是次级回调和股价的平稳期。）

因此要注意那些在快速上涨或者暴力下跌的个股，以便能够及时卖出持仓兑现盈利或者及时进行空头回补；但是记住，不要与趋势对抗，及时设置和调整止损单，或是在股价向不利于你的方向运行时果断离场。很多股票都会出现这样的快速涨跌行情，投资者出现失误之后，还要补交保证金，继续逆势持股并期望能获取利润，是投资中最愚蠢的行为。这种快速波动的行情是顺势进行金字塔式交易的好时机，而不是与趋势对抗，逆势持有股票的时候。

┃专业解读┃

江恩在本段落的叙述中，把重点放在了如何判断正确的卖出时机上，江恩给出的判断方法是利用多种盘面特征综合判断卖出时机，其中主要的特征有以下几点。

1. 最后一波上攻的持续时间

江恩认为股价在历经长期上涨之后，最后的一波上攻持续时间通常为6~7周。如果一只个股的股价出现了长期上涨，并在上涨末期出现了一轮6~7周的持续上涨，那么该股就很可能离卖出时机不远了。

2. 上涨的幅度

江恩认为一只股票的股价在经历累计85~100个点的上涨之后，基本上已经接近一波上涨可能实现的最大上涨幅度，因此从这个角度也可以来推断股票何时临近卖出时机。

3. 形态和三日看盘法则

如果一只个股的股价在经历了充分上涨之后，出现了连续冲击某个高点而没有顺利通过的情况，出现类似 M 形头部，或者三重顶走势的情况，叠加之前文中提到的三日看盘法则——股价连续三个交易日或三个交易日以上的收盘价出现连续降低的情况，即说明该股的股价已经到卖出时机，后市大概率下跌。

4. 成交量

成交量在上涨过程和股价构建头部形态过程中的变化情况，也是江恩比较重视的一个关键点，可以协助投资者做好卖出时机的判断。

上述四大观察角度，除了前两点需要因地制宜、因股制宜，根据情况做出适当调整之外，几乎是涵盖了判断价格顶部的全部基本方法。如果四项因

素都显示卖出时机到来，投资者一定要果断清仓，千万不要因为恋战导致利
润回吐。

横盘整理走势

有些投资者经常会说，股价只有两种走势，要么上涨要么下跌，所以在
市场中保持正确的操作很容易。这种说法并不正确。如果股价只有持续上涨
或持续下跌两种状态的话，那么通过交易获利就非常容易，但事实上股价经
常会进行横盘整理走势。当股价处在这种波动形态时，有时会在几周或几个
月的时间内维持窄幅震荡行情，既不会突破前期的顶部，也不会跌破前期的
底部。这种走势会反复愚弄投资者，给投资者造成损失。当一只股票的价格
开始上涨，投资者认为股价还可以继续走高时，股价的走势却出现了停滞，
随后开始回调，回调后的股价再次回到原来的底部附近，这时投资者又认为
股价会进一步走低，于是对其进行卖空操作，但是这只股票的价格却停住了
下跌的脚步，重回上升态势。当一只股票处于这种走势时，投资者唯一要做
的就是暂时不予理会，等到它的股价向上或向下突破这个区域以后再考虑如
何操作。在股票的价格摆脱了横盘整理的行情后，也就宣告蓄势或派发阶段
结束，随着股价进入新高或者新低的区域，接下来投资者就可以展开操作，
而此时投资者正确判定该股未来趋势的把握性也更大。

宝石茶百货公司（Jewel Tea）股票的价格就是这种横盘整理走势的典型
案例之一（这一点从图 5-12 的月高低点示意图就可以看得出来）。

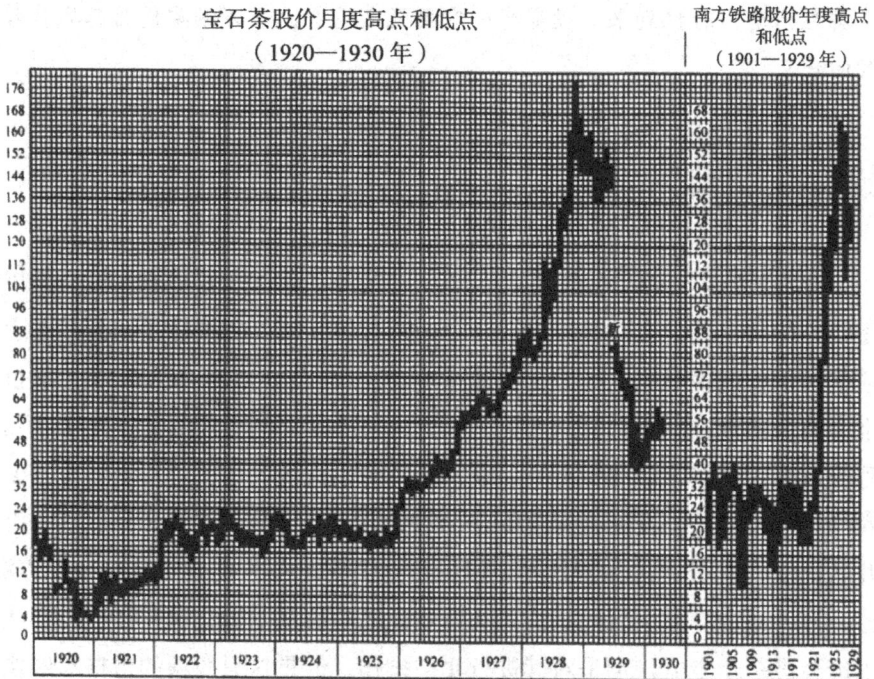

图 5-12　宝石茶公司和南方铁路公司的股价历史行情数据

该股股价从 1922 年 1 月开始上涨，1922 年 5 月见顶于 22 美元；

随后出现回调，8 月见底于 14 美元；

其后展开反弹，1923 年 2 月见顶于 24 美元，股价没能在 1922 年 5 月的高点基础上超出 2 个点以上；

接下来的回调延续到 1923 年 10 月，股价见底于 15.25 美元；

随后再次出现回升，股价在 1924 年 1 月涨到 23 美元；

4 月又跌到 16.5 美元，在 1924 年 8 月和 12 月股价分别上涨到 22.5 美元；

在 1925 年 7 月、8 月和 9 月股价都曾跌到过 15.75 美元；

最后到了 1925 年 12 月，股价开始上升，一举突破了 1922 年到 1925 年之间的所有高点。

（从图 5-2 中）我们可以看出该股在 1922 年、1923 年、1924 年和 1925

年都在处于横盘整理走势中。在这四年期间，该股股价从没有跌破过1922年8月的低点，也从没超出1922年5月的高点3个点以上。这个期间的窄幅波动行情数次愚弄了投资者，但也有投资者实现了盈利，而且是快速获利，他们就是那些一直等到股价跌破了1922年8月的低点以后，或是突破了1922年5月的高点3个点以上的价位之后，才进场交易的投资者，因为他们在股价没有出现单边走势之前，是不会轻易进场交易的。而当股价有效突破了关键价位，显示出明确的趋势走向之后，该股就展开了持续的上升走势，直至1928年11月该股见顶于179美元之前，这一趋势都没有发生过任何的改变。

当股票的价格处于横盘整理的阶段时，投资者就要暂时不予理会，并始终运用如下的操作法则——即等到股价突破了前期顶部上方3个点，或者跌破了前期底部下方3个点的价位之后再进场下单交易。遵循这样的法则，可以为投资者节省很多月或很多周的持股等待时间，并避免出现亏损。如果投资者在股票进入新的价格区间后再介入，也会更方便、更从容地设置止损单，以此来保护资金安全，一旦股价向着对投资者不利的方向运行，投资者也能及时出局。而如果投资者在股价于两点间上下往复、进行横盘整理时进行交易的话，获利的机会就相对较小。这种横盘整理的行情是股票的休整期，是在为将来新的一轮大幅上涨或下跌的走势做准备。

| 专业解读 |

阅读这一段落，投资者要掌握以下两个关键概念。

1. 横盘整理走势的基本特征和操作技巧

其实文中所说的横盘整理走势，就是我们常说的箱体走势（如图5-13所示）。江恩认为不要在箱体走势的过程中，出于心态的影响和不合理的预期而反复做出错误交易，一定要在股价打破箱体时再进行操作。

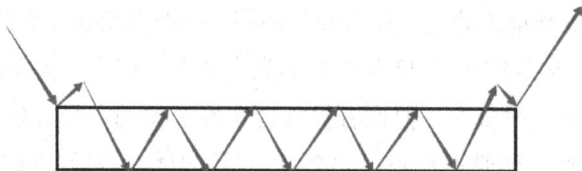

图 5-13　股票市场的箱体走势

投资者经常会简单把市场走势分为上涨或者下跌两种，遗忘了横盘整理的可能性，常常在箱体上沿急于买入，在箱体下沿恐慌卖出。因此一定要多回顾历史上典型的一些箱体走势，学会等到股价向上或向下打破箱体时再行动。

江恩在文中不鼓励投资者参与箱体内部的波动走势，但是如果遇到市场整体进入箱体整理时期，突出的个股较少时，也可以考虑利用箱体的特征在上下沿之间进行低买高卖，赚取差价，但是一定不要因为情绪原因和判断力的问题做出不合理的反向操作。

2. 时间成本和机会成本的概念

如果投资者在一只股票的横盘整理时间进行交易，获利的速度相比做强势股一定来得慢，如果市场当前有大量的强势股在上涨，投资者却不断和一只横盘整理个股纠缠，那么就浪费了这段时间，这种时间成本也是直接资金亏损之外的一项重大损失。而同时投资者因为纠缠横盘整理个股，而错过了很多在强势股上获利的机会，这种浪费的机会我们称之为机会成本，浪费机会成本也是投资者的一项重要损失。很多投资者会因为参与某只股票，暂时既没有获利，也没有遭受太大损失，而和这只个股耗上了，这种做法实际上是以时间成本和机会成本为代价的，这种无形的损失也很严重。

因此，投资者一定要明确这两个概念，并将其运用到日常的交易和操作中。

整数价位附近的下单技巧

人的想法总是沿着受到阻力最小的方向运行，从而形成趋势。从远古时代开始，人们就学会了计数、运算以及交易。投资者经常会犯的错误就是把买卖委托单的价格设定在整数价位上。一只股票的价格有时会涨到与某个整数价位仅相差 0.25 美元或 0.125 美元的价位，并会多次逼近该整数价位，却总是不到达这个整数价位。其原因何在呢？因为挂单价格刚好是整数价位的卖盘众多，所以市场主力不会在股票出现回调前买入，他们要借回调把那些等待在整数价位成交的投资者清洗出局。投资者计划买入股票的时候也会出现同样的情况。投资者看到一只股票的价格在 55 美元或 56 美元左右，于是计划在股价回调时下单，将买入价设置为 50 美元。这只股票会跌到 51 美元、50.25 美元或 50.125 美元，但就是不下跌到可以使投资者的买单成交的 50 美元；因为集中在 50 美元这一价位上的买单太多了，需求量非常庞大，那些主力操盘手知道这些买单的存在，因此不会以 50 美元将该股卖出，而是在这个价位上方支撑住股价。

整数价位不仅指 25、30、35、40、45、50、55、60、65、70、75、80、85、90、95 和 100 这类为 5 或 10 整数倍的整数，也可以指其他的价格，如 58、62、73 和 86 等。当投资者决定了一个整数价位的交易价格后，要以高于或低于该价位 0.125 美元或 0.25 美元的价位来设置买单或卖单。

假如投资者计划以 62 美元买入，股价也已接近这个价格，买单就应该设置在 62.25 美元。假如投资者计划以 62 美元卖出，卖单就可以设置在 61.875 美元，假如股价在投资者计划交易的价位附近徘徊不定，那么投资者可以选择按市价卖出。

我从不信任限价委托单。当股价接近心目中预期的买卖价位时，我就提交市价委托单进行交易。长期来看，这种做法可以节省大量的交易成本。

美国钢铁的成交价位变动案例

回顾美国钢铁从 1928 年 11 月 16 日至 1929 年 11 月 13 日之间的交易情况，我们就能观察到其股价的阻力价位在哪里，以及股价是如何受到那些设在整数价位或特定价位的委托单影响的。

1928 年 11 月 16 日，美国钢铁见顶于 172.5 美元，之后股价自顶部出现了一次快速回调，随后又出现了一轮反弹。

1928 年 12 月 8 日，股价上涨到 172.25 美元。我们可以明显观察到，在 173 美元这一整数价位存在着大量的卖单，而在两次上涨中，股价分别止步于 172.5 美元和 172.25 美元。那些将卖单设置在整数价位的投资者未能如愿出局，而随后股价就出现了一次快速下跌。

1928 年 12 月 17 日，股价跌至 149.75 美元。在这种股价临近重要整数关口附近的情况下，毫无疑问大量投资者会将止损单设置在 150 美元。随着该股的股价跌到了 149.75 美元，这些设在 150 美元整数价位上的止损单都被触发了，而这一价位恰是此次下跌的终点。可能还有部分投资者在看到美国钢铁股价跌至 149.75 美元时，就将买单设置在了 149 美元或 148 美元，但是却与这只股票擦肩而过。如果投资者想在 150 美元左右买进股票，应该将买单设置在 150.25 美元或 150.125 美元的价位，这样他们的买单就肯定能够成交。

股价从 149.75 美元这个底部开始了一次快速的反弹，1929 年 1 月 25 日，美国钢铁的股价见顶于 192.75 美元。由此可见，当股价突破了 172.5 美元和 172.25 美元这两个前期高点之后，股价一路上行了 20 个点。这时投资者会将卖单设置在 173 美元和 174 美元这样整数价位，他们的卖单立即被成交，但是这次他们又失误了，因为当股价的确越过了曾出现前期高点的整数价位之后，仍在继续走高，并见顶于 192.75 美元，随后伴有一次急跌，到了 1929 年 2 月 16 日，股价跌至 168.25 美元。

此时该股的交投仍处于活跃状态，接下来出现了一次反弹，该股股价在 3 月 1 日上涨至 193.75 美元，比 1 月 25 日的高点仅高出了 1 个点，这两次的高点与整数价位都相差了 0.25 个点。在这个高点出现后，美国钢铁的股价出现了一轮恐慌性下跌，于 1929 年 3 月 26 日见底，当时的股价是 171.5 美元。

注意，这个价位刚好处于 1928 年 11 月和 12 月的顶部附近。随后又是一次反弹，4 月 12 日，股价在 191.875 美元见顶。这是当年的第三个顶部，第一个顶部位于 192.75 美元，第二个顶部位于 193.75 美元，而第三个顶部就是

191.875 美元。

投资者可能会问，为何美国钢铁的股价在多次到达这个位置之后便止步不前？

我的回答是，因为在 194 美元和 195 美元，直到 200 美元的这个区间中聚集了大量的卖单。主力操盘手清楚这一情况，因此他们不会在这个区间吸筹。股价涨到极为接近这些卖单密集区间，却又达不到密集区间的关键整数价位，这样的情况就可以让已经挂出卖单的投资者继续持股；随后突然出现一次暴跌，那些原本想在整数价位卖出的投资者，情绪就会变得焦躁，从而选择在股价下跌的过程中卖出。

5 月 31 日，美国钢铁股价跌至 162.5 美元。注意，这个价位已经跌破了 1929 年 2 月 16 日和 3 月 26 日的低点，投资者自然就会因此感到恐慌，纷纷抛售其持有的股票。由于股价从顶部跌了 30 个点，在这样的下跌过程中，毫无疑问大量止损单会被触发。从这个低点起步，美国钢铁的股价开始了一轮冲刺式上涨。

1929 年 7 月 5 日，美国钢铁的股价达到 200 美元。注意，这一次它的股价直接突破了 191.875 美元到 193.75 美元的所有历史顶部价位。在这种情况下，那些将卖单的价格定在 195 美元到 200 美元的投资者就都成交出局了。不过该股刚好在 200 美元这一整数关口止住了冲刺的脚步，但仅在 7 月 11 日回调到了 197.5 美元，随后股价重回升势，7 月 13 日，该股股价涨到了 204 美元，这就说明有市场主力将 200 美元或略高于 200 美元的散户卖盘都作为筹码收入囊中（在这种整百的价位上通常会集中大量卖单，很多投资者会在股价出现 100 美元、200 美元和 300 美元等整百数值的情况下做空）。

7 月 16 日，该股股价再次回调到了 198 美元。注意，这次的回调底部比 7 月 11 日的回调底部高出了 0.5 个点。这就是说，如果投资者已经将买入委托单的价位设置在 197.5 美元、197 美元这些前一次回调底部位置附近的价位上的话，那么这些投资者是无法买到美国钢铁的。

其后，美国钢铁突破了 200 美元，又涨到了 204 美元，就预示着股价的上涨空间已经打开，因为有人以历史最高价再次买进该股，并且成交量巨大。美国钢铁的股价从 198 美元开始，展开了最后一波快速拉升行情，期间连回调的幅度都非常微小。8 月 24 日，美国钢铁的股价见顶于 260.5 美元；随后有一波快速回调，8 月 29 日，股价跌至 251.5 美元；接下来是最后一波的上涨，9 月 3 日，该股股价升至历史最高价 261.75 美元，而它仅比 8 月 24 日的顶部高出了 1.25 个点。毫无疑问，在 262 美元和该价位上方会云集大量卖盘。这就是为何股价会停在 261.75 美元无法上攻的原因。随后股价迅速下跌，11 月 7 日，美国钢铁跌到了 161.5 美元的低点。注意这个底部比 5 月 31 日的底部还要低 1 个点。这可能是由于有不少投资者的止损单都设置在 162 美元，而这些止损单的成交迫使股价比前期底部还低了 1 个点。接下来是一次快速反弹，11 月 8 日，美国钢铁的股价回升至 175.75 美元。随后出现了最后一波下跌，且抛盘沉重，11 月 13 日，股价在 150 美元见底。这次股价恰好止跌于整数关口上。应注意到，1928 年 12 月 17 日股价的低点是 149.75 美元。关注以前的阻力价位始终都很重要，因为股票经常会在第一次回到这些价位时获得支撑，有时还会数次在这种价位附近止跌。这次也同样，想要在 150 美元左右买进美国钢铁的投资者，应当将买单设置于 150.25 美元，如此一来这些买单就很容易成交。

我的法则是将止损单设置在股价前期底部价位下方 3 个点的位置上，或者将止损单设置在距离整数价位的上方（做空止损单）或下方（做多止损单）0.125 美元或 0.25 美元的位置上，这种设置方式也是可行的。

专业解读

很多投资者在读到江恩在本段落开头所描述的投资者在整数关口下单的情况时，往往会在内心窃笑，因为我们都曾经或者目前正处于这种状态，对整数关口的价位或者内心认定的某个价位极为敏感，却常常因为价格的分毫之差而未能在目标价位成交。

这里江恩仔细讲述了价格在群体意识和部分市场主力的共同作用下，在整数关口附近出现的一些常见情况，这段内容比较简单且容易理解，这里我们就不赘述了，大家仔细阅读本段落，就可以完全理解整数关口附近的一些下单技巧。

更重要的是，在理解之后一定要将这些下单技巧运用到实际操作中。

在低价位卖空股票

很多投资者认为，当股价处于 75 美元、50 美元或者 25 美元时进行做空是危险的举动。其实只要股价的主要运行趋势是向下的，那么做空股票就并不会有什么危险。

我可以给大家举个例子。

以国际内燃机工程公司为例。这只股票见顶于 1929 年 2 月，当时股价为 103 美元。3 月，该股出现快速下跌，股价跌至 61 美元，随后出现反弹；5 月，该股股价回升至 80 美元。现在，假设我们建议投资者在 80 美元时进行卖空操作，投资者则会认为这个价位实在太低，不适合进行卖空操作，因为它的股价曾高达 103 美元。然而该股股价却在 5 月下旬跌至 56 美元，随后出现一波反弹；7 月，股价回升至 76 美元，而这个价位距离 5 月的高点价位还相差 4 个点。当股价反弹到这个前期高点价位附近时，投资者就应该去进行卖空操作，并将止损单设置在 5 月高点价位的上方。其后，股价再次开始下跌，当它跌破 50 美元，也就是彻底打破了 5 月下旬的回调低点时，这里又形成一个卖空操作的良机，接下来在股价跌至 25 美元时或是下跌过程中的任何其他价位也都是适合卖空的位置。即便是在价跌至 15 美元时，卖空也仍有不错的获利机会，因为该股在 12 月下探到了 5 美元。该股从 7 月的高点 76 美元开始下跌之后，除了主要趋势持续向下以外，就再未有任何其他表现。因此，正确的交易方法就是，在此期间的任何价位上都可以对其进行卖空操作。

投资者必须学会忘记一只股票曾经到达过的最高价或是最低价。在 1929 年的恐慌性股灾中，国际内燃机工程公司的这只股票并非特例。当时还有数百只股票都出现了类似的情况。

领先—鲁梅利就是另一只同类型股票。

1929 年 5 月该股股价曾高达 105 美元，而于 1929 年 11 月深跌至 7 美元。

我还可以列举出很多其他股票，它们的股价在 1929 年全年都从未超过 25 美元或 30 美元，但是后来却跌到了 15 美元、10 美元甚至 5 美元。只要股票的趋势是向下的，那么下跌过程中的任何位置都是很好的卖空时机；而只要股票的趋势是向上的，那么上涨过程中的任何位置都是很好的买入时机。

专业解读

由于 A 股市场目前的做空机制还在发展过程中，做空的手段不多，范围也有限，所以对于大多数投资者来说，很少能有机会去进行做空操作。

但是不要因此而轻视这一段落的内容，因为如果我们换个角度来思考的话，适合进行做空的价位 = 不适合抄底买入的价位。也就是说，如果在股价的下跌过程中，某些价位是适合做空的，而且做空之后可能会快速盈利的话，那么在这个位置进场抄底，就相当于自讨苦吃。所以理解江恩所说的适合做空的价位，有利于我们判断某一价位到底是抄底良机，还是抄底陷阱。

通过江恩的叙述，我们可以明白一个关键点：股价跌得多不等于股价即将上涨。在很多投资者的思路中，跌得多的股票就应该出现反弹和回升，但是这种想法是错误和一厢情愿的。江恩在本段叙述中给我们讲解了另一种可能性，股价严重下跌之后，打破了很多之前错误持股的投资者的心理预期，在某些特定价位附近，跌得越凶，投资者的绝望情绪越严重，很可能会在股价出现小幅反抽之后，投资者在悔恨交加的情况下集中割肉抛售，同时买入意愿不足，导致在供求关系失衡的情况下，股价再次下滑一个台阶。

因此，股价经历持续下跌之后，缩量筑底才意味着股价有持续回升的可能性，而不是股价每次只要下跌幅度较大就一定会有持续性的反弹。

危险的卖空

当一只股票的流通股数量很少或者流通盘面很小时，对其进行卖空操作是最危险的。

这种股票的筹码会因为被少数人持有而形成锁定状态，因而很容易被囤积。推动流通股本大于100万股的股票价格上涨的难度，要远远低于推动流通股本在1000万~5000万股的股票价格。投资者应该在做空时选择流通盘面最大的股票，应该在做多时选择那些流通盘面小的股票。

一些流通股本稀少的小盘股，其股价上都出现过大幅上涨，比如鲍德温机车（Baldwin Locomotive）、熔炼钢铁、休斯敦石油（Houston Oil）、美国铸管和美国钒钢等。

|专业解读|

买入做多时，优先选择小盘股。卖出做空时，优先选择大盘股。

这是市场参与者的思维共性，和供求关系逆转难易程度共同决定的定律之一，在大多数情况下都适用。

牛市行情末期的低价股与滞涨股

当市场经历了数年的持续上涨以后，投资者自然而然地会去选择那些此前没有太大涨幅的股票作为买入目标。他们选择低价股，是因为他们认为既然其他股票都已经有过大涨，那么这些低价股也会补涨。这是投资者会犯的最严重的错误之一。如果一轮牛市已经持续运行了数年，而且有迹象显示牛市已经接近尾声，也就是说，行情处于牛市即将结束前的最后3~6个月中，此时买入低价股，并且预期低价股会在牛市的最后阶段有所表现，会是非常危险的操作。有些低价股的启动时间确实是晚于别的股票，但通常来看，高价股一般在牛市的收官阶段会发起最后一波猛冲。只有从行情走势图中看到低价股已经突破前期高点甚至历史高点，并且走势处于强势形态，才可以进行买入操作。否则，只要股价仍然在进行窄幅区间波动，并且交投清淡，就不要去碰它们。

如下文中所列举的这些低价股一样，它们不仅在 1929 年下半年的牛市行情中没有过拉升，而且当其他股票上涨的时候，它们却在下跌，凡是买入这些股票的投资者都损失惨重。这些股票包括：阿贾克斯橡胶（Ajax Rubber）、美国农业化工（American Agricultural Chemical）、美国甜菜制糖（American Beet sugar）、美国法兰西消防车（American La France）、美国船运与商业（American Ship & Commerce）、阿穆尔肉类加工 A（Armour A）、布斯渔业（Booth Fisheries）、卡拉汉铅锌（Callahan Zinc & Lead）、联合纺织（Consolidated Textile）、多姆矿山（Dome Mines）、电动船（Electric Boat）、关塔那摩糖业（Guanta—namo Sugar）、约旦汽车（Jordan Motors）、凯利—斯普林菲尔德轮胎（Kelly Springfield）、家荣华（Kelvinator）、路易斯安那石油（Louisiana Oil）、洛夫特糖果（Loft）、穆恩汽车（Moon Motors）、奥姆尼巴士（Ominbus）、潘汉德尔（Panhandle Producers）、帕克—犹他（Park Utah）、锐欧汽车（Reo Motors）、雷诺弹簧（Reynolds Spring）、施耐德包装（Snider Packing）、潜水艇（Submarine Boat）、沃德烘焙 B（Ward Baking B）和沃森纺织（Wilson & Company）。

| 专业解读 |

很多投资者，包括我自己刚入市的时候，也经常会犯江恩在这段里所讲述的这个错误，那就是总会在一波牛市或者上涨行情的末期，去买一批低价股或者是没有太大涨幅的股票，目的是希望这些股票能在牛市或者上涨行情的末期补涨，追上其他在这个阶段里走势很好的个股，这样就会获得一些超额收益。

但是实际上，在牛市或者上涨行情末期买入的这些个股，只有一部分出现了预期中的补涨走势，但是我统计了一下，出现补涨的个股，在我买过的这些低价股中，占比不到半数。也就是说，有半数以上的滞涨股和低价股，并没有出现补涨行情。而且有些投资者认为，因为这种滞涨股和低价股在前期涨幅小，所以在牛市或者上涨行情结束之后的下跌期也会相对安全。但是通过观察和统计可以发现，这个预期也不绝对，有很多原本就滞涨的低价股，在市场整体下跌过程中，跌得反而更凶。

其实我们换个角度就能理解这种现象的出现，如果一只股票在牛市或者上涨行情中，始终滞涨或对市场的整体上涨气氛无动于衷，那么很有可能是这只股票真的没有上涨潜力，而非是被行情遗漏。

因此，在牛市或者上涨行情末期买入滞涨股和低价股的时候，一定是要基于该股本身已经走出沉闷状态，出现启动迹象的原因，而不是单纯地因为该股价格便宜或者长期滞涨这种很主观的理由而选中它们。

如何确定短期龙头股

如果投资者每天在收盘后，拿起一份当天的交易日报来复盘这一天的行情，然后筛选出当天成交量最大的那些股票，就可以判定它们是否会在未来一段时间内成为市场中的龙头股，至少也会在接下来的几个交易日或更长时间中保持这样的势头。投资者可以关注那些经历了较长时间窄幅波动，并且在这一过程中成交量都非常低迷的股票；之后，只要它的成交量开始明显放大，就可以观察其股价的运行方向，并且顺势展开相应的操作。当一只股票突然变得交投异常活跃，并且伴随成交量的明显放大，投资者就可以认定该股至少会在短期内成为龙头股，应该根据它的趋势进行相应的操作。

┃专业解读┃

这里有两个关键点。

一是在股票的价格启动之初，往往会出现量在价先的情况，股票的成交量先于股价出现变化，因此这是锁定龙头股的主要判断依据之一。

二是龙头股一定是市场短期最为追捧的个股，这种追捧会直接反映在成交量的变化上。

运行缓慢的股票

有些股票的价格在长期运行速度缓慢，但是只要价格的趋势依然保持向上，我们就可以期待这样的股票在上涨的最终环节会加速上涨来收尾。无论股价的趋势是上涨还是下跌，投资者都可以等到股价最后一轮快速运行启动之后，针对股价的最后一段猛冲走势进行相应的买卖操作，这种操作通常是很划算的。这种快速运行会让投资者短期获利丰厚，这种快速运行通常会持续 3~10 个交易日，在有些个股上持续的时间会更长。这里有一个普遍规律，当股价快速向上或向下运行 6~7 周之后（具体时间视不同情况而定），就该预期它的趋势会发生改变了，至少也会出现短期的转向。

比如，1929 年 7 月和 8 月期间美国钢铁、美国工业乙醇（U.S.Industrial Alcohol）和铁姆肯轴承（Timken Roller Bearing）的运行情况。这些股票都是启动时间较晚的股票，它们的股价在 8 月才达到最火爆的状态。

┃专业解读┃

这段的内容，刚好可以和前文中对"牛市行情末期的低价股与滞涨股"的叙述对应起来看。

前文讲了那些在牛市末期仍然处于低价和滞涨状态的个股，可能并不会按照投资者的预期出现补涨，本段讲的是前期上涨较为缓慢的个股如何在后期出现加速上涨。

这两种股票的关键分别在于：

低价股或滞涨股，大多是在市场氛围良好的情况下没能跟进行情，有被市场抛弃和遗忘的迹象；

而后期会加速补涨的个股，大多数都在市场氛围良好的情况下持续地根据行情，只是节奏和速度相对较低，有涨幅但是相对比较缓慢，这种股票在市场轮动过程中，有可能最终被市场追捧，出现短期快速补涨的情况。

为何股票会出现非理性价格

并非市场愚弄投资者，而是投资者被自身的非理性误导。

股价会达到极端高位或极端低位的情况，或者说股价会走出非理性的过高或过低价格。出现这种情况的原因是投资者在高位没有卖出股票，一直等到股价出现了大幅下跌，本金出现极为严重的亏损时，才慌忙地争相抛出全部股票，于是股价就会被砸到明显低于正常价值或内在价值的水平。

同样，在牛市的尾声阶段，每个投资者都变得过度乐观，并且拥有了丰厚的浮盈，于是大家争相提高持股规模，不计成本地大量买进股票。之前进行了卖空操作的投资者在遭遇损失后不敢再进行做空，做空的意愿在消退，做多的意愿在加强，这种情况会导致股市出现狂热的、失控式的非理性上涨；而疯狂过后，所有潜在增量资金都被消耗殆尽，因此股票的技术形态将走弱，随后股价就会出现一轮快速下跌。

| 专业解读 |

因为人的从众心理和群体效应使然，每次牛熊市过程中，大多会出现市场整体和个股进入到非理性区间的情况。由于这种情况的存在，绝对理性的

投资者会出现太迟进场或者太早离场的问题，受从众心理影响而随波逐利的
投资者，也可能会因为过度参与非理性行情而招致亏损。

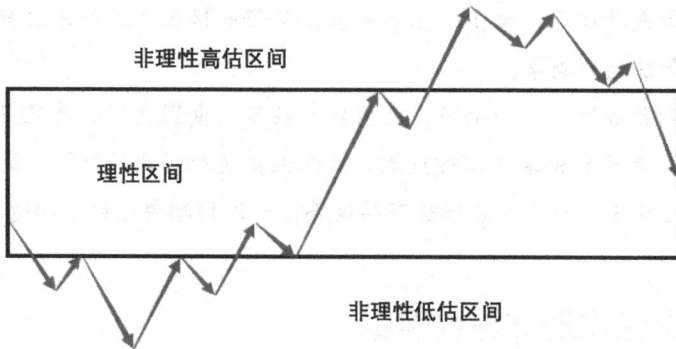

图 5-14　股票市场的理性与非理性区间

　　由于市场存在这种非理性的区间，而且几乎每个牛熊周期都会重演。因
此，简单地告诫投资者不要参与非理性区间也不完全可取，毕竟在非理性的
低估区间里买入是比较安全的操作方式，而适当地参与非理性的高估区间也
有助于提高收益水平。

　　综上所述，投资者如果希望能尽可能合理地参与一轮行情，就需要学会
界定理性区间和非理性区间的大致边界，从而做出较优选择。不要在非理性
高估区间追涨，在非理性低估区间杀跌。

股价波动速度与股价高低的关系

　　股票的价格越是处于高位，它的运行速度就越快，获利的机会就越大。
原因在于大部分散户投资者偏爱价格处于低位的股票。当一只股票的价格处
在低位时，比如 25 美元或更低，并且很多年都维持在这种状态中，那么在此
期间会有大量的散户投资者买入该股，当股价涨到 50 美元时，投资者的买入
量也随之增加。而当股价涨到 100 美元或是这个价位附近时，投资者群体会

出现分化，投资者或是将股票悉数卖出，或是过于自信而纷纷进场加仓，因此在这样的价位上买卖意愿分歧太大，以致该股的价格出现了大幅回调。当散户投资者获利了结时，那些市场主力和实力强大的金融机构将开始收集筹码。他们买入该股的原因是他们知道该股的价值高过当时的股价，后市依然看涨。当散户的卖盘完全被主力和机构掌握之后，市场主力想要迅速拉升股价就变得更为容易，因为该股不会遭遇沉重的抛盘。当股价达到 180 美元至200 美元时，总会有许多空头被迫进行回补，而在相对低位时买入股票的金融机构，此时就要卖出股票来兑现盈利了。大多数散户投资者是不会交易价格在 200 美元以上的股票的。因此，当股票突破了这一价位时，职业做空者与实力强大的市场主力将展开博弈。一只股票的价格从 200 美元上涨到 300美元所用的时间往往比该股从 50 美元上涨到 100 美元所用的时间要短，因为参与这种高价股交易的都是大户或者机构，他们的买卖数量都很大。当然，在市场主力的计划中，每只股票都有一个让他们决定最终出货兑现盈利的价格，一旦到达这样的价位，市场主力抛售的规模将改变股价的主要趋势，使其转为下行。这个过程也给那些做空高价股的投资者提供了一个良好的操作机会，但是他们必须等到该股的行情图表显示出主要趋势已经转为下行之后再进行做空操作。

那些低价股，或者说股价低于 50 美元和 25 美元的股票，有时会出现快速的急跌。比如像新港股份（New Haven）这样的股票，股价曾高达 280 美元，创下高价后逐步走低，最凌厉的下跌出现在股价跌破 100 美元以后，而当股价跌破 50 美元以后，又再次出现了一系列凌厉的急跌。股价跌至 25 美元之后，又一次出现破位下跌。之所以会出现这样的情况，原因在于股价下行破位的情况刺激了那些持有该股多年的投资者的情绪，他们看到股价逐年走低，资金不断缩水，而该股却一直没有进行分红，于是这些投资者的期望彻底破灭，因而清空了手中的股票。大多数持股的投资者集中在 20 美元到12 美元之间将该股卖出。接下来，经历了长期的低迷和蓄势，新港股份最终重振雄风，股价从 10 美元启动，一路上涨至 1929 年 10 月的 132 美元。

| 专业解读 |

江恩在这段叙述中描述了一个和很多新手投资者的认知有矛盾的现象。

很多新手投资者会认为，高股价走出翻倍行情很难，低价股走出翻倍行情比较容易，因为在大多数新手投资者的预期中，股价为 5 元的股票涨到 10 元好像要比股价为 100 元的股票涨到 200 元更容易，这是一种比较直观的感受。

但是，事实上高股价由于持股集中度较高，散户参与热情低，市场主力控盘比较充分，上涨速度实际上比低价股要快。

高价股——散户参与度较低——市场主力控盘度高——股价涨速可能较快。

低价股——散户参与度较高——市场主力控盘度低——股价涨速可能较慢。

但是，追踪高价股时要注意一件事，高价股分两种：

一种拥有足够的业绩支撑，因此股价一直居高不下，而且会持续上涨；

一种缺乏足够的业绩支撑，股价的上涨来自热点和概念的炒作，甚至是产业资本和市场主力刻意制造利好而引发的上涨，这种股票在进入高价区间之后涨得迅猛，但是市场主力完成筹码派发获利之后，股价回归到正常估值过程中的下跌也很猛烈。

因此投资者需要对股市行情理智看待，冷静追踪。

另外，低价股也并非总是萎靡不振，在市场周期的特定阶段，也会出现较快涨幅，只是整体概率要小于高价股的快速上涨概率，因此投资者在高价股和低价股中做出选择时，也不能一味地以高价为美，要兼顾市场周期的阶段性特征。

持股的期限

　　当投资者买入一只股票时，一定要有充分的理由、合理的预期持有时间以及这段时间内期望的盈利幅度，但同时也要牢记我们的预期会和实际走势有差异，如果股价的走向与我们的预期相反，就必须及时止损。即便是股价的走向并未与投资者的判断相反，投资者也还是会犯错。这种错误主要指——如果股价保持不变，那么投资者也会损失他所用资金的利息，这也是实实在在的亏损，因为用同样数量的本金，完全可以在此期间去把握另一个机会，并且收获盈利。一般情况下，当股票的价格出现上涨或下跌的信号后，股价如果真的会向上或向下运行，应该会在接下来的三周时间内维持该走势。所以，一般情况下等待运行开始的期限就是大约三周左右的时间。如果在这个时间内预期的运行趋势并没有出现，投资者就应当出局去重新寻找机会。有些运行缓慢的股票，比如适合做投资式操作的股票（非短期投机类型股票），股价可能会有3~4个月的窄幅波动。所以在一些情况下，为了接下来可能会发生的股价单边运行，付出2~3个月的等待时间也是值得的。投资者必须牢记的是，对于股价没出现单边运行的股票，持股的时间越长，你的判断就越可能变得偏执，因为这种持有完全是出自一种期盼。投资者应该转而去深究该股的实际情况，寻找该股的股价没有出现预期动向的全部原因，如果找不到站得住脚的来作为该股将会在一定时间内出现单边运行的判断依据，就应该赶紧出局。如果投资者找到了一些合理的原因，让自己相信该股在一定时间内会产生单边运行，但事实上这个判断并没有如期发生，那说明判断的某些环节出现了问题，这只股票就有可能朝着相反的方向运行。投资者应该给自己设定准则，当市场第一次发出与之前判断相悖的信号时，就应当火速离场。俗话说局者迷，旁观者清，投资者在离场后，判断力会比之前持股时好很多，因为投资者在持币旁观时对股价的期盼或者恐惧情绪要相对较少。

专业解读

江恩在之前的一个段落——"横盘整理走势"中，流露了部分对时间成本和机会成本的思考和概念，而这一段落就是针对性地讨论投资者在持股时所付出的时间成本和机会成本。在这个段落中江恩指出了一些控制时间成本和机会成本的基本方式。

1. 出现预期失误，股价走势和预期方向相反时，先止损再调整思路。这样的话，既可以控制住本金的损失，也可以避免因为套牢而被动长期持股导致的时间成本和机会成本不断上升。止损时割掉的肉，就是为了控制时间成本和机会成本而必须要接受的沉没成本。

2. 设置一个时间成本最高投入上限，对超过了这个上限还没有达到预期结果的个股，及时做出出局处理，以此来做到对时间成本和机会成本的控制。在江恩的叙述中，潜伏短期快速上涨行情的（投机式买入）等待时间为三周，潜伏中长线上涨行情的（投资式买入）等待时间为3~4个月。超出这个期限就说明投资者在选股和预判中出现了问题，因此需要暂时离场重新寻找机会。但是江恩说的这两个时间和他自己的选股方式和选股标准是有关系的，因此并非所有投资者在制订投资计划时都要按照江恩这个标准执行，而是可以根据自己的选股方式和标准来确定一个适合自己的时间成本投入上限。

这样一来可以避免死守一只股票导致的机会成本浪费，二来可以检验选股是否出现问题。

3. 江恩还在本段描述了一种状态，那就是在一只股票上投入的时间成本和机会成本越多，又没有达到预期收益的话，投资者就越难以果断地处理这只股票，因为之前付出的时间成本和机会成本太大，处理掉该股要放弃的沉没成本太高，在人性和情绪的左右下，投资者很难下得了决心。而在久拖不决的情况下，只有在极少数情况下投资者能守到股票回暖，大多数情况都是要么等到下一轮牛市再来，要么干脆就被彻底套牢而无法解套。

因此，结合自身的选股方式和选股标准设定好适当的时间成本投入上限，对操作的系统性和可控化有很直接的好处。

股价被操纵的股票

很多时候股票的价格会上涨到远远超出其内在价值的水平，这其中的原因是因为有些市场主力能够在短期内控制该股，操纵股价呈现不符合常理的上涨，爆炒之后股价又一落千丈。所以投资者应该知道在参与这种股票的交易时，需要如何进行处理。因为只要股价处于上行趋势，那么交易被操纵的股票与交易靠业绩上涨的股票同样都可以获得收益，但以被操纵的股票为交易对象的话，投资的关键是永远要跟着趋势走，并在正确的时机出局。

领先—鲁梅利——这只股票在 1928 年和 1929 年出现过令人惊叹的涨幅，但是这种上涨却并没有公司的盈利作为支撑，主要是被人为操纵的结果。不过，只要投资者或交易者关注该股的行情走势图并遵循其展现出来的信号进行操作，同样能够斩获丰厚收益。回顾这段历史行情数据可以帮助投资者掌握抓住卖出时机的技巧（如图 5-15 所示）。

该股在 1912 年的高点是每股 101 美元，在 1915 年的低点是每股 1 美元，在 1919 年的高点是每股 54 美元，在 1924 年的低点是每股 6 美元，从中可以看出该股属于后期启动的股票，大多数股票于 1920 年和 1921 年完成筑底并开始上涨，而它却在几年后才完成筑底。1924 年该股股价从 6 美元起步，于 1926 年上涨至 22 美元。1927 年该股股价跌至 7 美元，这里形成了一个买入机会，因为此时的股价与 1924 年低点相比，还相差 1 个点。随后从这个低点价位开始，股价展开了持续攀升，1928 年 4 月股价突破 16 美元，为价格的继续走高打开了空间，是投资者应该增仓的信号。当月，股价又突破 22 美元（这曾是 1926 年的高点）；该股走势进入强势状态，因为股价已经站稳在 1921 年以来所有的高点之上。1928 年 9 月，股价涨至 64 美元，随后出现回调，1928 年 12 月见底于 31 美元。随后股价又出现了快速的上涨，在大约五个月的时间里，该股涨至 105 美元，整整上涨了 74 个点，这样的涨速显然是过快的，而且由于缺乏公司的盈利水平或其他任何条件的支撑，因此这个价位是难以维持的。所以投资者应该回顾该股历史，知道该股 1912 年的历史高点是 101 美元，并计划在这个价位附近卖出股票。当时的最高价 105 美元超出原来的历史高点 4 个点。如果投资者没有在历史高位附近卖出的话，可以在跟进股票上涨的同时设置止损单，并将止损点位设置在距离高点下方 10 个点的价位上。这样止损单会在股价跌至 95 美元时被触发，使投资者出局。该股股价在跌破 95 美元后，再也没有过反弹，一路下行，当股价跌破 82 美元时，就已击穿前三周的底部，且处于底部下方，这说明股价下跌的空间被打开。当股价还在 105 美元时，建议买入这只股票的小道消息不绝于耳，但是从那时起，该股的表现就开始变得糟糕，显示出全面衰退的状态；该股在下跌过程中，反弹的幅度始终很小，被套的投资者没有机会出局，他们中很多人被深套其中。1929 年 10 月，该股的股价跌至 7 美元，跌回 1927 年的同样低点价位，而这里形成了一个买入机会。随后股价反弹到了 23 美元，投资者有机会快速获取收益。自此之后，该股就进入了窄幅区间整理的行情中。

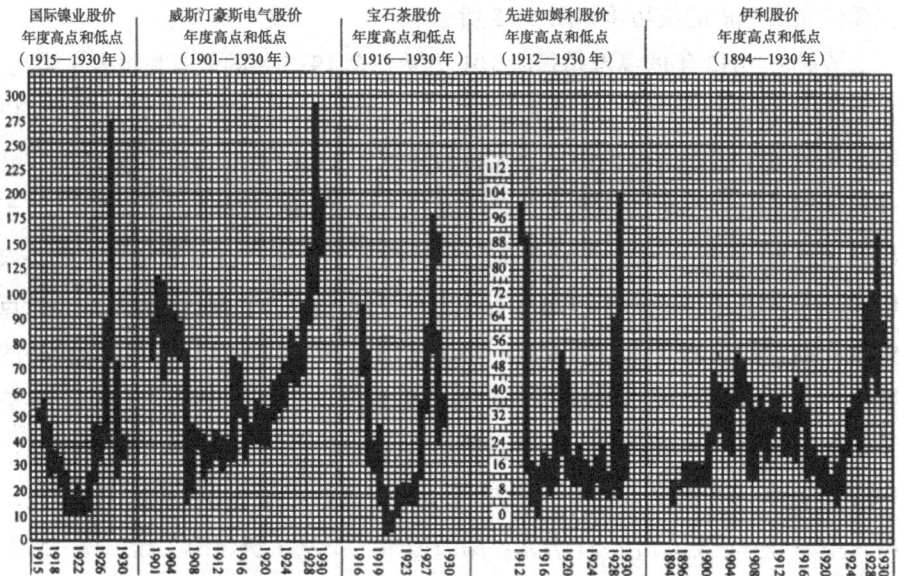

图 5-15　国际镍业、威斯汀豪斯电气等 5 只股票的股价历史行情数据

实际上，当这只股票的价格出现崩盘时，其他股票并没有出现大幅的破位下跌，这说明该股的价格有人为操纵的因素存在。当然从1929年9月开始，所有的股票都出现了恐慌性下跌，而该股却处于大跌后的快速反弹阶段。如果一只股票像领先—鲁梅利这样，股价逆市走出独立行情，就表明一定是哪里存在问题，如果在人为操纵下，股票的价格涨到了不合常理的高位时，投资者应该谨慎应对。

有过巨大涨幅的股票

火山喷发是罕见且有较长间隔期的自然现象。维苏威火山每天都在喷发，但那只是小规模的喷发。剧烈的毁灭性喷发和可能造成地质变动的大型喷发，每隔20年左右才会发生一次。股票也是同理，运行迅猛的单边行情和大规模喷发式行情只是偶尔发生。回顾一下过去那些龙头股的行情数据，我们会发现这些巨幅上涨之间也有很长的间隔期。

例如联合太平洋（Union Pacific）——这只股票的价格从1904年的低点80美元，一直涨到了1905年和1906年的195美元，随后在1907年的恐慌性下跌中探到了100美元，接下来又一路飙升，于1909年9月涨到了219美元。

这就是我所说的股票中的火山喷发式行情。1906年，联合太平洋出现过第一次巨大的涨幅，1909年股价继续走高。而此后该股价格一路下行，1917年跌至102美元，1921年股价又涨至111美元，在这段时期内股价没出现过任何一次大幅波动。

从1921年到1928年，该股仍然运行缓慢，且从未有过任何快速的单边运行行情。1928年8月，联合太平洋的股价涨至194美元，随后该股价格开始上涨，突破了219美元的高位，这个价位曾是1909年的顶部。在突破这个价位之后，该股股价在1929年3月26日回调至209美元；其后股价逐步走高，1929 年 7 月股价达到了 232 美元，自此开始股价持续快速上涨，并在 1929 年 8 月见顶于 297 美元，创下了历史最高价，这一价位比 8 月的低点高出了 103 个点。这就是我所说的股价出现火山喷发式上涨的现象。当这种情况出现时，也就是卖出时机来临的时刻，因为有巨大获利空间的机会期已经结束了。在 1909 年之后介入联合太平洋这只股票的投资者，盼着该股还会出现 1906 年和 1909 年的快速暴涨，但为了再次碰到这样的机会，他们不得不等上 20 多年。所以投资者必须意识到，一旦某只股票出现了这样的快速暴涨，那么在其后很长时期内它不会再有第二次类似的飙升，甚至有可能永远也不会再出现一次这样的巨幅上涨了。

熔炉钢铁（Crucible Steel）——这是另一只曾出现过火山喷发式上涨的个股（如图 5-16 所示）。该股的股价从 1915 年的 13 美元左右一直涨至 110 美元，后来回调到 45 美元左右，随后又从 1919 年的 54 美元左右涨至 1920 年 4 月的 278 美元。接下来该公司进行了拆股，并宣布了分红。其后股价持续走低，直到 1924 年见底于 48 美元。那些在 1924 年到 1929 年间买入熔炉钢铁股票的投资者，期望该股还能重现 1919 年到 1920 年的巨幅上涨行情，于是错过了在其他股票上取得丰厚获利的机会，因为那些股票在此期间的涨幅同当年熔炼钢铁的涨幅差不多。

因此，投资者必须时刻关注新的领涨股，远离那些出现过巨幅上涨的老领涨股。同样的情况也发生在长期下跌的过程中。股票在出现两次类似的巨幅下跌之间会有一段很长的间隔期，而且还有可能在接下来的上涨过程中走势迟缓。

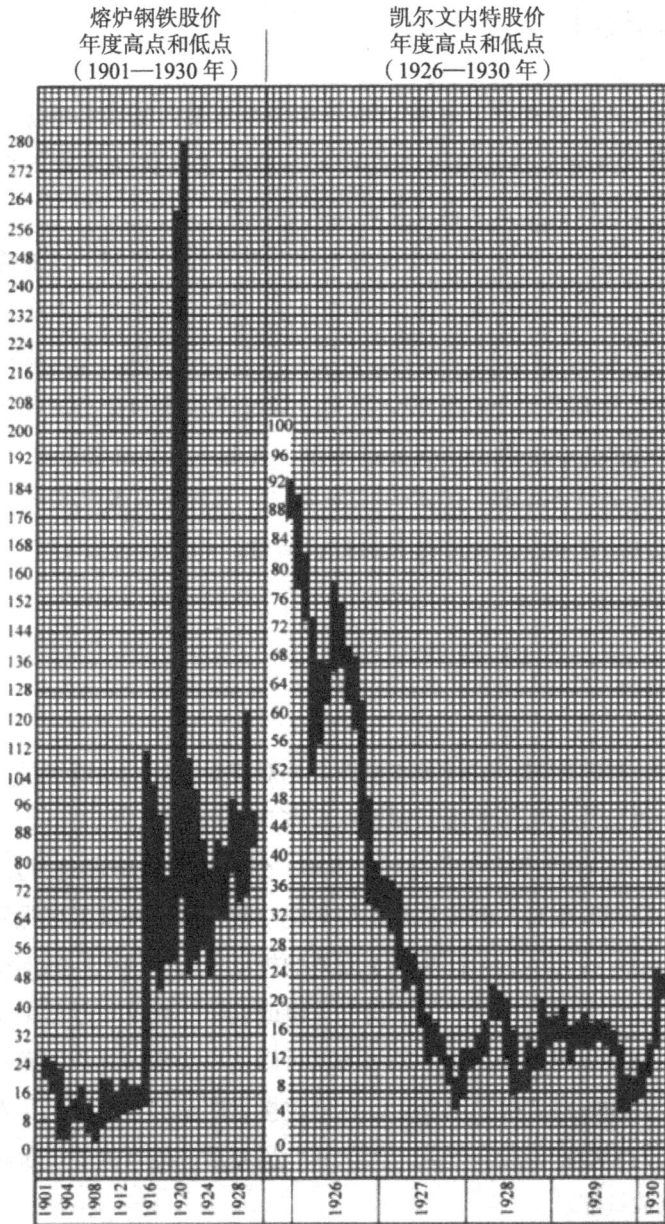

图 5-16　熔炉钢铁和凯尔文内特的股价历史行情数据

| 专业解读 |

这段内容比较好理解，在市场中会有部分股票因为某些特殊消息而成为被市场高度预期的大热门股票，这种股票会在这些推动因素下出现过度上涨，导致一次性透支了未来很多年的预期和涨幅。

这种被过度透支的股票，往往需要一个超长的休整期，才能再次出现较为强势的上涨，这个过程除了其他特殊因素之外，还受盘面大小影响。透支股的盘面如果比较小的话，可能会需要3~5年的休整期，透支股的盘面如果非常大的话，可能需要十几年的休整期，即使中间遇到牛市，透支股在涨幅透支严重的情况下，甚至会一直萎靡不振，再也不能出现之前的历史高价。

所以投资者需要掌握一定的方法来判断一只股票是否已成为江恩所说的有过巨大涨幅的透支股，并在选股时做出回避。

次新股

请记住，在次新股上进行卖空操作会相对安全些。这里所说的次新股，是指那些在纽约证券交易所上市起到现在只有几个月时间，以及已上市时间不足两年的股票，还有就是那些早就上市多年，但新近又经历重组的公司的股票。当承销商在发行股票时，会将其吹嘘得天花乱坠，激起投资者们强烈的买入意愿，但在几个月或几年后，这些买了股票的投资者会发现他们的期望几乎没有实现的可能，结果就是一系列的清盘、重组或改组。在这一过程中实力较弱的投机性多头会被逐出市场，接下来该股就可以从一个稳固的长期底部启动，因为在高位买入的投机者被迫出局后，在低位接盘的是那些长线投资者或大型金融机构，他们将稳定持股。因此，当次新股见底后，经常需要很长时间才能再积蓄起上涨的量能。

| 专业解读 |

当时的美股市场和现在的 A 股市场，在发行制度方面的设计虽然不同，但是都出现了次新股经常遭遇热炒甚至爆炒的情况。在美股市场是因为新股发行过程中承销商的吹捧，以及投资者对新股票的热烈追逐。在 A 股市场是因为发行制度导致的新股数量上比较紧俏，中签投资者惜售，而其他投资者又因为新股的涨幅和赚钱效应而在新股一上市之初就热烈追逐，出现供求关系极度不平衡导致的短期价格飞涨。

但是随着次新股上市的时间越久，这种效应就弱，最终高估的价格会要回归正常，甚至有些公司在上市之后的盈利情况不及预期，也会加速这个过程。

因此，次新股在带来大量的短期机会的同时，也有一定的风险，无论是参与打新的投资者，还是专门追次新股的投资者，都应该注意这种风险。

投资者从未听闻的做空真相

很多投资者不敢对股票进行卖空操作的原因之一，是他们从未得知过有关做空的真相，也没有人指点过他们——其实做空和做多一样安全，而且在熊市中做空的获利速度甚至会高于在牛市中做多的获利速度。多数的财经报刊撰稿人、投资服务机构和经纪人通常都不鼓励投资者做空，银行也会告诫投资者不要去做空。当股价上涨得过高之后，它总会出现下跌的，为何上述这些人都不赞成做空呢？投资者经常会在报纸上看到下面这样的话："空头在逃窜""空头陷入困境""空头的资金紧绷""空头被迫回补""空头在溃败""某只股票中隐藏着大规模空头集团"。为何投资者在报纸上看不到相反的言论，或者比如这样的描述："多头的资金紧绷""多头在溃败""多头被迫清仓"和"多头的力量即将被耗尽"。

当市场于 1929 年经历恐慌下跌并创下底部以后，纽约证券交易所曾通报了一批做空者的名单。而当市场处在顶部的时候是非常危险的，那时所有投资者都在买进，他们更需要警示和保护，为何交易所不通报做多者的名单，同时也列出在高位卖空股票者的名单，以此来提醒大众？知道谁在顶部做多，与知道谁在底部做空是同等重要的。但是没有任何一份报告会起到正确的作用。当每个投资者的操作都是错误的，都在股价见顶时做多，股价就不会出现下跌；而在底部时，每个投资者都在清仓，这时就出现了空头回补的获利机会，股价就会出现上涨。一般投资者听到的都是反对他们去做空的言论，而对于做多则总是有各种各样的鼓励之声，告诉投资者们做多将有如何丰厚的回报。但是投资者或交易员想得知的是真相和事实，而不是那些建立在感情用事和过度期盼上的结论。

任何致力于研究多年以来股价高低点位历史数据的投资者，都不得不做出这样的结论：假设投资者卖空的时点选择是正确的，卖出做空与做多买入同样安全。在 1929 年 10 月 24 日和 29 日的第一场和第二场"屠牛"走势中，一些"菜鸟"的毛都被拔光了。如果当初他们选择做空的话，情况就会好很多。在 10 月的恐慌性下跌中，"公牛"们与"菜鸟"们经历了历史上最具灾难性的溃败。"公牛"们在 10 月 29 日的第二场"屠牛"走势中阵脚大乱，全面溃退，从华尔街到沃尔特街，从巴特里公园到布朗克斯，到处都是溃败中散乱的牛角、牛皮、牛蹄、牛后跟和牛尾巴等。"菜鸟"们一瘸一拐地回到家中，声嘶力竭地惊呼着："我们还偷偷惦记要割别人的韭菜，结果自己才是被人收割的韭菜！我们简直就是不可救药、鬼迷心窍的白痴们呀！"紧随其后赶来的"公牛"们也咆哮着："再也不玩股票了！"牛血像雨水一样从巴特里公园流到美登巷。劳森的"黑色星期五"之梦成为了现实。

为何在"菜鸟"们遭遇了这次屠杀，"公牛"们的心都碎了以后，我们却没有听到任何关于对"公牛"们进行恐怖屠杀的言论？我们反而开始听到更多有关空头资金紧绷，以及空头在进场送死的言论。如果在 1929 年 10 月和 11 月的恐慌性下跌中有更多投资者做空的话，那么后来股市就不会跌得如此凄惨。因为在股价下跌的过程中，空头要进行回补操作，这样会有助于支撑市场止跌企稳，很多股票都将免于灾难性的大幅破位下跌。投资者是否能够在正确的时间进行卖出做空或者买入做多，是一个股市是否健康的重要标志。

专业解读

在本段落中，江恩非常绘声绘色地描述了一轮行情中，尤其是牛市尾声严重杀跌阶段的市场参与者形象，很发人深省。大多数投资者都喜欢听有利于股价上涨的消息，而对股价有负面作用的消息有本能的反感。因此，媒体和股评也会为了讨好投资者群体而多报道好的消息，而对空头口诛笔伐，但是实际上做空机制的存在和合理的做空对市场的平稳和健康是有好处的。

这里简单给新手投资者讲解一下做空机制，做空机制目前在 A 股市场当中的主要实现方式就是融券业务。假设一只股票的价格从 10 元上涨至 50 元，这时有投资者认为该股的股价已经被过度高估，随时可能出现下跌，这种情况下有一定资格的投资者可以向券商借一部分该股的股票，并以 50 元的价格卖出变现，之后股价真的和投资者预期一致，出现下跌的话，假设下跌到 30 元左右，投资者可以选择用之前卖出股票得来的现金买入对应的股票数量归还给券商。在融券业务中，券商只认股票数量不认股票价格，也就是说，如果一个投资者当初借了 1000 股股票，之后只要归还券商 1000 股股票即可，至于投资者卖出和买入的价格，券商并不关心。因此 50 元借股票卖出，和 30 元买股票归还过程中，产生的差价扣除手续费和利息之外，都是投资者的盈利。

这种做空机制会对股价的过度炒作和非理性下跌有平抑作用，在没有做空机制的市场中，一只热门股可能从 10 元启动一直被爆炒到 100 元，但是如果有做空机制存在，股价涨到 50 元以上，投资者就认为该股已经被高估，而纷纷融券卖出，这时股价可能在 50 元就停下脚步，避免了非理性的过度上涨。下跌过程也同理，没有做空机制，股价可能会从 100 元跌至 20 元，但是在有做空机制的市场中，由于在高价融券卖出的投资者要在下跌过程中买入并归还股票，也就是江恩常说的"空头回补"行为，这种买入行为会对下跌过程中的股票产生一定支撑，避免股价因单方面杀跌而被过度低估。

但是，A 股市场的融券业务上线时间还不是很久，可做空范围和做空机制尚不完善，投资者参与的门槛也稍高，因此还不成气候。不过随着 A 股市场的进化，做空机制也会逐步完善，所以投资者现在不需要急于参与做空业务，但是需要对这种业务有一定的了解和认识，以便在将来的市场中获得先机。

股票拆分与分红中的玄机

正如我在前文叙述中所言，散户在一般情况下不太会大规模地参与股价在100美元以上的股票，而当股票的价格升至200美元或300美元以上后，散户的参与度就会越来越低，这是众所周知的事实。大多数到纽约证券交易所挂牌上市的公司都是因为这里是完备的面向公众投资者的市场，可以保证他们的股票拥有广阔的派发空间。因此，为了让散户在股价攀升到很高以后还来接手他们的股票，这些公司就会采取拆分股票和宣布分红的方式，使股价重新回到100美元或更低的价位。在这种情况下，散户就有能力买入这些股票，并且也有意愿去买进。很多业绩优良的公司有充分的理由进行股票分红和拆分股票，因为在现行的法律下，股票分红所得是免税的；而其他一些公司宣布要分红，是想让公众投资者有机会参与到公司中，成为合作伙伴，共同分享公司的利润。不过，对于很多股票控盘程度很高的公司，它们拆股和分红的目的只有一个，那就是吸引散户来接盘，而当股票完成向散户的派发之后，股价就会一落千丈。

当股票被分拆后，它的价格往往会需要很长的时间进行派发或蓄势，而在宣布分红之后，股票的价格一般不会有太大的波动，这也算是一个规律。当然，投资者需要根据行情图先判定股票的走势，然后顺势进行操作。不过有一条很好的操作法则是，当股价已经有了很大的涨幅，又公布了要进行分红的消息，投资者就应该离场了，并暂时不再交易这只股票。这时投资者需要做的是寻找下一个机会，等到这只股票发出将产生向上或向下单边运行的信号之后，再行介入。

| 专业解读 |

对江恩在这段落中所讲述的问题，A股投资者很容易心领神会，这就是我们常说的高送转中的猫腻，也是目前监管部门在努力打击的一个市场不合理情况。

市场主力和上市公司串通一气，疯狂拉抬股价，之后借高送转的噱头和高送转导致的每股价格下调而大肆出货收割散户，而出货完毕的高送转股票价格一落千丈，损害投资者利益，这种情况应该得到监管部门持续的控制和处罚。

公司的实际控制人

在投资者对其交易的股票进行背景了解过程中，有一项非常重要的内容——就是要知道这家公司的控股权掌握在谁手中，是谁在管理这家公司。被 J.P. 摩根看好的上市公司，或者是由 J.P. 摩根管理的公司，市场表现总是不错，这是因为只有当摩根认可一家公司的未来巨大潜力时，才会将资金投入到这家公司。被杜邦公司看好的公司通常也都比较优秀。所以，当投资者寻求成为一家公司的股东时，可以追随着这些成功机构的脚步。当然，投资者还要选择正确的介入时机。

美国钢铁的最佳买入时机并不是在它第一次重组的时候，而是在股价跌到 10 美元左右时，从走势图上来看这是它最后一个底部了。此时摩根出现在该股的股东名单中，这些情况就表明该股有最终能走势良好的潜质。尽管美国钢铁的股价多次从顶部下跌 50~75 个点，但随后总能走高。从它的行情图中可以看出，该股价格在每次创下新高之后都回调到前一次的高点位置，然后重回上涨通道，再次创出新高。

1921 年，当 J.P. 摩根和杜邦公司从杜兰特那里接管通用汽车时，该股的价格在 15 美元左右，随后股价延续下跌态势直至 8.25 美元，接下来一直处于窄幅震荡的行情之中，直至 1924 年，该股的大趋势才转头向上。当投资者知道这家公司是掌控在摩根和杜邦公司手里以后，就应对关注该股的买入时机会在何时出现，因为种种迹象表明，他们会让这家公司走向成功，但操作不必急于一时。投资者需要等待三年的时间，然后在接近底部时买入该股，最终可以快速收获丰厚的盈利。

国民城市银行（National City Bank）是世界上最大的银行之一，近年来开始关注并介入了很多公司，这些公司后来都运营得很成功，但是它们的股价总会有见顶之日，届时就应全部卖出。当一些上市公司的股票价格见底，并且被大型金融机构看好，同时行情图又显示其趋势将再次向上时，投资者及时跟进这些股票就会获利丰厚。

很多好公司毁于管理不善。在杰伊·古尔德（Jay Gould）将铁路公司重整和壮大之前，总有人宣扬他会毁了铁路股。过去有一种在职业投资者中广为流传的说法——"卖空古尔德公司的股票"。伊利铁路是另一家长期经营管理不善的公司，它的股价如同被注了水一样。公众投资者曾多次在这只股票上亏得血本无归，因为该公司多次因破产而被托管于清算管理人。

已故的 E.H. 哈里曼（E.H. Harriman）曾在 1896 年接管了联合太平洋公司，当时该公司已破产，而哈里曼使其成为了日后美国最伟大的铁路公司之一。该股曾在 24 年的时间里，持续向投资者支付 10% 的分红。哈里曼是一位极具开创性的建设者，那些买入该公司股票的投资者认为，公司在他这样一个管理者的领导下，就一定能持续盈利。管理不善可以毁掉一家好公司，而良好的管理可以让一家差公司焕发生机。

| 专业解读 |

这段内容不难理解，判断一只股票的优劣，除了财务数据和技术走势形态，谁是公司的实际控制人也是一个重要的因素。在优秀的实际控制人手里，公司会不断进步，给投资者带来丰厚的回报，而一旦落入资本"屠夫"或者水平能力较差的控制人手里，即使目前的财务数据还不错，公司也可能因为管

理者能力问题而公司走上下坡路，因此对于这种股票，投资者要适度回避。

利率、债券和股票价格的联动关系

对于投资者来说，研究利率水平和债券的平均价格，并把它们与股票平均指数进行对比有着非常重要的意义（如图 5-17 所示）。投资者可以通过观察发现利率水平是如何影响债券价格的，也可以观察到债券价位的高低点与股票平均指数的高低点之间的差异所在。通过利率的调整投资者可以推测出债券价格的下跌或上升，而从债券价格的变动也可以推测出股票市场将会如何反应（这张多年来的利率走势图可以告诉你短期便利借贷的利率较高时市场会如何，这一利率水平下降又意味着什么）。

股市历来都会随着利率攀升期的出现而逐步走低，每次的区别主要是时间早晚的问题。偏高的利率意味着贷款在增多，也意味着货币的供应在趋紧，而这一情况迟早会让投资者不得不卖出手里的股票来偿还贷款。然而如图 5-17 所示，偏低的利率却不一定总代表市场将会迎来一轮牛市，或者说股票将会出现上涨。利率极低就意味着投资者群体对货币的需求非常小，这与货币利率极高时的情况恰恰相反。当利率很低，或者至少是低于正常水平时，往往都是经济形势不佳的时期。所以，当外部经济环境惨淡时，大多数上市公司也难以有较好的盈利表现，也就无法提升分红的力度。而当经济状况开始好转时，利率就会逐步提高，股市会随着货币市场而进行波动，或者会稍微提前有所动作。

1914 年 12 月，股票的平均价指数见底，到了 1915 年 9 月，债券的平均价格才见底，这就是说债市见底的时间比股市晚了大约 9 个月。

1915 年 11 月，股票价格见顶，而债券价格见顶的时间为 1916 年 1 月。

随后债券价格一直没有出现反弹，而是继续走低，直到 1917 年 12 月见底。股市在 1917 年出现过反弹，美国钢铁的股价在 1917 年 5 月还到当年年度的最高点。

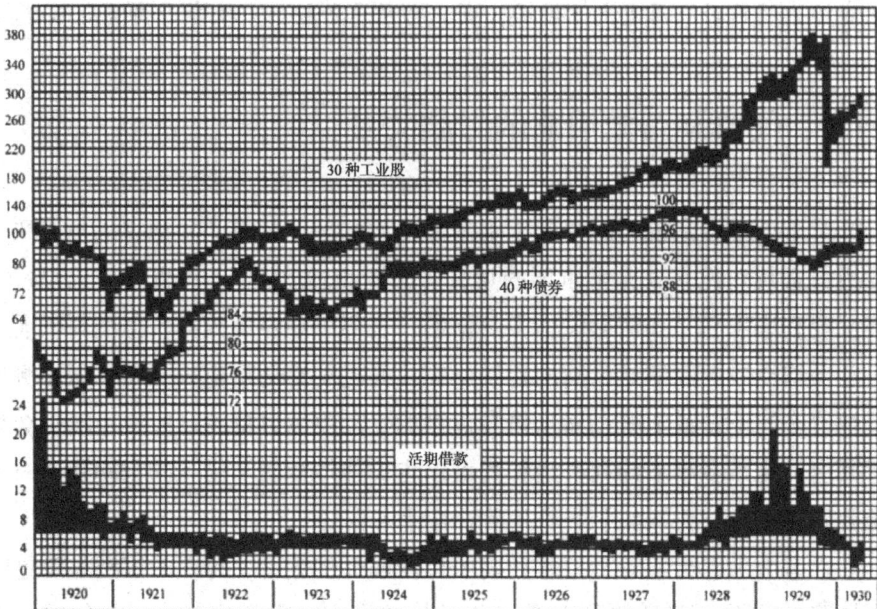

图 5-17　道琼斯 30 只工业股、40 只债券和活期借款

1917 年 12 月，股市见底。1918 年 5 月，债券价格见顶，不过这只是一次小幅反弹后的高点。1918 年 9 月，债券价格再次触底，而且点位与 1917 年 12 月的底部价位相同。这就是投资者所说的双重底，是个可以买入的价位。从这个时间点开始，股票的价格稳步上升，并不断走高。

1918 年 11 月，债券价格达到反弹后的最后一个高点，接下来就开始下行。在债市走低的过程中，股市在 1919 年经历了一个盛大的繁荣期，指数在 11 月见顶。

股市最后的高点比债市的高点晚到了一年。1920 年 5 月，债市触到了最终的大底，1920 年 12 月股市见底，这种情况说明市场有反弹的预期。

1920 年 10 月，债市达到了反弹后的高点，随后是一波急跌，在 1920 年 12 月达到了次级低点。1921 年 5 月，股市达到了反弹后的高点。而债市反弹后的高点在 1921 年 1 月出现，1921 年 6 月，债市出现了这波行情的最后一个低点，这个低点的点位比一年前的终极大底略高，属于次级低点。

有些股票在 1921 年 6 月见底，但是大多数股票是在 1921 年 8 月见底的，这也是最终的终极底部，随后展开了一波大幅上涨的牛市行情。这比债市见底的时间晚了 16 个月。1922 年 9 月债市见顶，而股市继续上行，直到 1923 年 3 月达到更高点位，随后有一次回调。

1923 年 3 月，债市在回调后见底，而同一时间，股市却出现见顶形态。债市窄幅震荡了很多个月，在 1923 年 10 月出现最后的低点。股市也在 1923 年 10 月见底，接下来反弹持续到 1924 年 2 月，并在 1924 年 5 月出现最后的低点，不过有些股票直到 1924 年 10 月才见底。在柯立芝当选为美国总统后不久，股市开始回升。在股市进行最后这次回调的过程中，债券市场正缓步走高。

1926 年 2 月股市见顶，随后 3 月出现了一次深度的破位下跌。1926 年 8 月，股市在更高的点位见顶，接下来在 1926 年 10 月出现了一波急跌。债市见顶的时间为 1926 年 5 月，此后到 10 月这一阶段，债市一直都是窄幅震荡的行情，当债市在 10 月出现最后一个低点后，就拉开了上涨行情。

1928 年 1 月和 4 月，债市见到最后的顶部，价位都恰恰比 99 美元高一点，但却没到 100 美元，这就说明在 100 美元附近可能有沉重的卖压。毫无疑问，很多投资者没能在正确的时间出局，如果他们一直保留行情的走势图，并观察到债券的价格连续几个月横盘运行在相同的位置，没有什么太大的起色，他们就应该知道这里的卖盘沉重，应当卖出手中的债券，还有一个原因就是利率在此期间一直在升。

1928 年 4 月，债市的走势开始掉头向下，1928 年 8 月见底，随后有一次小的反弹，该反弹在 1928 年 11 月结束。同期股市一直在涨，并于 1929 年 9 月 3 日见到最终的顶部，这比债市见顶的时间晚了大约 20 个月。不过，纽约证券交易所中全部股票的平均价格在 1928 年 11 月到达了极高点，这个情况是投资者必须要知道的。

1929 年 8 月债市见底，但是这次的底部点位比 1929 年 10 月的底部点位略低，接下来 1929 年 12 月有一波反弹，而在 1930 年 1 月又出现小幅回调，1930 年 4 月债券价格开始走高。之所以要关注利率和债券市场，就是因为投资者会发现它们对于判断股票价格的走势有很大的帮助。

专业解读

股市和利率以及债市有明显的联动关系，一般来说，股市与利率和债市是跷跷板效应，利率和债市上升期，股市往往都会出现下行，而利率和债市下降期，股市的表现并不一定是牛市，但是至少要么是在筑底，要么会出现回升甚至上涨。

出现这一情况的原因，主要有三种。

第一种叫投资品种之间的替代效应。如果利率很高，或者债市上涨得很好，投资者可以用较低的风险获得较高的收益，那么去冒较大风险买入股票来获利的投资者就会减少，从而改变了股市的供求关系。

第二种是资金成本的问题。有部分投资者会通过借贷或者其他手段来获取资金参与股市，很多市场主力和金融机构也是如此，但是借贷就需要支付利息，如果股市经历了大涨之后，涨幅开始逐渐降低，在股市的获利在支付了资金占有成本产生的费用之后，所剩无几，甚至是亏损的话，那么投资者将撤离股市，卖出股票变现去归还借贷来的资金。

第三种是经济大环境的影响。利率上升期的初期通常伴随着经济好转，企业对资金的需求量增加，而经济的好转对上市公司的业绩有直接提升，从而导致股价上涨。但是在利率上升期的末期，企业可能会因为资金成本太高而出现利润增速下降，同时投资者的资金成本也出现上升，从而给股市造成负面压力。

因此理解利率、债市和股市三者之间的关系，对投资者判断股票市场未来趋势有帮助，将这种判断方式和技术分析以及基本面分析叠加使用的话，可以增加判断的正确概率。不过要注意一个关键问题，那就是三者之间的联动是有时间差的，投资者要对这个时间差有一定的理解和把握，否则会因此导致具体的操作时间点选择出现过迟或者过早的问题。

第六章　投资者应如何交易

很多让投资者赚取了丰厚回报的行为，都是在股票的价格经历长时间持续上涨的过程中实现的，但是持股去苦等股价出现长时间上涨通常很不划算，投资者要学会判断当前市场处于牛熊周期中的哪个位置，以及市场是否已接近派发的阶段。假设投资者买入一只股价处于中低价位的个股，之后持股等待上涨趋势的出现，而这只股票在其持股期间内没有进行过分红，那该投资者就必须计算一下其投入的资金要支付多少利息（或这笔资金如果存入银行的话，同期可能产生多少利息），除非到最后该投资者的盈利足以支付这些利息且略有盈余（或投资者的盈利高于同期银行利息），否则选择持股苦等上涨趋势的操作就明显不划算。很多投资者买入低价股之后，就持续持有数年时间，最终卖出时有 5 个点的盈利，还以为是赚钱了，但如果他们计算一下投入的资金在这几年中可以产生的复合利息收益，就会发现自己取得的收益率实际并不高，而在此期间，他们实际上是在拿这笔资金冒险。

投资者应该何时兑现盈利

当我提到投资者时，我指的是那些想靠股价长时间上涨而获利的市场参与者，或者是那些买入股票后，坚持持股数年的市场参与者。投资者必须要有些可靠的分析与操作体系，能让他们在股价下跌至接近最终底部时买入，而当投资者准确地把握住买入时机之后，就应当将股票一直持有到牛市结束时再卖出。不必过于在意这一波牛市行情中的那些小幅波动，但是要坚持研究该股的行情走势图，判定它的走势何时趋弱，并留意牛市结束的迹象，以便在正确的时机将手中的股票卖出。

纽约中央铁路——在我 1923 年上半年完成的《江恩股市操盘术（专业解读版）》一书中，我曾将纽约中央铁路选为最值得投资者买入的个股之一。在此，我列出该股价格从 1921 年 6 月的低点到 1929 年 9 月的顶部之间的价格变动情况，其中显示了比较关键的股价上涨和回调趋势，这些迹象都展现了股价整体向上的主要趋势。股价的顶部在稳步抬高，底部也是一路上移。在这个过程中，投资者要留意的最重要一点，就是最佳的卖出价位在哪里。按照我的操作法则，就是要留意股价发起的最后一波冲刺上涨走势和达到行情"沸点"的时刻，这样的最后冲刺行情可能会持续 7~10 周不等。

纽约中央铁路的股价从 1921 年 6 月的低点 65 美元启动，在 1922 年 10 月见顶于 101 美元。11 月股价回调至 89 美元，下跌幅度为 12 个点。1923 年 6 月，该股股价为 104 美元，7 月又回调至 96 美元，下跌幅度为 8 个点。1923 年 12 月该股股价的高点是 108 美元，随后回调至 100 美元，下跌幅度又是 8 个点。在 1924 年 2 月到 4 月期间，该股价格在 100 美元这一价位获得支撑，接下来股价上涨并突破至一个新高区域，预示着股价的上升空间已经打开。1925 年 2 月，股价见顶于 125 美元，3 月和 6 月都曾回调至 114 美元，下跌幅度为 11 个点，但这两次回调的幅度都小于 1922 年 10 月从第一个顶部开始的那波回调，股价仍然呈现出向上的趋势。1925 年 12 月，该股股价达到 136 美元；在 1926 年 3 月，当大多数股票都陷入恐慌性下跌之中时，其股价也跌至 117 美元，跌幅为 19 个点，但是并没有跌破 1925 年的低点 114 美元，底部的抬高就表明该股股价的上涨趋势依然强劲。所以，此时投资者应该继续持股，而不是将股票卖出。

1926 年 9 月，该股创下 147 美元的最新高价，随后出现回调，10 月股价跌至 130 美元，下跌幅度只有 17 个点，并没有比 1926 年 3 月那次股价回调的幅度更深，上升趋势保持不变。因此投资者不必在意这次回调，可以继续持股待涨。1927 年 10 月，该股股价见顶于 171 美元，1928 年 2 月股价见低于 156 美元，下跌幅度为 15 个点，上升趋势仍然维持不变。1928 年 5 月，股价再创新高，达到 191 美元。1928 年 7 月，股价又回调到 160 美元，此次下跌幅度为 31 个点，这是自 1921 年以来跌幅最大的一次回调，是抛售压力趋于沉重的预警。不过，该股股价没有跌至 1928 年 2 月的低点 156 美元，这说明其整体趋势还是向上的，因为股价从未跌破过这波上涨行情启动之初的前期底部，或是涨势启动时形成的支撑位。1929 年 2 月，股价的高点为 204 美元，1929 年 3 月和 4 月均出现回调，股价的低点是 179 美元，下跌幅度为 25 个点，但本次的回调幅度还是小于 1928 年 7 月的那次回调。从这个价位起，该股的股价展开了最后一次的上涨走势，一直延续到 1929 年 9 月，股价在 257 美元见顶才止步，四个月里股价累计上涨幅度为 78 个点。

现在我们假设投资者不知道市场将在 1929 年 9 月和 10 月发生恐慌性下跌，因此他们不会在这个顶部将手里的股票卖出。要知道如何判断正确的卖出时机或者如何最合理地设置止损单，投资者应该回顾此前的成交记录，先找出此前股价从顶部向下回调幅度最深的一次，也就是从 1928 年 5 月的顶部 191 美元调整到 1928 年 7 月的低点 160 美元的那一次，这次回调幅度为 31 美元；接下来较为重要的一次回调下跌幅度为 25 个点，时间是从 1929 年 2 月到 1929 年 3 月和 4 月。这时要用到的操作法则为：当一只股票已经出现了最后一次的上涨走势，并达到行情"沸点"时，止损单就应该设在最后一个顶点价位减去相当于上次回调幅度的点位上，或者说是在最后一个顶点价位减去上次回调过程中跌幅点数后的价位上。所以，投资者应该在低于顶点价格 25 个点的价位上设置止损单。那么，当股价为 257 美元时，止损单就应该设置在 232 美元。后来的情况是，当该股股价跌破 232 美元这一价位后，一直到 1929 年 11 月跌到 160 美元之前，这个时间段内再没出现过比较大幅度的反弹，这次下跌的幅度为 97 个点。而这次下跌后的又一个买点出现了，因为该股股价已经跌去了近 100 个点，而且再次回到当初 1928 年 7 月这波上涨行情启动时的价位。1928 年 2 月的低点是 156 美元，所以如果投资者以 160 美元再次买进的话，就应该把止损单设在 155 美元，这正好是前次低点价位的下方。纽约中央铁路的股价在 1930 年 2 月上涨至 192 美元，1930 年 3 月的低点是 181 美元，2 月的低点为 178 美元。因此，投资者在目前，1930 年 3 月这个时间点应该把止损单设在 177 美元。

如果有投资者按照我在《江恩股市操盘术（专业解读版）》一书中所制订的交易计划进行操作，最初在 1921 年以 65 美元和 66 美元左右的价格买入 100 股纽约中央铁路的股票，随后按照我们刚刚给出的法则一路跟进，那么这位投资者会在股价下跌至 232 美元时，因止损单被触发成交而出局，这样每股就获利 167 个点，即 16700 美元的盈利，而且在持股的这段时间内，他还获得了该股的全部分红，他的投资取得了非常丰厚的回报。假设投资者最初购买 100 股时花费 6500 美元，那么当股价为 130 美元时，他的浮动盈利就已经有 6500 美元之多，假设股价再上涨 100 美元，即以前文所述的 232 美元价格售出，这时投资者所得金额几乎是他原始本金的 4 倍，或者说他在八年多的时间里投资的收益率 400%，也就是说平均每年的收益率达 50%，这就证明了靠股价长时间持续上涨获取收益是值得的。当然，如果采用金字塔交易法，在股价每上涨 10 个或 15 个点时各追加买入一次的话，盈利还会更丰厚，不过一般投资者应该不会采取这种操作方法。当市场朝着有利于投资者的方向运行时，采用金字塔法进行加仓的次数也会越来越频繁，投资者随之承受的风险也会逐步增加。

专业解读

江恩通过案例已经把他的兑现盈利方式，或者说卖出过程中的择时与操作技巧讲得比较清楚了，这里只简单总结归纳一下。

首先，江恩虽然在前文中讲过很多短线投资技巧，但是本质上江恩更鼓励投资者通过长线投资获利，而非频繁地短期快进快出。而江恩鼓励的这种长线投资又不同于巴菲特的价值投资这种超长线投资，江恩的长线投资主要指针对市场牛熊周期进行长期持股获利，或者根据个股的实际情况，在个股经历长期下跌并出现扎实底部之后，跟进股价长期持续上涨的行为，持股周期最少数月，多则数年。

其次，在对具体的卖出时机进行把握和操作的技巧方面，江恩的主张与我们通常所听闻的"在一波持续上涨行情中、放弃鱼头（上涨启动阶段）、放弃鱼尾（最终冲刺上涨阶段）、只吃鱼中段（个股持续上涨过程中的主升浪阶段）"的思路不同。

在江恩于文中所述的操作方式中，鱼头是要一并吃进的，鱼中段毫无疑问也要拿到手，但是对于鱼尾，江恩的处理方法是先拿到再放弃，最终投资者按照江恩的操作模式收获的是"鱼头＋鱼中段"部分的盈利。出现这一区别的主要原因是，江恩认为在自己的能力范围内，判断股价是否跌到最低点相对比较容易，但是无法保证能准确判断出股价最终非理性上涨可能冲刺到的高度，因此采用了这样一种操作模式。

江恩在对卖出时机的把握上，分为以下两个主要步骤。

1. 观察和判断股价是否出现或进入到最终冲刺上涨行情中，如果股价已经出现或者进入最终冲刺上涨行情中，投资者应将之视为警示信号，不再加仓买入，随时观察情况并准备择机退出，与此同时记录各阶段的中短期顶部和底部，以及近期的历次回调幅度。

2. 当股价结束最终冲刺上涨行情并创下巅峰价格之后，股价回落的幅度大于此前的回调幅度或跌破股价在巅峰价格形成过程留下的颈线位时，投资者因将之视为触发卖出信号，坚决卖出股票兑现盈利。

如图 6-1 所示，B 阶段的回落幅度明显大于 A 阶段的回调幅度，且跌破上涨通道下沿，投资者应当考虑卖出股票兑现盈利。

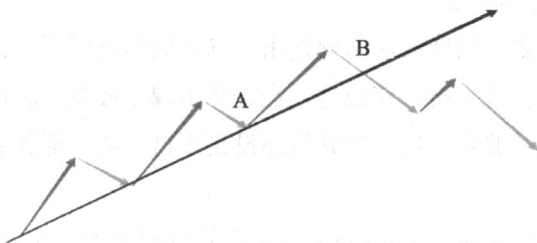

图 6-1　股价回落幅度明显大于此前回调幅度示意图

如图 6-2 所示，前期高点和近期回调低点组成的支撑线——颈线位被跌破，投资者应当在跌破颈线之后的 A 点下方考虑将股票卖出兑现盈利。

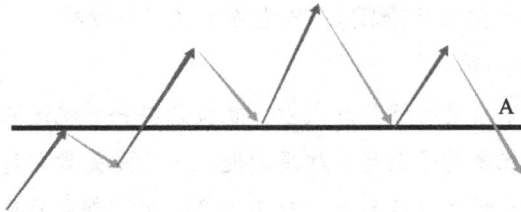

图 6-2　股价跌破巅峰价格形成过程留下的颈线位示意图

除上述两种情况外，如遇到股价上涨至前期历史高点附近但是没有突破的情况，江恩可能会选择暂时卖出，再根据后续情况决定是否要在低位买回，做一个中期价差。

另外，江恩比较喜欢通过止损单的成交来完成高位减仓变现，而非主观的人为去进行判断，并且企图恰好卖在最高点上，他认为在鱼尾位置上部分获利回吐是能在交易中持股跟进到最终阶段而必要付出的成本。

投资者应当关注的重点

真正的投资者，即那些想通过股价长时间持续上涨来获取收益的市场参与者，他们看盘时最应该关注的重点是：股价的大幅单边运行、股价历次回调的幅度和历次回调持续的时长。

投资者首先要按照选股法则挑选出正确的股票进行买入，之后只要股价的趋势保持向上，就保持一路跟进。当趋势出现了改变，转而下行时，投资者就应当将手中的股票卖出，到其他还没出现过大幅上涨的股票中寻找新的投资机会。

南方铁路（Southern Railway）——我们可以从南方铁路历年的交易数

据中看到，1902 年它的价格高点为 41 美元，随后在 1903 年跌至 17 美元，1906 年股价见顶于 42 美元，仅比 1902 年的顶点价位高出 1 个点。1907 年与 1908 年的低点都是 10 美元，1909 年的高点价位是 34 美元，而随后的三年时间里股价多次在 33 美元到 32 美元附近受阻。1915 年，该股股价下跌至 13 美元的底部，随后在 1916 年又涨到了 36 美元，仅高于 1909 年的高点价位两个点。接下来，在 1917 年、1918 年、1919 年和 1920 年期间，该股股价都是在 34 美元到 33 美元附近见顶回落，并从这一高点价位出现了一波下跌，在 1920 年、1921 年和 1922 年期间，股价均在 18 美元见底。该股价格在这样一个价位区间内横盘整理了近三年，而在这段时间内股价的底部比 1915 年的底部略高，预示着股价将有上涨。1922 年，当该股价格突破了 1921 年的高点 24 美元时，表明股价还可以继续攀升。接下来在 1923 年，当该股价格突破 36 美元，越过 1906 年以来的所有高点并在之上站稳时，再一次显示股价的上升空间已经打开，而且会成为牛市早期的领涨股。1924 年的上半年，南方铁路的股价一举突破 1906 年的高点 42 美元，这个价位曾是该股的历史最高点。它在 18 年后突破了这个历史顶部，表明股价将有更大的涨幅，已经在较低价位买入该股的投资者此时应该进行加仓，并在股价上涨的过程中采用金字塔交易法一路跟进。1928 年，该股股价上涨到 165 美元，随后在 1929 年 11 月跌至 109 美元。对于这种创下年度新高，随后底部不断抬高，并最终突破了历史极高价位，上涨至全新价格区域的股票要加以研究。它们都是可以让投资者获利丰厚的股票。

在我于 1923 年初所写的《江恩股市操盘术（专业解读版）》一书中，大家可以看到我选中了美国制罐、岩岛炼油（Rock Island）和南方铁路这几只股票，并预判它们的价格将出现大幅上涨行情。这些股票的表现都不错，如果投资者也采用同样的法则去鉴别处于类似形态的股票，他们也可以正确地选出未来具有大幅上涨可能性的股票。

| 专业解读 |

本段内容和上一段内容有联系，简单归纳一下，江恩比较看重的一些股价运行中的重点包括：

（1）前期高点 / 低点价位、近期高点 / 低点价位；

（2）股价单边上涨 / 下跌的幅度；

（3）股价历次上涨 / 回调的持续时间。

要计算股价的走势是否出现本段和前文所述的各种见顶和卖出信号时，这些情况和数据都是重要的依据，值得投资者在日常中留意，尤其是对于投资者正在持股交易的个股，这些数据都应当用纸笔进行记录，以方便及时发现问题。单纯看软件自动生成的图形走势，容易忽略一些关键点。

买入上市多年或资历深厚的股票

投资者最应该回避的事情之一就是去买入新公司的股票，除非对这家公司的未来非常有把握，但是预期和现实总有巨大的差异。即使是那些最优秀的风云人物也会犯错，在新公司上市之初，他们中的大多数会变得过于乐观，预计这些新股会发生一些前所未有的利好事件。因此，对于那些寄希望于在长线投资中获取盈利的投资者来说，最安全的交易法则就是买进上市多年或资历深厚的股票。如果一只股票已经在上市后存续了 20 多年，而且有着良好的分红记录，投资者就应该回顾它过往的交易记录，在其行情走势图显示出低点时买入，接下来就等到股价完成最后的上涨趋势之后进行卖出。这些上市多年或资历深厚的股票之所以在最后阶段股价急速冲刺，就是因为老股票在经过了这么多年的运行之后，几乎所有筹码都掌握在投资者手中，市场上的浮动筹码数量稀少。因此，当买方需求量开始增加并持续扩大时，该股股价就会产生快速攀升的走势，当股价上涨至投资者愿意大量出售股票的价位，抛盘会抑制股价上涨的脚步。

艾奇逊铁路（Atchison）——在《江恩股市操盘术（专业解读版）》一书中，我们于 1921 年将艾奇逊铁路作为铁路股中比较优秀的一只个股推荐给大家（该股历经多次重组与更名，当时全称为艾奇逊·托皮卡·圣塔菲铁路，以下简称艾奇逊）。

这家公司于 1895 年进行了重组并更名，到 1921 年，距离它上市已经 26 年了，期间有着良好的分红记录。1921 年 6 月，艾奇逊股价的低点是 76 美元，1922 年 9 月，股价的高点为 108 美元，1922 年 10 月股价的低点是 98 美元，期间下跌幅度为 10 个点。1923 年 3 月的高点为 105 美元，1923 年 10 月的低点是 94 美元，从 108 美元的高点算起，总计跌幅为 14 个点。因为股价并没有跌破底部下方 3 个点的价位，大趋势依然是向上的。1925 年 3 月的高点为 127 美元，1925 年 6 月的低点是 117 美元，跌幅为 10 个点。1925 年 12 月，股价的高点为 140 美元，1926 年 3 月的低点是 122 美元，跌幅为 18 个点。考虑到当时市场处于恐慌性下跌中，一些高价股的跌幅甚至达到 100 个点，因此艾奇逊的这次回落可以说是个小幅回调。其股价走势仍然很强，投资者应该继续持有该股。1926 年 9 月，艾奇逊股价的高点为 161 美元，1926 年 10 月的低点是 142 美元，下跌幅度为 19 个点。不过主趋势仍为上行，投资者还应继续持股。1927 年 4 月，股价的高点达到 201 美元。按照我的交易法则之一——当股票的价格运行到 100 美元、200 美元和 300 美元或者其他整数点位附近时，通常会遭遇到沉重的抛压，股价会出现一些回调。掌握这一法则的投资者就会在高位抛掉该股，然后再以较低的价格买入。然而，大多数不了解这一法则的投资者并不知道趋势会在这里发生改变，而它的行情图上没有提示这一变化的迹象。

1927 年 6 月，艾奇逊股价跌至 181 美元，下跌了 20 个点，底部还在上移，仍然展现出上升的趋势。1927 年 12 月，股价的高点为 201 美元，与 4 月的高点持平。投资者可以再一次在这个点位将股票卖掉，但该股的整体趋势并未转为下行。1928 年 3 月，股价的低点是 183 美元，跌幅为 18 个点，底部继续在抬高，股价的上涨趋势维持不变。投资者此时应该将止损单设置在 178 美元，或者是近期低点 183 美元这个价位下方 3 个点的位置上。1928

年 4 月，该股股价的高点为 197 美元，这次的顶部略微出现了下降。1928 年
6 月的低点是 184 美元，下跌幅度为 13 个点。如果此前投资者将止损单设置
在 1928 年 3 月的价格低点 183 美元下方 3 个点的位置上，那么他的持股仍然
是安全的。在这里，该股股价第三次出现了抬高的底部，说明它有再产生一
个更高顶部的可能性，股价还有上涨空间。1929 年 2 月，股价上涨至 209 美
元，创下了历史新高，显示股价上涨的空间已经打开。1929 年 3 月的低点是
196 美元，回调幅度为 13 个点，这个回调的幅度刚好与上一次回调幅度相同。
1929 年 8 月，股价高达 298 美元。因为没能突破 300 美元这个整数关口，而
且该股已经出现过最后一次冲刺上涨行情，这些迹象都表明股价已经见顶。
因为最后两次回调的幅度都是 13 个点，所以投资者应该在持股跟进的同时，
将止损单设置在距离前期高点下方 13 个点的价位上。这样的话，如果止损
单被触发而成交的话，投资者会在股价跌至 285 美元时出局。1929 年 11 月，
艾奇逊的股价跌至 200 美元，从顶部计算，这次下跌的累计跌幅为 98 个点，
这又形成了一个买进的机会，因为这一次的跌幅将近 100 个点，而同时这个
低点又比 1929 年 3 月的低点高出了两个点。

如果投资者在 200 美元左右买入，他应该将止损单设置在距成交价 5 个
点的价位上。1930 年 3 月，也就是眼下我正在撰写这本书的时候，股价上涨
至 242 美元，止损单应该设在 227 美元，即 1930 年 2 月低点的下方。1929
年 11 月，艾奇逊的股价在 200 美元时值得买进的原因之一是，艾奇逊的股价
从 1929 年 1 月到 5 月盘整了五个月，底部一直在 196 美元附近。当时投资者
在 196 美元持续买入该股，表明这里是一个很强的支撑价位，而当它股价再
次停滞在 200 美元，无法进一步下跌时，就说明有投资者仍然愿意以略高于
上次的价位买入所有的筹码。由此可见，这是一个正确的买入时机，后市至
少可以期待出现一次中期反弹。

AT&T（American Telephone & Telegraph，即美国电话电报公司）——这
只股票在 1920 年被证明是一个极佳的投资标的，它不仅让投资者获得了巨
额的盈利，还让他们得到了大笔的分红。该股股价出现了大幅上涨，期间只
有几次小幅度的回调，这些上市多年或资历深厚的股票之所以回调幅度这样

小，主要原因之一是，它们主要被掌握在长线投资者手中，而这类投资者不会在反弹时卖出，也不会在股价下跌时由于恐慌而卖出，这一点与职业交易者不同，职业交易者会使用保证金交易，并且更愿意以做价差的形式在热门概念股上进行中短线交易。在交易这些优质老牌股的过程中，要在其股价处于低位蓄势期时买入，而非在其股价接近顶部的时候再买入。

AT&T 是一家上市已久的公司，对该股多年来的高低点价位进行回顾与复盘是一项很重要的工作。1902 年该股股价的高点为 186 美元，1907 年恐慌性下跌时的低点是 88 美元。下一个高点出现在 1911 年，股价见顶于 153 美元，接下来的低点出现在 1913 年，低点价格为 110 美元，而高点为 1916 年的 134 美元，1918 年的低点是 91 美元。在这个位置上出现了一个有强力支撑的买入机会，因为在 1907 年恐慌性下跌时，该股股价曾跌到了 88 美元。因此，在接近这一低点水平的任何价位投资者都应该买入该股，并将止损单设置在 85 美元，或者距离早期低点下方 3 个点的价位上。

研究这些顶部和底部的价位非常重要。1918 年 2 月该股股价的高点为 108 美元，8 月的低点是 91 美元，10 月的高点为 108 美元，12 月的低点是 98 美元。1919 年 3 月的高点为 108 美元，4 月的低点是 101 美元，6 月的高点为 108 美元，12 月的低点是 95 美元。1920 年 3 月的高点为 100 美元，7 月的低点是 92 美元，9 月的高点为 100 美元，12 月的低点是 95 美元。注意到 1919 年和 1920 年的底部都略高于 1918 年 8 月的底部，这表明股价在这里得到了良好的支撑，这里应该是个买入机会。

该股曾 4 次在 108 美元左右见顶，1921 年 5 月该股股价再一次上涨到 108 美元，但在 1921 年 7 月仅回调到 102 美元，再一次出现了底部的抬高，显示出股价在这里有很强的支撑。这时候，如果投资者已经在接近底部时买入了该股，并且想采用金字塔交易法的话，那么加仓的点位应该是在股价突破 110 美元时，因此这个价位已经越过前期顶部 108 美元。该股价格继续逐年走高，顶部和底部都在不断上移，显示整体趋势为上行。1928 年 5 月，该股股价达到 210 美元，1928 年 7 月回调到 172 美元，但没有跌破 1927 年 11 月的低点，但显示出整体趋势已经转为下行（这里可能是江恩笔误，按照实际情况应该是"显示出股价的整体趋势并非转为下行"）。

如果投资者一直在关注这只股票，或者投资者已经在 1924 年 12 月等到了买入该股的时机并买入的话，当股价到达 132 美元时，就应该加仓了，因为这个价位已经在 1922 年、1923 年和 1924 年的顶部之上了。

该股的最后一次冲刺上涨行情从 1929 年 5 月一直持续到 1929 年 9 月，股价从 205 美元涨到 310 美元，上涨幅度为 105 个点。这是股价最后的一个冲刺上涨阶段，特别是最后的波幅高达 105 个点时，投资者应该进行逢高减持，但是投资者或交易者并不知道股价究竟何时恰好见顶，所以投资者应该回顾一下上次回调的幅度，并将止损单设置在前期顶部减去上次回调点数的价位上。上一次的回调是从 1929 年 4 月的 238 美元跌到 1929 年 5 月的 205 美元，回调幅度为 33 个点。这样一来，当止损单被触发并成交时，投资者会在 277 美元时出局。如果当初他是在 100 美元左右买入该股的话，那么即使在最后的冲刺上涨行情中少赚 33 个点，也没有什么值得担心的。1929 年 11 月，该股股价跌到了 198 美元。这是一个可以买入的价位，因为股价从顶部算起已经跌了 110 个点，而且在 200 美元这样重要的整数关口附近，通常是有支撑力度的，无论股价是涨到这样的整数关口，还是跌到这样的整数关口附近，都会遇到向上或向下的阻力。如果投资者在这个价位附近再次买入，他应该关注股价回调的点位，并根据回调的幅度来设置止损单的价位。该股在 1929 年 12 月涨到了 235 美元，随后在 1930 年 1 月回调到 215 美元，幅度为 20 个点。1930 年 4 月股价上涨到 274 美元。所以投资者在持股跟进过程中，止损单应该设在高点下方 20 个点的价位上，或者直到他观察到更好的卖出信号为止。考虑到 AT&T 的股票已经有过最后的冲刺上涨行情，投资者不要指望它的股价还会重返 310 美元，至少多年之内它的股价都难以再次见到这个峰值。

大众燃气公司（People Gas）——该股从 1895 年到 1930 年的年高低点价格记录值得投资者仔细研究。1899 年，股价的高点为 130 美元，1907 年的低点是 70 美元，在 1913 年，该股再次上涨到了 1899 年的高点 130 美元。注意到该股股价从 1909 年到 1917 年，低点一直徘徊在 100 美元到 106 美元，这就显示出在这些年里，股价于 100 美元附近得到了很强的支撑。该股之前数年的趋势一直向上，投资者早已对这只股票产生了强烈的信心。当 1918 年它跌破了 100 美元时，就说明一定是什么地方出现了问题。投资者应该卖掉手中的股票，职业交易者应该开始做空该股。1920 年，股价跌到了 27 美元，随后该股进行了非常充分的蓄势整理，价格重拾升势。1926 年，股价突破了 1899 年和 1913 年的高点 130 美元，能够突破这个价位就预示着该股股价的上升空间已经打开，投资者和职业交易者都应该加仓买入。接下来股价出现了巨幅的上涨，1929 年该股在 404 美元见顶，随后公司宣布分红。

美国钢铁——在很多时候，我都把美国钢铁当做经典案例，这并不是因为我的理论或法则无法在其他股票上得到验证，而是美国钢铁作为普通民众最熟知的股票之一，它的波动情况最为民众所了解。这里回顾一下美国钢铁从 1902 年 3 月 28 日上市之日至 1930 年 4 月 7 日之间历次大大小小的波动情况。

美国钢铁在 1901 年 3 月的开盘价为 42.75 美元，4 月上涨到了 55 美元。作为一只有 500 万流通股本的新股，自然会需要很长时间来进行派发。1901 年 5 月 9 日市场出现恐慌时，该股出现了第一次大幅下跌，股价跌至 24 美元。7 月股价又反弹到 48 美元，随后回调到 37 美元。1902 年 1 月股价涨到 46 美元，但因为它没能触及前期的高点价位 48 美元，这显示这里是个卖出时机，投资者或职业交易者此时就应卖出手中的股票，并开始做空该股。

1902 年 12 月，该股股价下跌至 30 美元，1903 年 3 月股价上涨到 39 美元，不过再次出现了顶部下移的现象。1904 年 5 月，股价下探到 8.375 美元，这是该股历史上的最低价位。在这个价位附近，该股经历了大约 8~10 个月盘整蓄势。投资者应该在这个低位附近买入这只股票，或者也可以在 1904 年 9 月股价突破 13 美元时买进，因为 13 美元这一价格已经越过了 1903 年 11 月到 1904 年 8 月形成的压力位。1905 年 4 月股价见顶于 38 美元。因为没有突破 1903 年 3 月的高点，这预示着股价会出现一次回调。1905 年 5 月，股价下跌至 25 美元，并在这里获得了很好的支撑，显示该价位是个买入时机。

1906 年 2 月，该股价格上涨至 50 美元，仅比 1901 年 7 月的顶部高出两个点，1906年7月，股价回调到33美元；1907年1月，该股价格又上涨至50美元。因为股价没能突破1906年的高点，特别是股价还被压制在1901年4月的高点下方，这一情况表明此时应该卖出股票，开始做空。

在1907年3月的恐慌性下跌中，美国钢铁的价格跌至22美元，因为它刚好在1905年5月的低点下方，所以这里又形成一个买入机会。随后股价出现一波快速反弹，期间的回调幅度都很小。1908年11月，美国钢铁的股价涨至58.75美元，这是当时该股股价的历史最高点，突破了1906年和1907年的高点，以及1901年4月的顶部价位，表明该股已经准备充分，后市上涨的空间已经完全打开。所以，此后的每次回调都是买入的机会。1909年2月，美国钢铁的股价下跌至41.125美元。通过观察它的周线图可以看出，这里是一个底部，应该在此买入。随后该股股价就迎来一波大幅上涨，一直到1909年10月见顶于94.875美元为止，这期间的每次回调幅度都没有超过5个点，该股在顶部的成交量也创出历史峰值，它的周线图和月线图都显示出股价见顶的信号。

假设投资者或职业交易者在1909年2月股价接近底部时买入，或者在前期任何一个低点价位买入，那么在1909年2月的回调之后，如果他一直持股跟进并将止损单设置在前期顶点下方5~7个点的价位上，那他的止损单在股价上行过程中，一直不会有被触发的机会。对于等股价出现回调后再介入的职业交易者来说，如果他在观察到第一次的回调幅度为5个点以后，每次都在股价回调5个点后买入，同时把止损单设置在底部下方3个点的价位上，他的止损单也不会在股价一路上行的过程中被触发。有了这样的止损单设置方法，投资者采用金字塔交易法一路追涨加仓就能获取丰厚的盈利。

美国钢铁从1909年10月的顶部开始出现回调，1910年2月股价下跌至75美元，3月反弹到89美元，7月又跌至62美元，11月上涨到81美元；随后股价在1910年12月跌到70美元，接下来在1911年2月，股价又涨回82美元。应该注意的是，在这段时间内，总体来说股价的顶部和底部是在逐级下移的。该股三次在81美元到82美元见顶，这就说明这里是个适合对该股做空的价位，做空时把止损单设在这个高点上方3个点的价位上。1911年4

月，股价下跌到 73 美元，而在 1911 年 5 月，该股又一次上涨到了 81 美元，但还是没能突破 1909 年 11 月和 1911 年 2 月的高点。随后股价就出现了一次急剧的下跌，到了 1911 年 11 月，当美国政府提起诉讼要求解散美国钢铁公司时，该股股价暴跌至 50 美元。这是一个买入的机会，因为美国钢铁在 1901 年、1906 年和 1907 年都是在 50 美元见顶。所以，当股价下跌到早期的顶部价位时，早期顶部受阻形成的压力位会转变为支撑位，并提供适合买入的机会。

从这个价位开始，美国钢铁的股价一路上涨，1911 年 12 月股价涨至 70 美元，这里有大量的卖盘，导致股价随后出现了一次回调。1912 年 2 月股价下跌至 59 美元，底部在抬高，表明这里是一个买点，后市将有值得预期的反弹。1912 年 4 月，该股价格上涨至 73 美元，1912 年 5 月股价回调到 65 美元，底部继续抬高，股价又在更高的价位上获得了支撑，表明股价的反弹还会持续。1912 年 10 月，股价上涨至 80 美元，这次仍未能突破前期的高点价位。在这个点位上，投资者应该将手中的股票卖出，再次进行做空。1913 年 6 月，该股价格下跌到 50 美元，重新回到 1911 年 11 月的低位，这是一个买入机会，止损单可以设置在 1909 年 2 月的底部下方 3 个点的价位上，这个底部是股价此前最后一波大幅上涨的起涨点位。1915 年该股的股价恢复速度很快，此时的买盘非常踊跃。当股价突破了 63 ~ 66 美元这个价格区间后，走势已经相当强劲，后市值得看好，投资者和职业交易者应该加仓买进。1915 年 12 月，股价冲破了 80 ~ 82 美元这一带的压力带，一路上涨到 89 美元，可以看出最终股价的上升空间会很大。

1916 年 1 月，股价下跌到 80 美元，在前期顶部压力位转变来的支撑位上获得了支撑。1916 年 3 月，该股价格上涨至 87 美元。因为没有突破 89 美元，所以预期后市会有回调。1916 年 4 月，股价再次跌回 80 美元。毫无疑问，又一次形成买入机会，止损单可以设置在 77 美元。随后是一波上涨，美国钢铁的股价先是突破了 89 美元，接下来又突破了 94.875 美元，这是该股当时的历史最高价，预示着后市上涨的空间已经打开。1916 年 11 月，股价上涨至 129 美元；而在 1916 年 12 月市场的恐慌性下跌中，该股股价跌到了 101 美元；

1917 年 1 月，股价又反弹到 115 美元；1917 年 2 月，股价再次下跌到 99 美元。这是一个可以买入的价位，止损单可以设置在 98 美元，或者是在 1916 年的低点下方 3 个点的价位上。只要美国钢铁的股价能够保持在前期的顶部 95 美元之上，就算是仍然处于强势，后市可以继续看多。1917 年 5 月，股价上涨至 136 美元。这里出现了数笔历史上最大的成交，这时周线图和月线图都显示它的股价已经见顶，另外三点波动法则也可以佐证这个判断，表明其后市会出现下跌。1917 年 12 月，股价下跌至 80 美元，这个价位此前就已形成支撑位，在这里可以买入股票，后市反弹可期，止损单可以设置在 77 美元，以防趋势意外发生改变。

1918 年 2 月，股价上涨至 98 美元，1918 年 3 月又下跌到 87 美元。因为这个低点离以前的支撑位还很远，说明后市股价看涨。1918 年 5 月，股价涨至 113 美元，但却没能突破 1917 年 1 月的高点。1918 年 6 月，该股价格跌至 97 美元，1918 年 8 月股价上涨至 116 美元，这个价位刚好比 1918 年 5 月的顶部高出了 3 个点，这里的抛售压力很沉重。周线图显示股价已经见顶，此时应该卖空。1919 年 2 月，股价下跌到 89 美元，这个底部比 1918 年 3 月的底部高出了两个点，显示这里可以买入。 1919 年 7 月，股价又涨至 115 美元，不过因为没能突破 1918 年 8 月的高点，因此是一个做空该股的时机。1919 年 8 月，股价急跌至 99 美元，同年 10 月，股价见顶于 112 美元，但是这个顶部比 7 月的顶部要低一些，这又是一个卖空的信号，预示着股价将走低。1919 年 12 月，股价见底于 101 美元，这次的底部比前期底部高出了两个点，说明后市将有反弹。

1920 年 1 月，股价反弹后在 109 美元见顶，这次的顶部比 1919 年 10 月的顶部又低了一些。应该注意到的是，从 1917 年 5 月开始，该股的所有顶部都在不断下移，这与 1911 年和 1912 年出现的情况类似，都说明抛售压力较重。1920 年 2 月，美国钢铁的股价下跌至 93 美元，跌破了此前的支撑位，后市看空。1920 年 4 月，股价上涨至 107 美元见顶，再一次出现了顶部下移的情况，说明在这个点位上还可以再次做空。1920 年 12 月，该股股价跌至 77 美元，跌破了前期在 1915 年和 1917 年形成的支撑位 80 美元，表明股价仍有下跌空间。1921 年 5 月，股价上涨到 86 美元，6 月又跌至 70.5 美元。该股在这个价位上获得了良好的支撑，日线图和周线图都显示其股价正在筑底，此时可以买入并持股待涨。从该股此后启动上涨一直到 1922 年 10 月股价在 111 美元见顶为止，美国钢铁的顶部和底部都在不断抬高，每次回调过后，股价都会涨到比此前更高的位置。不过由于这次 111 美元的顶部价位没能突破 1919 年 10 月的历史顶部，说明后市至少还会有一次回调，股价所面临的阻力区间是从 1918 年 5 月开始形成的，阻力区间的价位范围大约是在 109~116 美元，只有突破了这个阻力区间之后，才能看涨后市的股价。

　　1922 年 11 月，股价跌至 100 美元，1923 年 3 月，股价上涨到 109 美元即见顶。这次仍未能到达上次 1922 年 10 月见顶时的价位，后市看跌。1923 年 7 月，股价下跌到 86 美元，8 月又反弹到 94 美元，而到了 1923 年 10 月，股价又一次跌到了之前的底部 86 美元。该股在此价位附近，持续筑底的时间长达数月，显示出股价在这里有很强的支撑，这个价位是个买入机会，止损单可以设置在 83 美元。1924 年 2 月，该股涨到了 109 美元，这与 1923 年 3 月的顶部在同一位置。同年 5 月，股价下跌到 95 美元见底，底部持续上移表明股价获得的支撑力度更强了。随后该股出现了一次上涨，股价一举突破了 1918 年到 1922 年的所有前期高点价位，这表明它的上升空间已经打开。当股价突破了 112 美元时，职业交易者和投资者应该加仓买入该股。1925 年 1 月，股价上涨至 129 美元见顶，这与 1916 年 11 月的顶部价位相同。1925 年 3 月，股价跌至 113 美元，这又是一个买点，因为这个价位处于上一轮前期高点形成的阻力带附近。1925 年 11 月，股价上涨后创下了 139 美元的新高。因为这个顶部比早期 1917 年的关键顶部高出 3 个点，说明后市股价还会持续走高。1925 年 12 月，股价回调到 129 美元，1926 年 1 月股价又涨至 138 美元。不过因为这次的高点没能突破 1925 年 11 月的顶部，职业交易者应该将手中的股票卖出，并进行做空操作，止损单可以设置 142 美元。1926 年 4 月，该股股价跌至 117 美元见底，这比 1925 年 3 月的底部要高，股价在比前期低点更高的价位上获得支撑就说明后市可以看多。它的周线图一直都显示该股股价有良好的支撑。随后该股迎来了一波上涨，股价相继突破了前期所有的高点，1926年8月该股价股攀升到159美元见顶。 1926年10月，股价下跌到134美元，这个价位刚好在1925年和1926年初的高点下方，股价在此获得了支撑。

随后又是一轮大涨，1927年5月，未除息的股票上涨到了176美元，在这个时候，除息后的股票价格是未除息的股价的40%，不过该股的整体趋势依然向上。1926年12月，除息后的新股上市交易，开盘价为117美元，1927年1月股价跌至111.25美元。因为这个价位没有跌破1925年3月最后那个低点价格113美元下方3个点的位置，说明这里股价还有支撑，可以买入，并将止损单设置在110美元。当股价在低位运行缓慢时，表明该股在进行充分的蓄势，同时也说明该股会进入另一波上涨的走势中。1927年5月该股股价涨到了126美元，1927年6月股价下跌至119美元，这一情况显示股价获得了强力的支撑，随后就出现了一次反弹。当股价突破126美元时，又是适合加仓买进的价位了，因为股价顶部和底部的不断抬高，表明后市仍然可以看多。1927年9月，股价上涨至160美元，1927年10月又回调到129美元。因为股价并未跌到低于早期的顶部126美元的价位，表明这里有良好的支撑，因此买点再次出现。这时该股的成交量非常大，股价出现了迅速的急跌，因此职业交易者应该进行空头回补，然后做多买入。1927年12月，股价反弹到155美元。因为这次反弹的幅度较小，股价没能重回前期的顶部价位，后面很可能会出现一次回调。

1928年2月，该股股价下跌至138美元，1928年4月股价又上涨至154美元。因为这次股价还是没能达到去年12月的顶部价位，因此应该在这个价位进行做空。1928年6月，股价跌至132美元见底，因为并没能跌破1927年10月的底部价位，表明这里可以买入，并且将止损单的价位设置在早期底部的下方。此后该股价格又重回升势，1928年11月股价在172美元见顶。虽然这一价位对于除权后的新股来说是新高，它比1927年9月160美元的顶部价位还要高一些，但仍然在1927年5月未除息除权的股票顶部176美元下方。1928年12月，该股股价跌至149.75美元，在这里股价再次获得了良好的支撑，趋势转而向上，并突破了176美元的高点，后市应当看涨。

1929年1月，股价上涨至193美元，2月又跌至169美元，3月股价又回升到 193 美元。但由于没能突破前期高点，所以应该卖掉持有的股票，开始做空。显而易见，对于该股来说，在 194~200 美元这个价位区间的抛售压力非常大，因为卖单总是会集中在这些整数关口附近。但把卖出价设定在这个价格区间以内的投资者都无法最终成功出局。1929 年 3 月，该股股价回调至 172 美元，4 月股价又一次上涨至 192 美元。这已经是该股股价第三次未能突破 1929 年 1 月的顶部价位了，应该被视为卖空的信号，止损单可以设置在 196 美元。1929 年 5 月，股价下跌至 162.5 美元，尽管这已经跌破了 1929 年 2 月和 3 月的低点，但距离 1928 年 12 月的起涨点仍有一段空间。该股股价在这个价位上获得了强力支撑，而且周线图也显示整体趋势已转为上行。从这个支撑位开始，股价展开了最后一波冲刺上涨行情。美国钢铁在上涨的过程中伴随着巨大的成交量，突破了 192 美元和 193 美元这一高点价位，预示它的上升空间已经打开。我们在上一章论述"如何对股票进行盈亏结算"时，已经详细展开描述了这波上涨行情。从行情启动一直到股价在 1929 年 9 月 3 日以 261.75 美元见顶，该股从未有过连续三天盈亏统计为负，或者收盘价走低的情况，在最后的这波冲刺上涨行情过程中，股价的累计涨幅接近 100 个点。注意这是美国钢铁上市后的第 29 年。

　　如前文所述，当股票进行了充分的派发，筹码都落到投资者手中后，股票会生产最后一波冲刺上涨行情，出现巨大的涨幅；当浮动筹码越来越少时，股价就会变得很容易被拉升，但是当这波最后的冲刺行情到来时，投资者也该逢高卖出兑现了。如果投资者在股价上涨过程中持股跟进，并总是随着行情将止损单调整到每一个前期顶点下方 10 个点的价位上，那么他的止损单直到美国钢铁从 261.75 美元回调到 251.75 美元时才会成交，而这也正是投资者应该卖出股票，开始做空的时候。1929 年 10 月，美国钢铁跌至到 205 美元，随后在当月内，股价又反弹到 234 美元，1929 年 11 月该股股价下跌至 150 美元，这就又回到了与 1928 年 12 月底部相同的价位上，投资者可以进行买入，并把止损单设在 147 美元。1929 年 12 月，该股股价涨至 189 美元，随后在这个月内，股价又回调到 157 美元，出现了底部抬高的现象，这又是一次买入机会。1930 年 2 月，股价再次上涨至 189 美元，与 1929 年 12 月的顶部持平。这是一个卖出价位，投资者可以开始做空。2月该股股价就跌到了177美元，底部再次出现抬高，紧随其后是一波上涨。股价突破了1929年12月和1930年2月的顶部189美元，后市还可以继续看涨。1930年4月，股价上涨至198.75美元见顶，很快就再一次出现回调。毫无疑问，在200美元左右抛售压力会很沉重，因为在此前的一段时间，报纸上曾说美国钢铁的股价会达到200美元。投资者自然就会想将卖单设置在200美元这一整数价位上，但是这样的卖单却无法成交。美国钢铁应该在回调到189美元附近获得支撑，但如果股价跌破了1930年2月的低点177美元，就要再一次看空该股。不过职业交易者和投资者还是应该等到周线图和月线图显示出该股在进行派发，发现股价遇到阻力位并有可能会继续走低的迹象后再进行相应的操作。

每位投资者都应该拥有他正在交易的股票的图表或行情走势图，图表要能够显示该股股价以前的运行情况，且可以追溯的时间越长越好。这样一来，就可以观察到这只股票的底部和顶部是在逐渐抬高的，还是在渐次下移的，知道它处于什么样的走势之中。请记住，当股票经过最后一波冲刺上涨行情之后，股价往往需要很长的时间才能回到这个高位，就像我们列举的美国精炼和其他一些股票的例子，它们的股价在1906年创下的顶点价位，一直要等到1926—1929年才被再次突破。所以，对于投资者来说那些已经走完了最后的冲刺上涨行情的股票，不应该一直持股苦等，因为它们的价格很可能会在今后很长一段时间当中持续走低。

| 专业解读 |

在这段内容中江恩列举了大量的案例，来说明如何针对一些上市时间较久的公司进行交易，这些交易方式的思路值得A股投资者学习和借鉴，但是这段内容的叙述因为夹叙夹议，一边介绍当时的盘面情况，一边叙述江恩自己对行情的理解判断和对操作时机的把握，使得这段内容读起来不太轻松，甚至稍有枯燥感。

不过，大家可以不仅阅读内容，更可以拿出纸和笔按照江恩的叙述一边勾画当时这些案例个股的走势，一边去理解江恩的叙述，对长线追踪个股持续上涨这种交易方式的理解有很大的帮助。

另外文中提到了艾奇逊铁路，这里给大家讲一个关于艾奇逊铁路的小故事，一来通过故事我们可以了解到如何通过细节来判断一家公司的未来，二来通过故事的趣味性来缓解一下大家阅读这段内容之后的枯燥感。

这个故事的主角是拉舍尔·赛奇（被誉为现代期权交易之父，在柜台交易市场建立了一个买权和卖权的交易系统，并引入了买权、卖权平价概念）。

他是很一位高明的调研者，一个从不知疲倦的人。

他相信必须自己提出问题，用自己的眼睛而不是用别人的眼睛来观察问题。

当年拉舍尔持有一些艾奇逊铁路公司的股票。之后他开始耳闻这家公司和其管理方面的令人不安的消息。有人告诉他，这家公司的总裁莱因哈特先生名不副实，过度奢侈，很快将使公司陷入混乱。

拉舍尔迅速赶往波士顿约见了莱因哈特先生，并询问了一些问题。这些问题包括他反复听到的一些指控，他向这位艾奇逊铁路公司的总裁求证这些传闻的真实性。

莱因哈特先生不仅断然否认了这些说法，而且进一步宣称：他会用数字来证明这些传言都是恶意中伤。这位宾夕法尼亚荷兰后裔询问到有关的确切信息，总裁有问必答，向他表明公司运作及财务状况良好。

会面结束后拉舍尔谢过莱因哈特总裁，返回纽约，立即卖掉了所有的艾奇逊铁路公司股票。大约在一个星期之后，他用闲置的资金大笔买进特拉华-拉克万纳-西部铁路（简称 D.L.& W.）公司的股票。

多年以后，他解释了当时那么快卖出艾奇逊-托皮卡-圣菲铁路公司股票的原因。"你看，"他说道，"我注意到莱因哈特总裁在写下那些数据的时候，是从桃花心红木制老板台上的文件夹里拿出一沓信笺，那是非常精致的重麻纸。公司抬头采用华丽的双色雕印，不仅价钱昂贵，更糟糕的是——这种花费是完全没有必要的。他用这样的一张纸写出几个数字，仅仅是为了对我说明公司几个部门盈利的情况，或者证明公司如何有效地削减了成本，然后就把那张纸揉成一团扔进了废纸篓。不一会儿，他在向我展示他们打算引进的项目时，再次抽出一张用双色雕印公司抬头的信笺，只写了几个数字——又扔进了废纸篓！就这样不加思索地浪费钱财，这让我感到震惊，如果总裁是这样一个人，他又怎么可能坚持采取节约成本的措施或奖励有经济成效的人？因而，我决定相信人们告诉我的关系这家公司的管理层奢侈浪费的传闻，而不是接受总裁的自我标榜，**回到纽约后，我立即卖出了持有的艾奇逊铁路公司的股票。**"

"几天以后，我碰巧有机会去特拉华-拉克万纳-西部铁路公司（D.L.& W.）的办公室。老萨姆·斯隆任该公司的总裁。他的办公室距离入口处最近，门敞开着。这间办公室的门总是开着。在那些日子里，只要有人走进的总裁办公室，都会看到总裁坐在他的办公桌后面。任何人都可以直接走进去，和他商谈业务。金融报刊的记者常常告诉我说，和萨姆·斯隆交谈从来都不需要拐弯抹角，直接提出疑问就可以，而萨姆也是直来直去，回答'是'或'不是'，无论其他董事对股票市场的关切程度如何，都是如此。"

"当我走进办公室时，我看到老先生正在忙着。起初我以为他在拆读信件，我走近他的办公桌之后才知道他正在忙什么。我后来得知他有一个日常习惯，就是将信件分类，然后打开。他不会将空信封随手扔掉，而是积攒起来带到他的办公室。空闲的时候，他把这些信封沿着四周裁开。这样一来，每个信封都有两张纸，每一张都有一面是空白的干净纸。他把这些纸叠在一起，随后分给大家，在随笔涂写数字的时候可以当信笺用，就像莱因哈特对我说起一些数字时在双色雕印公司抬头的信笺上涂画一样。老先生的做法既不浪费空白信封，也不浪费自己的空闲时间，充分利用了每一种资源。"

"这让我想到，如果 D.L.& W. 公司有这样一位总裁，公司所有的部门都会实施有效的管理。总裁会关注这件事的！当然，我还知道这家公司定期派发红利，有殷实的财产。所以，我就尽可能地买进 D.L.& W. 公司的股票。从那以后，该公司的股本总额开始翻倍，后来竟翻到了 4 倍。我每年的分红额和我最初的投资一样多。

我现在依旧持有 D.L.& W. 公司的股票，而艾奇逊铁路公司已经落入他人**

之手——就在我看到总裁将一张张带有双色雕印抬头的亚麻信笺扔进废纸篓的几个月之后，他用这样几张写有数字的信笺想向我证明，他并没有铺张浪费。"

对与大盘走势相反且上市多年的股票该如何操作

当上市多年或资历深厚的股票走势与市场整体趋势相反时，一定是这只股票出现什么问题，投资者和职业交易者应该及时离场，并对该股敬而远之。

例如美国毛纺公司（American woolen）——这家公司的股票已经上市多年，并且在很长时间里都颇具投资价值，这家公司在第一次世界大战期间获得了巨额收入。1914 年，它的股价见底于 12 美元，1919 年 12 月股价上涨至 169 美元，显然这样的情况会导致该股被大量地派发给散户投资者，其后该股的价格趋势也转而向下。1920 年 2 月，股价下跌至 114 美元，4 月又反弹至 143 美元，5 月股价跌破 114 美元，这说明后市还将继续走低。1920 年 12 月，股价下探至 56 美元。1921 年，股价在这个价位附近止跌企稳，表明这个位置上有较强的支撑力量，股价即将出现一波可观的上涨，而随后的行情也证实了这样的预测。因为它的见底时间要早于其他股票，因此它也成为了一只牛市早期的领涨股，一路上涨到 1923 年 3 月的顶部 110 美元。值得注意的是，这个价位没能达到 1920 年 5 月最后一个高点 116 美元的水平。因此这里应当被视为卖点，投资者和职业交易者都应该将手中的股票卖出。从那时开始，该股股价开始逐级走低，再未出现过强而有力的反弹，这就表明一定是公司内部出了什么问题。不过，该公司前些年的营收状态就已经出现下滑，投资者能很容易地感觉到公司的管理很混乱，而且那些战后大量积压的库存，也给公司造成了大额亏损，其股价自然会受到公司营收下降的影响。1924 年，股价跌破 1920 年的低点 56 美元，表明股价还会持续下行。1924 年秋，当其他股票开始上涨时，它却无力反弹，继续逆市场整体趋势走低，直到 1927 年股价在 17 美元见底为止。

接下来该股出现一波反弹，1927 年 9 月的高点为 28 美元，1928 年 6 月股价又跌至 14 美元。1928 年 11 月，该股股价反弹到了 32 美元，随后一直下跌到 1929 年 10 月的底部 6 美元。因为公司已经连续数年亏损，此时应该是最低谷的时刻，表明股价将来有上涨的机会。1930 年 2 月，股价反弹到 20 美元，1930 年 3 月股票再次下跌至 13 美元。此时可以逢回调进行买入，但更好的选择还是等到股价突破 20 美元再进行买入操作，该突破会预示着股价将出现更强的反弹。不过，美国毛纺此时这样的营收状况表明，该股的股价在近期不会马上迎来一波持续上涨行情。

研究股票的价格在 10 年中是如何运行的，再研究它们在 20~30 年中是如何发展的，以及 40~50 年中又是如何表现的，这种方法非常重要。

专业解读

在牛市中后期，很多分析师和股评人士喜欢向投资者推荐滞涨股，即在牛市中前期涨幅不大的股票，理由是看好这些股票在后市中的补涨行情。

但是这些个股在牛市前期滞涨的原因有很多，需要仔细分别，如果是流通股数量较多，盘面较大，而业绩和经营状况没有问题的话，在牛市后半程可能会出现补涨，甚至成为领涨股。但是如果滞涨的盘面并不大，经营情况和业绩一般甚至较差的话，就很有可能并非因为没有得到资金的关注而滞涨，滞涨的原因来自公司本身，这样的个股有可能在牛市后半程依旧表现平平，徒增投资者的时间成本和资金成本。

因此在牛市中选择个股，也要结合江恩所讲述的情况来仔细考量，因为所有个股并非总是齐涨共跌，通常是有先后，有轮动的，要在了解个股实际情况的基础上判断该股是否有补涨潜力，或者持续上涨动力。

注意投资安全

在股市中，很多投资者亏损的根源都是因为期望过高的盈利而承担过高的风险。

最安全的投资方式就是把资金作为存款放到储蓄银行中，每年可以拿得到 4% ~ 4.5% 的利息。第二安全的投资方式就是买入优质债券或有抵押优先权的债券，这些债券的收益率通常在 6% 左右。当你的投资超出了这两种之外，将资金用于购买股票或收益率高于 6% 的债券时，你的投资行为就已经越过了安危分界线，并且背离了投资安全的法则。

在股票与债券的选择上，精选出一些分红比例不高的优质股票，并在正确的时机介入，这样的选择要比购买那些宣称收益率很高的高风险债券更安全。如果在发行债券时需要将收益率提高到 6% 以上，很可能意味着该债券有隐含风险。投资者可以选一只目前股息 4% 左右，而以后有可能达到 8% 或 10% 的股票进行购买，由于股价也有上涨的可能，这样投资者的投资收益就会比较丰厚。债券很少会出现较大的涨幅，债券的价格经常会走低，甚至会低于投资者买它时的价格，这就会造成投资者的本金缩水。在不利的情况下，即使最优质的债券价格也会下跌。美国国债（United States Bonds）和英国统一公债（British Consols）在第一次世界大战期间都出现过较大的跌幅。这一情况说明投资者有必要绘制并留存一份关于某只债券或某个债券组合的行情走势图，来观察其价格的趋势变化，这就与投资者观察那些交易活跃的股票何时会变盘类似。当投资者持有的债券价格开始下跌时，他必须将其卖出，然后买入另外一只更优质更安全的债券，或者投资者也可以等待下一次介入该债券的时机。

通过研究债券市场和债券价格的运行情况，我们能够分析股市今后的走势如何，也能判断出经济整体趋势的未来方向。1928 年的债券价格就曾提示投资者，股票的价格将要下跌，经济萧条期即将来临。

| 专业解读 |

如文中所述——将资金用于购买股票或者收益率高于 6% 的债券时，你的投资行为就已经越过了安危分界线，并且背离了投资安全的法则。这里江恩的用词存在一点问题，实际上他想表达的意思是，购买股票或利率高于 6% 的债券，就已经脱离了无风险或者超低风险投资的范畴，投资者进入这类投资品种不是有危险，而是有风险，购入这类投资品种的投资者要为自身的行为和收益可能性承受相应的风险，而不能一心只关注收益率而忽视风险。

江恩的这段叙述值得大多数 A 股投资者思考借鉴。

目前，在我国与江恩的叙述对应的情况是：

银行定期储蓄利率（年）在 2%~3.5%；

低风险债券的收益率（年化）在 4%~6%（以及银行理财产品）；

货币基金的收益率（年化）在 3%~5%（个别极端情况下可能会达到 8% 左右，但是持续时间不会太长）。

这些都属于低风险投资品种，而在近年来兴起的各种投资品种中，如果投资品种的收益率（年化）在 6.5%~8%，投资者可以在充分理解风险，并且分散投资的情况下进行投资；但是对收益率超过 8% 的投资品种，投资者则需要深思熟虑，反复了解情况，并充分分散投资；超过 12%，甚至是 15% 以上的，除特殊时期，极高门槛的信托产品之外，极大概率是金融骗局，投资者应当坚决回避，避免遭受损失。

另外江恩在文中提到债券交易，这个情况和我国现状有些出入，目前我国普通投资者购买债券基本都是持有到期获取本息收益，很少有在中途交易赚取差价的投资行为，这种交易和买卖债券的行为，目前主要是银行和基金公司等金融机构在做，而在当时的美国市场，普通投资者也可以对债券进行交易。

第七章　牛市中领涨股的启动顺序与时机选择

在每一轮牛市行情中，总会有部分股票在牛市行情的第一阶段中领涨大盘，这批领涨股中的一部分股票会在牛市行情的初期见顶，此后股价就不会再继续上涨，甚至会在接下来的行情中持续走低，而此时其他股票正处于上涨阶段。在牛市行情的下一阶段中，会有一批新的领涨股出现，它们的股价会在牛市行情的第二阶段见顶，而不会在牛市行情的第三阶段继续充当领涨龙头的角色，每到这种时间节点（牛市行情中主要上涨阶段之间的调整蓄势期），自然会有其他股票成为新的领涨龙头。在牛市行情的第四阶段，也是最后一个阶段，那些在行情后期启动的领涨股会追赶甚至超越前期领涨股的涨幅，股价将出现大幅的上涨。

在每一类股票的板块中，总是既有弱势股，也有强势股，并且其走势也会与市场整体趋势不同。因此，投资者有必要学会如何判定哪些股票处于强势状态并且将成为领涨股，哪些股票处于弱势状态，股价会持续走低，甚至将成为熊市中的领跌股。在1921年到1929年这轮牛市行情中，只有少数几只股票一直表现活跃，每年都是领涨股。一些股票在1922年就结束上涨并且出现见顶走势，其他一些股票分别在1923年、1925年、1926年和1927年出现顶部形态，而大多数股票在1928年才出现顶部形态。1928年11月，纽约证券交易所全体股票的平均指数创下了这轮牛市行情中的最高点位。而道琼斯 30 种工业股平均指数却在 1929 年 9 月 3 日才达到历史高点，很多牛市后期领涨股的股价在 1929 年的春夏时节才出现大幅拉升。股票交易中最丰厚的获利阶段就在个股成为领涨股或领跌股的时期。因此，研究板块分类中的每一只个股，判断该股是处于强势状态还是处于弱势状态，是十分有必要的。

专业解读

在这个章节，我们把点评放在最前面，集中说一下阅读本章的一些关键点。

在之前的点评中我们说过，江恩在本书中记录了大量个股股价的变动情况和历史走势回顾，这些股价变动情况和历史走势回顾，在没有自动化交易软件的年代是无价之宝，但是对于已经习惯了每天能在交易软件中即时查看股价历史走势的投资者来说，这些内容犹如无聊的流水账。因此，在阅读本章时，读者可能会感觉枯燥和乏味。而且本章中部分关于产业逻辑的论述，也随时代变迁而失效。

但是实际上，本章内容看似无聊，实则关键。因为江恩在此前各章节中所讲述的操作模式及选股择时法则，都是以叙述为主，而本章则结合实际案例进行了一些说明和印证。

所以，这里给大家提供一个阅读本章比较有效的方式。在阅读本章时，不要仅仅按照顺序当作股价历史流水账来读，可以准备一本方格纸，以方格纸的横轴为时间轴（一格为一个月或一年），以纵轴为价格轴（一格为 10 美元或 20 美元）。在每个板块中，选择 2~3 只个股，按照江恩的叙述，边阅读边将该股的股价变动情况对应地画在方格纸上（如图 7-1 所示），这样会使得读者对江恩所讲的各种趋势和时点有更深刻的理解和把握，阅读效果也更直观有效，对内容的消化和理解也可以大幅提升。

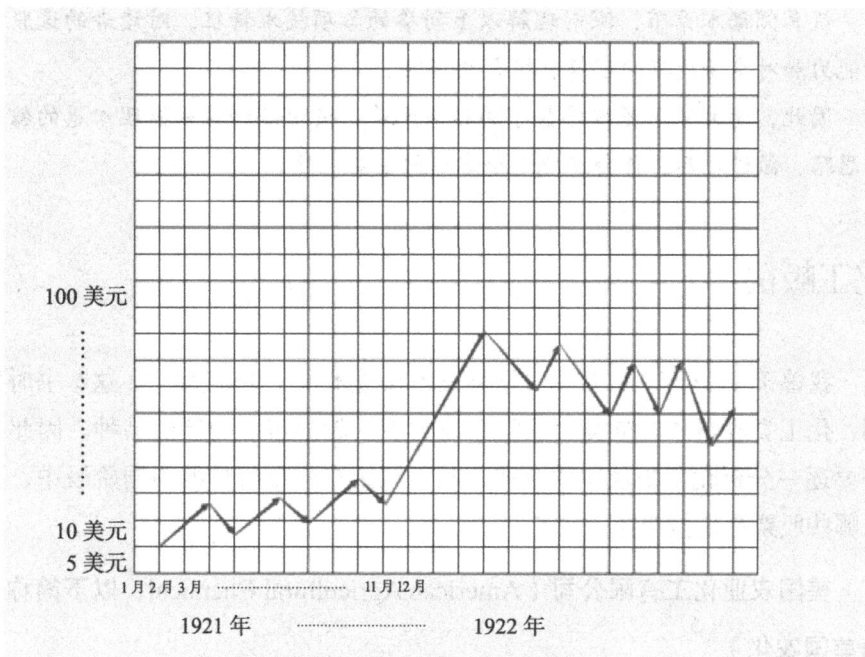

图 7-1　股价在方格纸上的折线图

本章需要大家通过阅读和绘图来理解的几个关键概念包括且不限于：

牛市前期领涨股和后期领涨股之间的形态差异（不同板块的个股在牛市轮动中的时间差异，同板块的个股在牛市轮动中的时间差异）；

不断上移的顶部和底部（上升通道）；

不断下移的顶部和底部（下降通道）；

蓄势整理行情的特征（低位吸筹）；

高位派发状态的特征（高位派发）；

前期高点连线的压力线作用 / 前期低点连线的支撑线作用（上涨过程中支撑线与压力线）；

前期高点连线的支撑线作用 / 前期低点连线的压力线作用（下跌过程中支撑线和压力线效果的反转）；

突破前期高点 / 跌破前期低点（对趋势转折点的确认）。

认真阅读本章节，深刻理解以上列举的各项技术特征，对读者的选股择时能力和对市场周期的理解有极大的帮助。

因此，请大家尽量容忍数字的枯燥无聊，使用纸和笔来梳理江恩的叙述与思路，做过之后，你会发现这个章节的重要之处。

化工板块

我曾于 1923 年 1 月撰写《江恩股市操盘术（专业解读版）》这本书时提到，化工类股票和航空类股票将会成为下一轮牛市中的领涨品种。因此有必要逐一分析化工板块中的个股，从而判定在牛市行情的不同阶段中，买入哪些股票是最佳选择。

美国农业化工有限公司（American Agricultural Chemical，以下简称为美国农化）

该股股价于 1919 年 4 月、5 月、6 月和 7 月期间创下历史高价，随后出现了市场主力派发筹码的迹象。其后股价一路下滑，直到 1921 年 8 月于 27 美元左右见底，随后的反弹持续到 1922 年 8 月，创下 42 美元的高点价格。1923 年 4 月，该股股价再次跌至 27 美元，刚好与 1921 年 8 月的低点价格一致。这一情况显然不是股价重回强势的信号，因为如果该股股价有可能持续走高的话，它的底部就应该是出现上移的，同时该股在 1922 年的反弹力度要小于其他股票。

该股的价格走势继续向下，在整个 1924 年中表现非常疲弱，6 月股价见底于 7 美元，创下自 1907 年以来的最低价位，当时（1907 年）该股的低点为 10 美元。这表明该股的走势很弱，并非化工类股票中有可能出现大涨的个股。1926 年 1 月，该股股价的高点是 34 美元，虽然这个高点越过了 1923 年的顶部，但是仍未达到牛市行情第一年（1922 年）的高点，于是该股的趋势在触及 34 美元后再一次掉头向下。1927 年 4 月股价跌到了 8 美元，比 1924

年 6 月的低点高出了 1 个点。这是一个买点，此处有较强的反弹预期，止损单可以设置在 6 美元。操作这种类型的低价股时，止损单应该设置在前一次的低点下方大约 1 个点的价位上。

随后美国农化的股价缓慢回升，1928 年 11 月股价见顶于 26 美元。投资者应该注意到这个顶部是低于 1926 年的顶部的，显示该股每次反弹后的顶部是在逐渐下移的，它的大趋势还是以下行为主。从这个顶部开始，该股的股价再次下行，走势非常弱，在 1929 年 11 月创下最后一个低点，该低点价格为 4 美元，这是该股 20 多年来的最低价。

我的操作法则之一就是，一只股票如果要成为牛市下一个阶段的领涨股，它的股价首先要突破其在牛市第一年创下的高点。美国农化未能突破自身在 1922 年的价格高点，这一情况表明，它不会成为牛市下一阶段的领涨股。因此，投资者不应该选择买入这只股票，而是应该去寻找一只走势更强的化工类个股。

戴维森化工（Davison Chemical）

1921 年 3 月，该股的低点为 23 美元。股价在这个价位上得到有效的支撑，随后开始上涨。1922 年 4 月，股价见顶于 65 美元。这个位置附近出现大量抛盘，导致该股的趋势掉头向下。1923 年 5 月的低点为 21 美元，这里出现一个买入的区间，就是说投资者应该在 22 美元到 23 美元买入该股，同时将止损单设置在 20 美元，或者是 1921 年的低点下方 3 个点的价位上。

此后该股股价于 1923 年 3 月反弹到了 37 美元，随后于 5 月出现回调。1923 年 8 月，股价突破了上半年的高点 37 美元，走势转为向上，后市涨幅值得期待。如果投资者早在股价低位时买入了该股，那么当股价突破 38 美元时，就应该加仓，并在股价上涨的过程中保持跟进，同时也要随行情调整止损单。1923 年下半年，该股出现迅速上涨，市场主力与游资迅猛拉升该股价格，导致股价出现一波快速上涨。

当时很多报纸都就此情况做出报道，相关的小道消息不绝于耳，说该股价格会涨到每股几百美元，还有些激进且狂热的市场简报写手声称，由于该公司从硅胶生意中获得了巨额利润，因此该股价格有可能攀升到每股 1000 美元。1923 年 12 月，该股股价达到 81 美元，伴随着成交量的快速放大，股价形成了一个尖锐的顶部，随后出现急速暴跌，股价开始持续走低，这次下跌过程直到 1924 年 4 月股价见底于 41 美元为止。从这个位置开始，该股又缓慢上升到 1924 年 7 月，股价再次回到了 61 美元。这是该股的又一波快速上涨，接下来再次出现急跌。1924 年 7 月，股价跌破了 1924 年 4 月的底部 41 美元，顶部出现了下移，这一情况表明该股进入弱势状态，后市将持续走低。1925 年 4 月，该股股价跌至 28 美元，比 1921 年和 1923 年两个低点分别高出了 5 个和 7 个点。股价在比前期低点更高的价位上获得支撑，说明该股至少还会有一次反弹机会。1925 年 8 月，股价反弹到 46 美元；随后是一次回调，1926 年 2 月该股股价再次见顶于 46 美元。因为股价没能突破前期高点价位，预示着股价会走低，此时应卖出做多仓位，开始做空该股，并将止损单设在 49 美元。

接下来该股价格一路下跌，1927 年 3 月股价跌到了 27 美元，比 1925 年的底部低了一个点，这里再次出现买点，止损单可以设置在 25 美元，也就是 1925 年底部下方 3 个点的价位上。该股在这个位置获得有效支撑，股价出现反弹，于 1927 年 7 月回升至 43 美元。因为此次回升后股价仍低于 1925 年和 1926 年高点的价位见顶，这是弱势信号，预示着该股价格还会下跌，同时也说明该股近期不会成为领涨股。1926 年 10 月，该股股价跌至 23 美元，跌破了除 1921 年和 1923 年之外的所有低点。股价在这里再次获得支撑，此时投资者应该买进该股，同时将止损单设置在 20 美元。这时该股的股价相比 1923 年的低点要高出了两个点，又与 1921 年的低点持平，显示出这个价位附近有人在持续收集该股的筹码。

这只股票的价格在经历了 6 个月左右的窄幅振荡之后，选择向上突破。1927 年 12 月，股价上涨至 48 美元，这个价位超越了 1925 年、1926 年和 1927 年的所有高点。这显然是一个强烈的股价看涨信号，投资者可以在此后股价出现任何一次回调时进行买入。1928 年 2 月该股回调到 35 美元，在此又获得了有效的支撑。1928 年 4 月，股价突破了 48 美元，这又是一个适合加仓的点位，该股价格的上涨一直持续到 1928 年 11 月，见顶于 68 美元为止，这个价位突破了除 1923 年 12 月的历史高价之外的所有前期高点。1928 年 12 月，股价从 68 美元回调至 54 美元。1929 年 1 月，股价又上涨至 69 美元，仅比前一个顶部高出了一个点。这是个不好的信号，表明你应该卖出多头仓位，并开始做空该股。

在接下来的一段时间内，该股呈现出窄幅振荡的行情，2 月和 3 月见到高点，在 3 月的下半个月，又回调到了 49 美元。在形成双重顶后，该股从高点破位下跌了 20 个点，这不是一个好的预兆。1929 年 4 月，股价反弹到了 59 美元的高点，顶部又一次出现了下移。5 月，它的股价跌到了 43 美元，底部也出现了下移，显示趋势还是向下。1929 年 7 月，股价反弹到 56 美元，顶部再次出现下移 8 月，该股下跌到 46 美元，比上一次的底部稍微有所抬高。在 10 月上旬，股价再次反弹到 56 美元见顶，这一次它在同一价位再次形成顶部，是个卖空的信号。

接下来该股出现了破位下行，股价于 10 月下旬再次跌至 21 美元，这个价位曾是 1923 年的底部。事实上，在 1921 年、1923 年和 1926 年，该股股价都曾在这个价位附近获得过支撑，因此盘面情况表明这里应该买入，止损单可以设置在 20 美元。如果投资者这样操作的话，这个止损单一直都不会被触发而导致股票被卖出。这就证明我总结的关于"买入股票时，止损单应设置在阶段性历史低点下方 3 个点"的法则是管用的。例如，1921 年 3 月，股价创下的历史低点是 23 美元，那么如果投资者在此后几年买入该股时，将止损单设置在 20 美元的话，止损单都不会被触发成交。

投资者可能会问，为何这只股票每次都能在这一价位获得支撑，原因在于一些市场主力知道该股的内在价值至少不低于 20 美元，因此每当股价跌至 21 ~ 25 美元附近时，他们都会买入，并在他们认为股价已经涨到足够高的时候，再将股票抛出。该股股价于 1929 年在 21 美元的低点上开始反弹，1930 年 3 月股价涨到 42 美元。如果该股能够在几年内维持住这样的价格水平，而且在下一波下跌时，不跌破 1929 年的底部，那它将有可能成为未来市场的领涨股。从行情数据可以看出，该股在 1921 年到 1929 年的牛市行情中是早期的领涨股，股价于 1923 年 12 月见顶，在之后的 6 年时间里再也没有突破这一高点，而同期其他强势的化工板块个股的股价每年都在拾级而上。

空气压缩公司（Air Reduction）

空气压缩公司的股价在 1920 年时见底于 30 美元，1921 年 6 月再度跌至同样的低点，形成双底形态，这是后市股价会持续上涨的信号。1923 年 3 月，股价上涨到 72 美元，显示出它具备成为牛市行情早期领涨股的特征。1923 年 6 月，该股股价回调至 56 美元。1924 年 1 月，股价上涨至 81 美元，创出阶段新高。1925 年 2 月，该股见顶于历史最高价 112 美元。1926 年、1927 年和 1928 年，该股股价的顶部和底部都在不断抬高，一直保持领涨地位，因为在该股处于上升通道，价格持续上行的同时，化工板块中的其他股票，比如美国农业化工和戴维森化工，它们的股价在每次回升到前期高点后，无力去创出新的高点，反而出现严重下行。在 1929 年牛市行情最后的冲刺上涨行情中，空气压缩公司股票行情启动时间较晚，但单边强势，上涨幅度很大。1929 年 10 月，股价于 223 美元创下最后一个高点，形成了一个尖锐的顶部，该股在顶部价位交易非常活跃，股价波动幅度巨大，同时也伴随着巨大的成交量。

1929 年 11 月，该股股价下跌至 77 美元。如果投资者在 1929 年 8 月关注到该股的走势，并密切注意它何时发出见顶的信号，那么这些盘面迹象就在告诉投资者，该股的行情已经接近尾声了。1929 年 8 月，股价的高点为 217 美元，1929 年 9 月该股的高点是 219 美元，仅比 8 月的近期高点超出 2 个点。

随后股价出现一次快速回调，10 月，最后的冲刺上涨行情将该股股价推高至 223 美元，但这仅比 8 月的高点超出 6 个点，与 9 月的高点相比仅高了 4 个点。在股价创下最后的高点后，绝大多数其他股票的整体趋势都转头下行了。在其他股票出现这样严重的暴跌时，预期该股也将不得不随大盘出现下调。

从该股 1929 年 8 月 24 日至 11 月 16 日的周线图中，可以观察到这个顶部的形成过程和其后出现的持续大量派发筹码的阶段。空气压缩公司的股价从顶部 219 美元开始下跌，在截至 1929 年 10 月 5 日的那一周，股价跌至 186 美元；接下来，在截至 10 月 19 日的那一周，该股股价又回升至 223 美元。而在随后的一周内，它的股价跌破了近期形成的底部 186 美元（即截至 10 月 5 日那一周形成的近期底部）。这段走势让该股的整体趋势调头向下，如果投资者已经卖空该股，当它跌破了 186 美元时，就应该增加卖空的仓位，那么在此后的几周时间内，投资者就能赚取 100 个点甚至更多。尽管这只股票是牛市中的领涨股，而且由于它启动的时间较晚，也是最后一批结束冲刺上涨行情的个股，但是在市场的第一次恐慌性下跌中，它同样也会随大盘下行，并且其下跌的幅度也与它的涨幅成比例，甚至其下跌幅度要大于其他个股。

联合化工公司（Allied Chemical）

这是所有化工类个股中最好的领涨股之一，也是可以被列入最值得持有股票名单中的一只股票，它在大多数时间都呈现出上升趋势。1921 年 8 月，该股价格见底于 34 美元。1922 年 9 月，股价见顶于 91 美元，1923 年 8 月该股股价又下跌至 60 美元，随后进入持续数月的蓄势整理行情。1925 年 3 月，股价创出了 93 美元的新高，突破了 1922 年的高点，表明该股后市的上涨空间已经打开，此后只要股价出现回调，投资者就应当买入。从 1926 年到 1929 年，该股的顶部和底部都在不断抬高，直至 1929 年 8 月创下最后一个高点价格 255 美元。该股的周线图显示出它的趋势在股价为 235 美元时出现了转折。1929 年 11 月 13 日，股价跌至 197 美元，其破位下跌的幅度与空气压缩和其他化工类个股相比要小很多，说明该股的走势要强于其他同板块个股，当该股的趋势转而上行后，它的上涨幅度也会相对更大。股价在这里获得了非常有效的支撑，1930 年 3 月该股反弹到 192 美元。从上述分析中可以看出，在此期间（1921—1930 年）的行情中，空气压缩和联合化工都是强势股，而美国农业化工和戴维森化工则为弱势股。

杜邦公司（Dupont）

杜邦公司的股价在 1922 年和 1923 年见底，随后在 1924 年底部有所抬高，此后该股的股价逐年走高，直至 1929 年 9 月见顶于 231 美元为止。这只股票在化工板块中算是行情后期的领涨股。1929 年 11 月，股价下跌至 80 美元。此时投资者应当注意到，它的下跌幅度要远高于联合化工。这其中的原因是杜邦的股票进行过拆分，并且出现过送转。而联合化工的股票既没有进行过拆分，也没有宣布过分红送股。1930 年 3 月，杜邦公司的股价反弹至 134 美元。

美国工业乙醇（U.S.Industrial Alcohol）

我在《江恩股市操盘术（专业解读版）》一书中就对其进行过分析，这是一只弱势股，因为它在 1921 年的熊市行情中启动时间较晚，直到 1921 年 11 月才在 35 美元见底。因此，我们预计它在随后到来的牛市行情中，启动时间也会相对较晚。

1923 年 3 月，美国工业乙醇股股价见顶于 73 美元，随后出现下跌，1923 年 6 月股价跌至 40 美元。1924 年 7 月，该股股价上涨至 83 美元，这一价格比它在 1923 年创下的高点要高出了 10 个点。从这个价位开始，该股股价持续下行，直到 1925 年 5 月在 62 美元见底为止。

此后，该股行情出现了一波快速上涨。1925 年 10 月，该股股价上涨至 98 美元的高点，这里是该股此前下跌过程当中的早期支撑位。早期支撑位会转化为现在回升过程中的阻力位，股价上涨到这个价位，投资者就应该卖出。

该股走势较弱，股价持续下跌，直到 1926 年 3 月见底于 45 美元才止跌，这个底部比 1923 年的低点高了 5 个点，比 1921 年的低点高出了 10 个点。这又形成了一个买入的机会。1927 年 2 月，股价上涨至 89 美元，但并未达到 1925 年的顶部价位。1927 年 3 月，该股股价跌至 69 美元，并在这里获得了很强的支撑，趋势再度转为上行。

1927 年 12 月，股价突破 98 美元。这是后市看涨的信号，此时应当加仓买入。1928 年 3 月，该股见顶于 122 美元。这里的抛压非常沉重。1928 年 6 月，股价下跌至 102 美元，因为这个价位保持在前期顶部 98 美元的上方，并未跌破 100 美元，所以股价接下来看涨。此后该股价格逐步走高，当 1929 年 8 月市场开始最后的冲刺性上涨行情时，该股自 175 美元起步，一直上涨到

1929 年 10 月于 243 美元见顶。

随后出现了一波暴跌，1929 年 11 月该股价格下跌至 95 美元，这与 1928 年的底部相比低了 5 个点，但是也重回到早期 95 美元到 98 美元一带的支撑位，多年以来，这个区间价位既是股价下跌过程中的支撑位，也是上涨过程中需要突破的压力位。该股在 1929 年 11 月见底后，股价有一波快速的反抽，12 月股价见顶于 155 美元，接下来，趋势再次掉头向下。 1930 年 3 月该股又跌回 100 美元，显示该股走势趋弱。

需要特别注意的是，该股在 1916 年、1917 年和 1918 年形成的数次前期顶部价位都集中在 167~169 美元。该股股价突破了这些顶部价位，这说明该股股价的上升空间已经打开。这时不应该去进行做空操作，而是应该在这个高价位买入，买入后一定会获得大幅的盈利。还要注意在 1916 年到 1919 年，该股股价的支撑位在 95~98 美元一带，并且该股在 1929 年的见底价位仍是 95 美元。

美国工业乙醇公司在 1929 年 9 月和 10 月期间的日线图非常重要，因为它能清晰地反映出该股走势的强弱。1929 年 9 月 3 日，道琼斯工业平均指数出现顶部形态，当日美国工业乙醇的股价为 213.5 美元，9 月 5 日，该股价格下跌至 200 美元，9 月 9 日和 10 日，股价反弹到 212 美元，10 日和 11 日又跌至 200 美元，与 9 月 5 日的低点价位相同。其后，当其股价跌破这个价位下方 3 个点，或者跌到 197 美元时，投资者就应该开始卖空。9 月 12 日，股价上涨至 210.5 美元，9 月 13 日又跌至 198.5 美元，仅比上一次的底部低了 1.5 个点。9 月 20 日，股价出现迅猛拉升，创下新高 226.5 美元，并在该价格处见顶。9 月 25 日，该股股价跌至 204.5 美元，股价还保持在上一次的低点上方。9 月 27 日，股价的高点为 220 美元，10 月 4 日的低点是 201 美元，这个底部比 9 月 5 日、9 日和 10 日的低点要高，同时也在 9 月 13 日的低点上方。如果股价跌至 197 美元，那就是明确的做空信号，但是只要底部在不断抬高，就依然可以买入，同时把止损单设在 197 美元，或者可以设置在 200 美元。1929 年 10 月 11 日，该股在 243.5 美元形成了最后的底部。从 10 月 4 日至 11 日，它每个交易日的收盘价都比前一个交易日的收盘价高，10 月 11 日的收盘价比 10 日的收盘价高出了 3.5 个点。接下来，10 月 14 日的开盘价出现了高开 1 个点的情况，收盘价收在了当日的低点 233 美元，比 11 日的收盘价低了 8 个点。该股的日线图发出了做空的信号。随后该股出现了破位下跌，当股价跌破了 200 美元，或者跌到止损单设定的 197 美元时，就应该增加做空仓位。

11 月 13 日，股价跌到了 95 美元，12 月 9 日又反弹到 155 美元。接下来，股价再次出现下跌，1930 年 3 月该股股价在 98.125 美元见底。由于该股的反弹始终没能突破 1929 年 12 月 9 日的高点，而且在日线图上可以观察到，该股的底部在不断下移，显示出它的走势很弱。当某只股票的交易非常活跃，到达了它的前期高点或低点价位时，其周线图在投资者判定趋势是否将发生变化时，始终是很重要的观察对象，同时也要关注该股的日线图发出的趋势变化的首个信号。对于股价运行中的阻力位，日线图比周线图更能清晰地显示出阻力位的具体位置。美国工业乙醇在 1921 年的熊市中见底时间较晚，而在 1929 年的牛市行情中，也是最后一批形成顶部的股票。要关注这些早期和后期启动的股票，但不要逆势操作。即使它们的走势与大多数领涨股或是领跌股的走势相反，在它们仍处在下跌趋势时，就不要做多买入，在它们的股价处于上升通道时，也不要去做空它们。

铜与金属板块

在 1921 年到 1929 年的这轮牛市行情中，大多数铜业类的个股价格运行速度缓慢，它们是牛市行情后期的领涨股。为了判定哪些股票最适合进行交易，它们中哪些个股会是牛市行情早期的领涨股，哪些个股又会成为牛市行情后期的领涨股，就有必要坚持绘制每只个股的行情走势图，并对该板块中的每只个股逐个进行研究。

美国熔炼与精炼（American Smelting & Refining）

我们应该首先来了解一下这只股票的历史交易数据，该股是 1921 年到

1929 年牛市行情中的领涨股，尤其是在 1924 年以后的表现极为突出。

1906 年，该股股价见顶于 174 美元，在 1916 年的牛市里，该股的价格高点为 123 美元。1921 年，该股股价于 30 美元见底，这曾是它在 1899 年创下的历史低点价位，是一个非常重要的支撑位。1925 年，该股突破了 1916 年的高点 123 美元，说明股价的上涨空间已经打开。其股价的顶部和底部一直在不断抬高，1927 年 9 月股价突破了历史最高价 174 美元。1927 年 10 月，该股出现了快速回调，跌至 158 美元。当一只股票在多年后突破历史高位，进入到新高区域时，这往往预示着该股股价还会继续走高，但是在出现持续上涨之前，股价通常会先进行回调，而买入的时机就在股价创出新高后的第一次或第二次回调时。如果投资者已经在美国熔炼与精炼的股价第二次突破174 美元时买入了该股，那么他就能获得丰厚的盈利，投资者可以在股价上涨的过程中采用金字塔交易法来跟进。1929 年 1 月，该股见顶于 295 美元。

接下来，公司宣布分红，将原来的 1 股拆分为 3 股。1929 年 9 月，除权后新股的低点是 85 美元，高点为 130 美元，这相当于未除权股价的 390 美元。1929 年 11 月，股价跌到 62 美元，这里出现一个可以买入的机会。应注意到，该股在 1924 年的低点和支撑位就在 58~61 美元一带。随后，该股股价从 62 美元这个低点开始反弹，1929 年 12 月，股价见顶于 79 美元。随后，该股一直处于窄幅震荡整理的行情之中，直至 1930 年 3 月我撰写本书的时候，也未能再次到达 1929 年 12 月的高点。

安纳康达铜业（Anaconda Copper）

在 1916 年的牛市行情中，这只股票启动的时间较晚。实际上，该股是当时整个牛市行情中最后一批快速飙涨的股票中的一只。这家公司也是铜业公司中上市时间较长的一只。因此，回顾该股以往较长时期内的交易价格变动记录是非常重要的。

1903 年和 1904 年，该股价格的低点都是 15 美元；在 1907 年恐慌性下跌时，股价的低点是 25 美元；1915 年和 1916 年股价又再次回到 25 美元创下低点。1916 年 11 月，股价的高点为 105 美元，1920 年，股价的低点为 31

美元，1921 年，股价的低点为 29 美元，该股在 1920 年和 1921 年都在相差不多的近似价位处获得了支撑，这个支撑位比 1907 年、1915 年和 1916 年的支撑位高出了 5 个到 6 个点。尽管这只股票的运行速度缓慢，需要投资者抱着极大的耐心来长时间持股，但这里确实是个非常合理的买入价位，同时投资者也要设置好止损单。

1922 年 5 月和 9 月，该股股价见顶于 57 美元，随后再次出现下跌，1924 年 5 月股价在 29 美元见底，这是该股第三次在这个价位附近获得支撑，应当视为明确的后市看涨信号，当然，看涨的前提是其股价接下来不能跌破 26 美元，或是跌破支撑位下方 3 个点的价位。

从 1924 年 5 月开始，它的股价缓步上行，顶部和底部都在逐年抬高，但是整体来看仍然处于横盘整理的状态之中，有类似蓄势形态的特征，直到 1927 年 12 月该股才突破了 1922 年的高点 57 美元，当价格涨至 60 美元以后，该股股价再未回调到 53 美元过。当股价突破了过去 6 年中的所有顶部时，可以预期其后市会出现前所未有的涨幅，因此在新高的价位上买入该股将更为安全。股票的价格能够突破所有的前期高点，往往就是该股价格即将快速上攻，出现持续上涨的信号。1928 年 11 月，该股股价突破了历史最高价 105 美元。这又是个适合买入的价位，该股后市还会有很大的上升空间。1929 年 3 月，该股股价见顶于 174 美元。

随后该股宣布分红，除权后的新股价于 1929 年 3 月达到 140 美元的高点，5 月下跌至 99 美元，9 月又反弹到 134 美元，这个高点比 1929 年 3 月的最高点低了 6 个点，说明该股正在进行高位派发，当股价的顶部出现下移时，就应该做空该股。当股价跌破 125 美元以后，开始出现急跌，下跌过程中反弹的力度非常弱；在跌破 99 美元后，股价在 1929 年 12 月 23 日下探至 68 美元。随后有一次微弱的反弹，1930 年 2 月股价达到了 80 美元。

肯尼科特铜业（Kennecott Copper）

在 1921 年到 1929 年的牛市行情中，这只股票是一只早期的领涨股，上涨启动的时间先于铜业板块中的其他所有个股。因此，这是一只适合买入的铜业类股票。

1920 年该股价格见底于 15 美元，在 1921 年没有进一步走低，一直到 1927 年该股的顶部和底部都在逐年抬高。1927 年，该股从 65 美元启动，开始了一波快速上涨的行情。1929 年 2 月，股价见顶于 165 美元。随后该股宣布分红，1929 年 3 月除权后的新股价格在 104 美元创下高点。1929 年 11 月，股价跌至 50 美元。这个价位曾是该股在 1926 年 3 月的低点，也是这一波上涨行情的启动点位。该股在 1921 年和 1922 年的走势清楚地显示出，它将成为一只领涨股。该股股价在 1921 年没有跌破 1920 年的底部，并且出现了底部上移迹象，这就显示该股已经处于领涨状态，所以投资者买入该股的时间应该早于买入安纳康达铜业或其他一些股票的时间。

当一只股票的价格突破蓄势区间之后投资者就应当买入，而当股价跌破派发区间时投资者就应当卖出，因此关注一只股票的价格走势始终都是非常重要的。这样做的投资者可以快速地获得盈利，而非在长期持股中丧失耐心，也不会因为股票的横盘整理过程而被套牢。

国际镍业（International Nickel）

该股在 1921 年到 1929 年的牛市行情中启动较晚。该股的蓄势整理时间比较长，但是如果等到其股价突破蓄势区域后立即买入，就可以迅速获得盈利，从而比那些过早介入的投资者节省大量的持股时间成本。

1920 年该股股价的高点为 26 美元，低点为 12 美元。

1921 年该股股价的高点为 17 美元，低点为 12 美元。

1922 年该股股价的高点为 19 美元，低点为 12 美元。

1923 年该股股价的高点为 16 美元，低点为 11 美元。

1924 年该股股价的高点为 27 美元，低点为 11.5 美元。

我们会从这组数据中发现，这些年中该股的价格都在 11 美元到 12 美元获得了支撑。这表明有人在这个价位附近收集市场中的浮动筹码。因此这个价位是个买点，止损单可以设置在 10 美元，或者也可以设置在 12 美元下方 3 个点的价位上，即 9 美元上。1922 年是牛市行情的第一年，该股的高点为

19 美元。我的操作法则是，最好等股价突破了牛市第一年的高点后再出手买股票。1924 年 11 月，股价突破了 20 美元，超过了 1922 年的高点，这是一个明确的后市看涨信号，可以买股票了。

1925 年 9 月，该股涨到了 25 美元，比 1920 年的高点高出了 3 个点。这里可以加仓买入。1925 年 11 月、12 月，股价上涨到 48 美元。周高低点示意图显示顶部已经形成，暂时进入派发阶段。

1926 年 3 月，股价跌至 33 美元，5 月股价又在同一价位形成了底部。这是一个适合买入的价位，止损单可以设置在 30 美元，或是前期底部下方 3 个点的价位上。

随后股价开始回升，底部在逐月抬高，1927 年 4 月股价突破了 48 美元。这里是一个适合加仓的价位。该股继续上行，底部和顶部都在不断抬高。

1929 年 1 月，股价突破了 1915 年和 1916 年的前期顶部 227 美元，见顶于 325 美元，随后该股宣布了分红方案。在纽约场外交易所交易的新股，其股价于 1928 年 11 月在 32 美元见底，这与 1926 年 3 月和 5 月的低点价位相同，当时也曾是一波持续大幅上涨行情的启动点。在股票拆分后，关注老股此前重要的单边运行启动时期的前期高点或低点价位十分重要，因为新股也经常会在相同的价位上得到支撑或遭遇抛售压力。所以当国际镍业的新股价格下跌到 32 美元时，就值得买入，止损单可以设置在 29 美元。随后新股有一波拉升，1929 年 1 月股价见顶于 73 美元。在这个价位上，该股出现了高位派发情况，1929 年 11 月股价跌至 25 美元，接下来又在 1930 年 3 月反弹到 42 美元。

从 1920 年到 1924 年连续 5 年的时间里，国际镍业的股价低位都出现在 12 美元左右，说明该股在进行充分的蓄势，同时也可以看出一些超级买家并没有去竞价买入该股，但是只要有人卖出，他们就会低价吸纳全部卖盘。

尽管这只股票在 1924 年到 1929 年的牛市行情中启动时间较晚，但在金属类股票中，该股的涨幅是最大的，从 1924 年的低点算起，股价累计上涨了 313 个点。它不仅体现了等股票经过长时间充分蓄势后买入股票的价值，也体现了当股价突破蓄势区间后再买入股票的价值。这轮大幅上涨的单边行情实际上起始于 1927 年 4 月，当时该股的股价为 41 美元，而在 21 个月之后，即 1929 年 1 月股价见顶时，股价累计上涨了 280 个点，也就是每个月的平均涨幅都在 13 个点以上。在此期间内最大的一次回调为 25 个点，当时股价从 99 美元跌至 74 美元。1928 年 4 月，在该股价格突破 105 美元之后，就开始了牛气冲天的狂野上升行情。投资者应当绘制一张该股的周线图，特别是该股的新股从 1928 年 11 月到目前的行情图，凭借这张图，投资者就可以观察到，在截至 1929 年 1 月 26 日的那一周，该股在 73 美元形成了一个尖锐的顶部。随后股价急跌至 57 美元，接下来又反弹到 67 美元之后，开始进行横盘派发，1929 年 3 月股价跌至 40.5 美元。从这个价位该股出现反弹，在截至 9 月 21 日的那一周，股价回升到 60.5 美元。该股第三次出现了顶部的下移，随后就是一波恐慌性的下跌。1929 年 11 月，该股在 25 美元见底，1930 年 3 月股价又反弹到了 42 美元。

机械设备板块

在任何一个板块中，那些最先形成底部的股票，在牛市行情中出现顶部的时间也会相对较早。

美国制动与铸造（American Brake Shoe & Foundry）

1920 年 12 月，这只股票的价格见底于 40 美元。1921 年该股出现了蓄势整理走势，于 1922 年成为一只领涨股。事实上，该股在 1921 年的股价就已经略高于 1920 年时的股价，这一情况表明该股已经做好了在下一轮牛市行情中领涨的准备。1923 年和 1924 年该股股价出现回调，并再次进入蓄势阶段。1925 年该股再一次充当了领涨股，1926 年 2 月股价在见顶于 280 美元。1926 年 5 月，该股股价下跌至 110 美元，1927 年 3 月股价又反弹到 152 美元，此时公司宣布分红。此后该股就再未出现过合适的交易机会。

美国汽车铸造公司（American Car & Foundry）

这是另一只于 1920 年 12 月形成底部的股票，当时的低点价格是 111 美元，而到了 1922 年，它也成为一只领涨股。1922 年 10 月，股价见顶于 200 美元。1923 年和 1924 年该股出现了回调与蓄势，1925 年 3 月股价见顶于 232 美元，随后该公司在这个时候宣布了分红方案。在 1921—1929 年的这波牛市行情后期，该股的股价再也没有过大幅的单边走势。从 1925 年 9 月到 1929 年 11 月，在除权后的新股价格最终在 76 美元见底之前，该股一直处于派发状态之中，趋势持续下行。

美国机车公司（Amerian Locomotive）

该公司简称为 ALCO，因此国内也会称该公司为阿尔科公司。

该股是一只牛市早期的领涨股，1923 年该股股价见顶于 145 美元后，公司宣布进行分红，除权后的新股价格徘徊在 65 美元至 76 美元之间，并出现蓄势行情。1924 年 12 月，该股股价从 84 美元开始迅速上涨，1925 年 3 月股价见顶于 144 美元，但是未能突破 1923 年 145 美元的前期高点。此后该股趋势反转向下并且持续走低，直到 1928 年 6 月见底于 87 美元为止，而同时期其他股票却在上涨。它的股价在见底后才开始回升，1929 年 7 月上涨至 136 美元，1929 年 11 月股价又跌到 90 美元。

鲍尔温机车公司（Baldwin Locomotive）

由于这只股票的流通盘面一直以来都比较小，所以市场表现一直很好，股价的上涨幅度也很大，其流通股本总数很少达到 10 万股以上。

1921 年 6 月，该股见底于 63 美元，仅比 1919 年的底部低了两个点。如果投资者已经在 1919 年的低点价位买入了该股，并把止损单设置在这个低点价位下方两个点的价位上，这个止损单将不会被触发成交。

1922 年，这只股票成为了牛市中的领涨股，1923 年 3 月股价见顶于 144 美元。

1924 年 5 月，该股价格跌至 105 美元的低点，1925 年 2 月股价又回升至

146 美元，比 1923 年 3 月的顶部高出了 2 个点。这里是一个适合进行卖出做空操作的机会，止损单应当设置在前期高点上方两个点的价位上。

1925 年 3 月，该股股价下跌至 107 美元，并在这个位置获得了支撑，而这个位置刚好比 1924 年 5 月的底部价格高 2 个点，因此这里是一个买入机会。

1926 年 2 月，该股股价上涨至 136 美元，1926 年 3 月，当市场出现恐慌性暴跌时，该股股价曾下探至 93 美元，这曾是 1921 年 12 月和 1923 年 1 月的低点价格，该股从这个价位开始了持续上涨行情。在经历了 1926 年 3 月的下跌后，该股重回上涨通道，在 1926 年 7 月至 10 月期间，该股在 124 至 126 美元这一价格区间遭遇沉重的抛售压力。1926 年 11 月，股价突破 128 美元，并迅猛越过 144 美元和 146 美元两个关键价位，这两个价位分别是该股在 1923 年和 1925 年的顶部价位。接下来，该股股价又突破了历史最高价 156 美元。该股价格屡创新高，表明后市股价还会有可观的涨幅，投资者应当加仓买入，并在股价持续上涨的过程中采用金字塔交易法跟进。

1928 年 3 月，该股在 285 美元创下历史最高价，随后出现了一波快速下跌。接下来，公司宣布了分红方案，按照该方案，此前的 1 股被分拆为 4 股。1929 年 8 月，除权后的新股股价为 66.5 美元。其后，该股整体趋势掉头向下，如果投资者在持续绘制该股的周线图，就可以从图上观察到。1929 年 10 月 29 日，鲍尔温的股价跌至 15 美元，这相当于分拆前的 60 美元，比 1921 年 6 月的底部还低 3 个点。

随后有一波反弹，1930 年 2 月，股价上涨至 38 美元。这就显现出，当美国制动与铸造公司、美国汽车铸造公司和美国机车公司这几只股票处在下行趋势中时，鲍尔温却在持续上行，股价见顶的时间在牛市的后期。而其他几只股票在牛市的早期见顶后，股价就再未出现过新高，在行情图中鲍尔温就显得走势较为强劲。

西屋电气（Westinghouse Electric）

1921 年 8 月，该股的低点价格为 39 美元。

1923 年 2 月，股价的高点价格为 67 美元。

1923 年 5 月、6 月和 7 月，该股的低点均在 53 美元，股价在这里得到了非常有效的支撑。

1924 年 1 月，股价上涨至 65 美元，5 月又跌至 56 美元的低点，股价在这个价位上获得了支撑，而且这个底部价位相比前一个底部略有抬高。

1924 年 12 月，该股股价突破了 1923 年的高点 67 美元，1925 年 1 月股价上涨至 84 美元；3 月，该股回调至 66 美元，1925 年 8 月股价反弹到 79 美元并形成顶部。

1926 年 2 月该股股价再次回升到 79 美元的高点。1926 年 5 月，股价跌至 65 美元，仅比 1925 年的底部低 1 个点。这是一个适合买入的价位，止损单可以设置在 63 美元。

1927 年 8 月，该股股价突破了 1925 年的高点 84 美元，随后又越过了 92 美元，这个价位曾是该股在 1904 年、1905 年和 1906 年的顶部价位，这显然是一个看涨信号，后市的价格上升空间已经打开。

1928 年 11 月，该股突破 116 美元，这一价格创下了 1902 年以来的历史最高价。股价在这么多年的蓄势整理之后创出新高，投资者就可以确定该股股价后续会有较大涨幅。这一时期该股的价格走势，与鲍尔温机车经历多年整理后突破 156 美元时的走势相似，也类似于美国熔炼与精炼公司股的股价历经多年整理后突破 174 美元时的走势形态。从西屋电气的股价突破了 116 美元以后，一直到 1929 年 8 月见顶于 292 美元，其历次回调过程中的最低价位都未低于过 112 美元。最后的一波上涨在 6 周时间内的涨幅就达到了 100 个点。

这是一个典型的例证，证实了我提出的关于股价在最后冲刺上涨阶段的快速单边运行通常历时 6~7 周的法则。该股股价在形成一个尖锐的顶部后，先是下跌至 275 美元，随后又反弹至 289 美元的高点，这时顶部出现了下移；接下来股价跌破了 275 美元，这个价位是第一次回调过程中留下的底部，跌破了这个价位就显示该股的整体趋势已经掉头向下。

随后该股股价行情出现了一波迅速的下跌，10 月 3 日股价下探至 202 美元，接下来又是一次快速的反弹，10 月 11 日股价上涨至 244 美元。随后又出现了一波恐慌性的下跌。当股价跌破 200 美元后，投资者就应当追加卖出做空的仓位，并在股价下跌的过程中一路采用金字塔交易法来操作。10 月 29 日，股价跌至 100 美元；随后反弹到 154 美元，11 月 13 日又下跌至 103 美元，底部有所抬高。这是个股价趋势回暖的信号，投资者应该做多买入，并把止损单设置在 100 美元以下。从这个位置开始，该股出现了回升行情，并在 159 美元见到高点，随后又跌至 125 美元的低点，接下来股价再次反身向上。从周线图中可以看出，该股在这波行情最后达到的顶部价位分别为 154 美元和 159 美元，当它突破了 160 美元时，就表明该股后市继续看涨，投资者应当加仓买入。1930 年 3 月，股价涨到了 195 美元，在这里遭遇了很沉重的抛盘压制，随后股价出现回调。

食品板块

山毛榉坚果包装（Beech-Nut Packing）

（现为一家婴儿食品公司，由瑞士品牌消费品公司 Hero Group 所有，国内也音译为贝奇特食品公司。）

1922 年 7 月，该股股价见底于 10 美元，1923 年 3 月，股价上涨至 84 美元的高点。接下来股价运行迟缓，呈现窄幅震荡整理走势，这样的情况一直持续到 1927 年 4 月股价于 50 美元见底为止。随后该股股价持续上涨，1929 年 1 月股价见顶于 101 美元，11 月又跌至 45 美元，这曾是 1924 年 4 月的低点。此时是一个适合买入的机会，后市有较大反弹空间。

加州包装（California Packing）

1921 年 7 月，该股股价的低点为 54 美元。1922 年该股出现上涨，1923 年股价运行比较平稳，随后在 1924 年和 1925 年出现了迅速上涨。1926 年 2 月，股价见顶于 179 美元，接下来出现了一波急跌，1926 年 3 月，股价回调至 121 美元。此后不久，公司宣布该股执行 100% 的分红方案，随后在 1921—1929

年的这波牛市行情的剩余时间里，股价价格再未出现过大幅持续上涨。

北美大陆烘焙（Continental Baking "A"）

1925 年，该股股价见顶于 144 美元，随后股价开始持续走低，直至 1928 年 4 月见底于 27 美元为止。1929 年 7 月，股价反弹至 90 美元，1929 年 10 月又跌至 25 美元。这个价位仅比它在 1928 年的低点价格略低 2 个点，这里形成了一个支撑位，投资者应该买入该股，并将止损单设置在 24 美元。

玉米制品（Corn Product）

我在《江恩股市操盘术（专业解读版）》一书里曾对该股的走势进行过回顾。1924 年该股股价见顶于 187 美元，随后该股宣布分红，将原来的 1 股拆分为现在的 5 股。从 1924 年到 1926 年，除权后的新股价格一直处于窄幅整理的蓄势行情之中。1927 年，该股的交投开始逐渐活跃，1929 年 10 月，股价上涨至 126 美元的高点；1929 年 11 月，股价又跌至 70 美元，接下来该股股价出现反弹，1930 年 4 月股价回升至 109 美元。

库亚米尔果品（Cuyamel Fruit）

该股在 1921 年至 1929 年的这波牛市行情中无论在前期还是后期都出现了领涨走势。1924 年 1 月，该股见顶于 74 美元，随后股价在 1927 年 2 月至 4 月间持续下滑，并最终见底于 30 美元。该股股价在这个价位出现蓄势形态，并再度启动了持续上涨走势。1929 年 10 月上旬，该股股价在 126 美元见顶，紧随其后的是一波下跌，1929 年 10 月 29 日股价跌至 85 美元。

通用食品（General Foods）

（该公司在文中所述期间有过更名，1929 年以前的曾用名为波斯特谷物 Postum Cereal，1929 年因并购和重组更名为通用食品。）

该股是在牛市行情中启动时间较早的个股，1923 年 2 月该股股价在 134 美元创下第一个阶段高点。随后该股宣布了 100% 的分红配送方案，除权后的新股价格在 47 美元到 58 美元进行蓄势整理。1924 年 9 月，股价突破了

58~60美元的压力位，1925年8月股价上涨至143美元。此时该股再次进行分红。1925年11月，新股股价跌至65美元，1928年5月股价又上涨至136美元。此后波斯特谷物与通用食品合并，股票在1929年出现派发迹象，股价于1929年4月在81美元见顶，随后出现下跌，1929年10月股价跌至35美元。由于该公司目前由摩根财团掌控，因此毫无疑问的是，该股在今后的几年中，股价还有较大上升空间。投资者应该绘制并保留一份该股走势图，对该股持续关注，并在正确的时机买入。

沃德烘焙B（Ward Baking "B"）

1924年4月，该股股价见底于14美元，股价在这里获得了有效支撑，并且进行了充分的蓄势整理。1925年10月，股价上涨至95美元并形成顶部。随后该股的整体趋势转而向下，股价持续走低，直到1929年10月才见底，见底价格为2美元。从1926年到1929年，该股的底部和顶部不断下移，在此期间，投资者可以一直对该股进行做空，而同期食品板块的其他个股都处于上涨趋势之中。究其原因，主要是因为该股为次新股，而且公司的组建时间也比较短，上市发行价格和上市初期的股价远超公司自身价值，在股票被派发到公众投资者手中后，股价就出现了大幅持续下跌。

汽车与轿车板块

在1921—1929年的这轮牛市行情中，这一板块中涌现出了几只最为优秀的领涨股，那些对该板块内每只个股都逐一进行研究分析的投资者，就能够判断出哪只股票将会出现上涨且上涨幅度最大。

克莱斯勒汽车（Chrysler）

该股前身是麦斯威尔汽车（Maxwell Motors），这只股票在1921—1929年的牛市行情中启动较早，是牛市早期的领涨股之一。

1921年，麦斯威尔汽车的A类股票价格见底于38美元，1922年该股股价上涨至 75 美元，1923 年又跌至 36 美元。由于这个低点价格并没有低于 1921 年低点下方 3 个点的价位，显示出股价在这里获得了有效的支撑，是适合买入的时机。

当该股更名为克莱斯勒汽车以后，股价开始上涨。经过第一波的持续上涨后，1925 年 11 月该股股价创下 253 美元的阶段高点。这时公司宣布进行分红，1925 年 12 月，除权后新股的股价为 56 美元。

1926 年 3 月，股价跌至 29 美元，随后该股经历了充分的蓄势整理，并开始回升，在 1926 年和 1927 年，股价的底部和顶部都在不断抬高，从 1927 年 8 月到 1928 年 3 月，该股在 60 美元至 63 美元一带遭遇了沉重的抛售压力。

随后该股股价又迎来了一波大幅上涨，1928 年 10 月股价见顶于 140 美元，并在这个位置附近进行了 4 个月左右的持续派发走势。随后，正如我们可以从月线图和周线图中观察到的那样，该股的趋势转而向下。在 1929 年 1 月以后，该股实际上就已经处于熊市状态之中了。1929 年 5 月，股价跌至 66 美元，随后又反弹到 79 美元。其走势显得非常疲弱，在 66 美元至 78 美元这个区间内，股票被大量派发。1929 年 9 月，该股跌破了前期底部价格 66 美元，1929 年 11 月股价下跌至 26 美元，比 1926 年 3 月的底部还低 2.5 个点。

随后该股股价出现一波反弹，1930 年 4 月该股价格反弹至 42 美元。由于这只股票曾备受公众投资者的青睐，所以才能在非常高的价位上进行持续派发；但这样大规模的派发也是接下来该股股价会跌到如此低价的原因，并且这也是直到我撰写这本书的时候，该股的反弹仍然比较无力的原因。

哈德逊汽车（Hudson Motors）

该股在 1921—1929 年的牛市行情中是启动比较晚的股票。

1922 年 5 月，该股的低点价格为 19 美元。

1923 年 8 月至 10 月，股价的低点为 20 美元。

1924 年 3 月，股价的高点价格为 29 美元。1924 年 5 月的低点价格为 21 美元。

从上述情况中我们可以观察到，该股在 1922 年出现了极低价位，1923 年的低点比 1922 年的低点略高出 1 个点，而在 1924 年，股价的低点价格再度提高了 1 个点。该股在 3 年中维持着窄幅震荡的行情，这里它的蓄势整理期。

1924 年 12 月，股价突破了 1922 年的高点 32 美元，随后开始快速攀升。

1925 年 11 月，该股上涨至 139 美元并形成了第一个顶部。

1925 年 12 月，股价出现了一次凌厉的急跌，将股价拉低至 96 美元。

随后股价又反弹至 123 美元，1926 年 1 月至 3 月，该股在这个价位出现了派发情况。其整体趋势开始转而向下，股价持续走低，直到 1926 年 10 月见底于 40 美元。该股在这个位置上再次展开蓄势整理行情，股价开始上行。

1928 年 3 月，该股见顶于 99 美元。

随后，股价开始在 77 美元至 97 美元这个范围内震荡，这种情况一直延续到 1929 年 9 月。这时该股再一次出现巨量派发情况。

1929 年 11 月，股价下跌至 38 美元，这个价位与该股在 1926 年 10 月形成的底部下方 3 个点的价位相差无几。作为一个早期的支撑位，这里可以被视为一个买点。

1930 年 1 月，该股股价反弹至 62 美元。

通用汽车（General Motors）

这只股票造就的百万富翁比汽车板块内其他任何一只股票都多，同时它也是让投资者沦为乞丐人数最多的股票。该股的英文简称与其写为 GMO，不如写为 G.O.M（"Grand Old Man"），意思是汽车行业里的"超级元老"。这只股票保持着一项辉煌的战绩，它在 1915 年、1916 年、1918 年和 1919 年的牛市行情中都是领涨股，而且在 1924 年到 1929 年的牛市行情中出现多次幅度极大的上涨。

1913 年，该股的最低股价为 24 美元。

1916 年 11 月，股价上涨至 850 美元并见顶。

随后该股宣布分红方案，对原有的股票进行了拆分。

1917 年 11 月，除权后的新股价格下跌至 75 美元，股价在这里获得了有效的支撑，并进行了充分的蓄势。

该股在 1919 年的牛市行情中成为了领涨龙头股，当年 11 月，该股股价见顶于 400 美元。

接下来股价出现了一波急跌，1920 年 2 月股价跌至 225 美元，随后又在 1920 年 3 月回升至 410 美元。此时，该股再次进行了拆分，将原来的 1 股拆分为 10 股。

1920 年 3 月，除权后新股的价格为 42 美元，这个价位相当于未拆分前的 420 美元。该股在这个位置出现了大规模的派发，趋势也转而向下，股价直到 1922 年 1 月—3 月才在 8.25 美元的价格见底，对应的未拆分（复权后）的价格是 82.5 美元，这与 1920 年 3 月的顶部复权价格 420 美元之间有着巨大的差异。此时该股的流通股本规模大概有 5000 万股。

该股的运行非常迟缓，1922 年 4 月和 5 月，股价终于涨至 17 美元的高点；1923 年 7 月，该股又跌至 13 美元；8 月，股价反弹至 16 美元；1924 年 1 月，股价再一次于 16 美元见顶。1924 年 4 月和 5 月，股价再次跌至 13 美元，与上一次股价跌至同一价位的情况构成了双底形态。

从 1920 年 10 月到 1924 年 6 月，该股价格一直在 8.25~16 美元持续震荡。这个蓄势走势的时间长达三年半之久，这一情况表明该股股价在后市有出现大涨的可能，并且这波上涨必然会持续很长的时间才会进入高位派发期。

1924 年 6 月，该股进行了合并，原来的 10 股合并为现在的 4 股，这样一来流通股的数量就出现了减少。合并后的新股股价从 52 美元开始上涨，并持续走高，直到 1925 年 11 月初在 149 美元见顶，此后股价出现了一次短期回调。

随后该股出现快速下挫，11 月下旬，股价跌至 106 美元。接下来该股又再度上涨，而同期怀特汽车和其他汽车板块个股的股价却在下行，恰好与通用汽车的走势相反。

1926 年 8 月，该股在 225 美元出现另一个顶部，随后公司宣布按 50% 的比例进行分红。1926 年 9 月，除权后的新股股价见底于 141 美元，接下来又在 10 月上涨至 173 美元，形成了一个短期的顶部。随后又一次快速下挫，11 月，股价在 137.625 美元见底，这个价格刚好是 9 月底部下方大约 3 个点的价位，该股的成交量在这个位置明显放大，股价获得有效的支撑，在经过一段时期的蓄势之后，整体趋势又再度上扬。

1927年3月，股价突破了173美元，这个价位曾是1926年10月的高点，股价再次出现大幅拉升。1927年10月，通用汽车的股价见顶于282美元。1927年8月，公司宣布配送比例为100%的分红方案。新股上市后在纽约场外交易所交易。1927年8月，新股的股价为111美元，随后开始上涨，1927年10月股价见顶于141美元，相当于原本每股（未配送前）283美元的价格。当年11月和12月，股价跌至125美元，并在此获得了有效的支撑，股价开始走高。

1928年3月，股价突破了1927年10月的高点141美元，随后是一波快速的上涨行情。1928年5月，通用汽车的股价在210美元见顶；随后股价出现急跌，6月该股在169美元见底，在这位置上再次获得支撑，重新展开上涨行情。1928年10月和11月，股价再次见顶于223美元。值得注意的是，这个价位也曾是1926年的顶部。该股在这个价位附近出现沉重的卖盘，开始进入大规模派发的状态。

出现在12月的一轮下跌将该股股价拖低至182美元，此时公司又一次宣布分红方案。1928年12月，新股的股价跌至74美元，其后股价开始缓慢回升，直到1929年3月见顶于191.75美元。此时该股的成交量已经连续四周超过每周150万股的水平，说明这个价位上出现了大量派发的迹象。

1929年3月26日，是通用汽车遭遇暴跌之日，该股的股价一度下探到77.25美元。到4月下旬，股价又反弹至88.5美元，此时的周成交量仍在每周百万股之上，表明抛售压力依然沉重。因为在反弹过程中股价并未能达到前期顶部价位，因此这可以视为一个做空的信号。下跌就此展开，该股于5月跌破了3月时的低点，这是一个明确的趋势下行信号。在7月下旬，该股股价跌至66.25美元，9月3日又反弹至79.25美元，这里是最终的顶部，当周成交量为150万股。这样的成交量水平显然说明，这里的卖盘依然沉重，尤其是反弹后的股价与7月3日的高点77.25美元相比，并没有高出3个点以上，这一情况更印证了卖盘沉重对股价的负面影响。从8月21日至9月

21 日，股价约有四周的时间都处于 71.75 美元至 72.25 美元的震荡区间内。在截至 9 月 28 日的那一周，通用汽车的股价跌破了 72 美元，下探到 66 美元。当股价跌破 72 美元时，投资者应该加大做空仓位，并且可以在股价一路向下时采用金字塔交易法来进行追加操作。10 月 29 日，股价下探到 33.5 美元，当日的成交量为 97.13 万股，该周的成交量是 222.56 万股，在随后的三周时间里，每周的成交量也都超过了 100 万股。1929 年 10 月 31 日，股价反弹至 46.75 美元，随后又开始下跌，11 月 7 日股价见底于 36 美元。在截至 11 月 16 日的那一周，该股的周成交量是 92.3 万股。而在截至 11 月 23 日的那一周，周成交量仅为 31.8 万股，该股股价出现反弹，说明抛盘已经出尽。12 月 9 日和 10 日，该股股价反弹至 44.75 美元。1930 年 1 月 18 日，该股股价回落至 37.5 美元，当时的周成交量为 32 万股，从数据可以看出抛盘并不沉重。这是该股在突破了 42 美元后出现的第二个底部，并且相比前一个底部价格有所抬高，而股价下跌到这一位置并且获得支撑已经有数个星期之久，这预示着该股股价后市可能有上涨潜力。1930 年 4 月 9 日，通用汽车的股价上涨至 54 美元，成交量也随之放大。

以下所述情况值得投资者应予以重视，那就是自 1924 年 6 月至 1929 年 3 月之间，该股的历次回调过程从来没有超过 1 个月，或者说每当该股的回调过程进入到第二个月时，该股股价从没有跌到上个月的底部价格下方 3 个点的价位过。**这里要遵循的操作法则是：对于从顶部开始出现回调，但是历次回调时间都不超过一个月的股票，永远不要尝试对其进行卖空操作。**

通用汽车回调的时间仅有一个月，随后就出现回升反弹，而同时期，哈德逊汽车、麦克卡车、怀特汽车和其他汽车股的股价开始走低，走势趋弱，而当 1924 年和 1925 年通用汽车处在蓄势整理状态时，这些股票处于上涨状态，不过现在又轮到通用汽车开始强势上攻了。通用汽车在 1914 年到 1929 年的所有牛市行情中都是领涨股，投资者也就不能期望它在下一轮牛市行情中再次成为领涨龙头，因此投资者要去汽车板块中寻找那些目前仍在蓄势，但已显露出领涨潜质的股票，为下一轮的牛市行情选出一只领涨龙头股。

麦克卡车（Mack Truck）

这是汽车板块当中的另一只前期领涨个股，关键原因之一就是该股的总股本数量较少。其流通股本仅有 33.9 万股，因此市场主力可以比较容易地拉高它的股价。

1921 年，该股价格见底于 25 美元。

1923 年 4 月，股价于 94 美元见顶。1923 年 6 月，低点价格为 64 美元，在 1923 年和 1924 年，这个价位附近堆积了庞大的累计成交量。这一情况显示，有机构在此价位持续吸纳所有能获得的筹码，为股价的下一次大幅上涨进行了准备工作。

1924 年 8 月，该股突破 94 美元，这一价位曾是 1923 年的高点。

1925 年 11 月，股价见顶于 242 美元，市场主力开始进行高位派发，此时该股宣布分红方案。

随后，该股的整体趋势调头向下。1926 年 3 月股价跌至 104 美元，随机出现反弹，1926 年 8 月，股价见顶于 136 美元。

接下来，该股的顶部和底部持续出现下移。

1927 年 1 月的低点为 89 美元，1927 年 5 月的高点为 118 美元。

1928 年 4 月的低点为 83 美元。

1929 年 2 月和 3 月的高点为 114 美元，低于 1927 年 5 月的高点。

1929 年 3 月和 4 月，股价在 91 美元见底。

1929 年 9 月该股价格在反弹后于 104 美元见顶，这是一次力度较弱的反弹，表明该股仍处在大量派发的阶段之中。这个派发期实际上从 1925 年一直持续到 1929 年。

1929 年 11 月，股价跌至 55 美元。值得注意到的是，股价在 1922 年 10 月创下的前期底部 53 美元处获得了支撑。

1930 年 3 月，麦克卡车的股价反弹至 85 美元，通过观察可以判断出这只是熊市中的一次反弹而已。

帕卡德汽车（Packard Motor Car）

这是一只在牛市行情后期启动上涨的股票。

1921 年，该股股价见底于 5 美元。

1922 年 12 月，股价的高点为 21 美元。

1923 年 11 月的低点为 10 美元。

1924 年 5 月股价再次于 10 美元创下低点，这就显示出该股在 10 美元至 16 美元之间进行了充分的蓄势。

1925 年 4 月，该股股价突破 21 美元，这一价位曾是 1922 年的高点，这里是一个买入机会，后市有大幅上涨预期。

1925 年 10 月和 11 月，该股见顶于 48 美元，随后出现回调，1926 年 3 月股价见底于 32 美元。1926 年 7 月，该股上涨至 45 美元，1926 年 10 月股价又跌至 32 美元，这与 3 月的底部价位相同。从 1926 年 10 月到 1927 年 7 月，该股在 33 美元至 38 美元之间进行了持续的蓄势。

1927 年 8 月该股股价开始出现大幅上涨，10 月股价突破 48 美元，这一价位曾是 1925 年的高点，接下来股价又是一波大涨。从 1927 年 5 月股价最后一次触及 34 美元，一直到 1928 年 12 月该股见顶于 163 美元为止，期间股价的底部都在逐月不断抬高。这轮股价的上涨幅度为 130 个点，在整个上涨过程中，该股的整体趋势从未出现过任何转变的信号，这波行情是采用金字塔交易法的绝佳机会。1929 年 3 月，股价跌至 117 美元，1929 年 5 月又反弹至 154 美元。当股价于 7 月跌至 128 美元时，又一次获得了有效的支撑，并展开了蓄势行情。1929 年 9 月，股价见顶于 161 美元。这时该股进行了拆分，原本的 1 股分拆成现在的 5 股。1929 年 9 月除权后新股的股价为 32 美元，相当于未除权前的 160 美元。1929 年 11 月，新股价格跌至 13 美元，复权后股价为 65 美元，也就是说股价从顶部跌去了将近 100 个点。当其他一些汽车板块个股在牛市早期成为领涨股之后，投资者应该在帕卡德汽车的股价处在底部时去研究该股的月线图，你就可以观察到，该股在什么价位进行了充分的蓄势，走势又如何在牛市行情后期转强，使得股价也出现了大幅的上涨。

斯图贝克汽车（Studebaker）

该股是 1921 年牛市行情初期最早的领涨股之一，也是最优质的领涨股之一。在《江恩股市操盘术（专业解读版）》一书中，该股也被视为走势最强劲的股票之一。

1920 年 12 月，该股股价见底于 38 美元。

1922 年股价上涨至 141 美元。

1924 年该股宣布进行分红。

接下来，其走势与帕卡德汽车非常类似，这一点从该股的月线图中就能够观察到。

1925 年 11 月，股价见顶于 68 美元。

1926 年 5 月该股跌至 47 美元。在这个价位附近，该股展开了持续的蓄势。

在 1926 年的大部分时间和整个 1927 年，该股一直处于持续的震荡整理行情之中。

1928 年 1 月，该股股价突破 68 美元，这曾是 1925 年的高点。

1929 年 1 月，该股见顶于 98 美元，整体趋势急转直下。1929 年 11 月，股价跌至 38 美元，这个价位与 1924 年 9 月、10 月和 11 月的底部价位持平，同时也是 1920 年 12 月的底部价位。

经过一波小幅反弹后，1930 年 2 月股价回升至 47 美元。

怀特汽车（White Motors）

这是一只牛市行情早期的领涨股，该股股价于 1925 年晚些时候见顶，随后股价再未越过这个顶部。

1921 年该股的低点价位为 29 美元，1924 年 6 月股价出现第二波上涨，1925 年 8 月该股股价在 104 美元的位置上创下了最后一个顶部。

其后该股的派发状态一直持续到 1925 年 10 月和 11 月，这时候该股的整体趋势已经转为下行。1926 年 4 月，该股股价见底于 52 美元，在此之前该股的反弹力度都比较微弱。

1926 年 8 月，股价反弹至 64 美元，随后又开始进入派发状态，下跌趋势也卷土重来。1927 年 11 月，怀特汽车的股价触及 30 美元的低点，仅比 1921 年的低点高出了 1 个点，显示该股仍然处于弱势，不过已经出现反弹预期，因此可以被视为一个买入机会。

1929 年 4 月，股价反弹至 53 美元；接下来有一波回调，1929 年 11 月，股价见底于 28 美元，这个价位与 1927 年和 1921 年的底部接近，股价在这里获得有效支撑，这又形成一个买入机会。1930 年 4 月，股价反弹至 43 美元。

假设投资者仅仅是因为看到通用汽车的股价表现强势，持续上涨，因此期待怀特汽车也会随着通用汽车的趋势出现同步上涨，于是在 1926 年、1927 年或 1928 年的任何时间买入该股的话，那么这些投资者的损失会很惨重，因为当通用汽车显示强劲上涨趋势时，怀特汽车的趋势却是向下的。要学会永远不与趋势对抗。不要因为板块中的某一只个股上涨，就想当然地认为这个板块里的另一只股票也会随之上涨，因而去盲目地买入另一只股票，除非这只股票本身就处在强势状态当中。要按照每只股票的行情图逐一去判断它自身的状态和走势。

石油板块

多数石油板块中的个股，都是在 1922 年和 1923 年上半年出现顶部的，没能深度参与到 1924 年至 1929 年的牛市行情中。这是产能过剩导致的结果，不过这种情况能够持续的时日不会太久。随着需求的稳定增长，只要产量降低，石油板块个股的价格就会进入强势状态。当然，未来可能会出现新发明的化学产品来取代汽油的地位，导致石油公司的收入锐减。即便如此，当下还是应该关注一些优质的石油公司，它们将来仍会有上涨的潜力。当行情图显示这些股票的交易开始活跃，并且进入上升趋势时，投资者就应该买入。

墨西哥石油（Mexican Petroleum）

该股在 1922 年到 1923 年的牛市行情中是一只"牛气冲天"的领涨股，该股股价从 1921 年 8 月的 85 美元开始上涨，一直到 1922 年 12 月，攀升至

322 美元见顶。该公司的股票与泛美石油的股票进行了置换。墨西哥石油是1921 年石油板块中表现最佳的股票之一，因为该股在见底后，进行了充分的蓄势，随后反弹的速度很快，顶部和底部都在不断抬高，这说明该股的股价后市会出现持续大涨。事实上，该股的流通股数量较少，市场主力拉升该股股价的难度很低，尤其是该公司本身也拥有实际价值和业绩支撑。

大西洋精炼（Atlantic Refining）

该股也是 1921—1929 年牛市行情早期的领涨股之一。1923 年 1 月，该股价格见顶于 160 美元，1924 年 7 月跌至 79 美元，1925 年 2 月，股价又上涨至 117 美元，1925 年 3 月股价回调至 98 美元。随后出现一波反弹，1925年 6 月和 7 月，股价见顶于 116 美元，但仍然未能突破 1925 年 2 月的顶部价位，这是投资者应当对该股进行卖出做空的信号。这个位置附近集中了大量卖盘，1925 年 8 月该股股价跌至 97 美元。1925 年 11 月，股价上涨至 110 美元，1926 年 3 月又跌至 97 美元，这里出现了一个买入机会，止损单可以设置在 94 美元。接下来该股出现快速反弹，1926 年 5 月股价在 128 美元见顶，并形成一个尖锐的顶部，反弹随即而来，但是回调的速度也比较快，1926 年10 月该股急跌至 97 美元。这是该股第四次在这个价位筑底，因此投资者在这个位置可以再次买入，止损单还是设置在 94 美元。1927 年 8 月，股价上涨至 131 美元，刚好比 1926 年的顶部高出 3 个点，股价再次形成一个尖锐的顶部。该股的趋势迅速转向，1928 年 2 月股价跌至 96 美元，这是该股第五次在这个价位附近获得支撑。买入机会再一次出现，止损单仍应当设置在94 美元。随后该股股价又开始快速上涨，4 月就突破了 1926 年和 1927 年的高点，其后股价见顶于 140 美元，这曾是 1924 年 1 月的高点，该股在这个价位遭遇了长达三个月的抛盘压制，1928 年 6 月股价下跌至 111 美元。接下来又反弹到 141 美元，创出新高，该股在 6 月的收盘价为 139 美元。1928 年 7月，该股再次创出 143 美元的新高，这是股价即将大幅上涨的信号，此时投资者应加仓买入，因为该股多次在 96 美元和 97 美元见底后，股价创出了新高，表明该股新的上涨空间已经打开。1928 年 10 月，当该股于 238 美元附

近见顶后，公司宣布将进行分红。1928 年 12 月，除权后的新股价格见底于
50 美元，接下来一直缓步上行至 1929 年 7 月，并最终在 77 美元见顶，此后
股价就开始下跌，1929 年 10 月，该股跌至 30 美元。1930 年 4 月，股价反弹
至 51 美元。

通用沥青（General Asphalt）

该股是 1919 年牛市行情中涨幅最大的领涨股之一。1922 年 7 月，该股
股价在 73 美元见顶，1923 年 8 月股价跌至 23 美元，这个价位处于 1920 年
和 1921 年的底部下方，说明该股趋势走弱，将来不会继续作为市场的领涨
股。1926 年 8 月，股价的高点为 94 美元，1927 年 3 月，股价的高点为 96 美
元，而 1928 年 4 月和 5 月股价的高点为 95 美元，1929 年 8 月股价的高点同
样为 95 美元。该股股价连续四年都在同一价位见顶，但没能实现突破，这是
明确的卖空信号。

1929 年 11 月，该股跌至 43 美元，1930 年 4 月又反弹至 71 美元。

休斯敦石油（Houston Oil）

该股的流通股数量稀少，股价容易受人为操纵的影响。1921 年 8 月，该
股股价的低点为 42 美元，1922 年 10 月的高点为 91 美元，1923 年 8 月的低
点为 41 美元。这是一个可以尝试买入的价位，因为这一价位与 1921 年的底
部价位相差无几，止损单应当设置在 39 美元。1925 年 2 月，该股股价上涨
至 85 美元，1926 年 3 月和 10 月，股价都在 51 美元见底。经过长时间的蓄
势整理后，该股展开了一轮持续上涨行情，于 1927 年 2 月突破了 1922 年和
1925 年的高点，随后股价开始向上飙升。1927 年 7 月和 10 月，该股的高点
分别为 174 美元和 175 美元。在接近顶部价位时，该股出现了派发迹象，整
体趋势转而下行，表明在这轮牛市的其余时间里，该股将不会再充当领涨角
色。1929 年 10 月股价跌至 26 美元。该股从这个低点起步，又迎来一波大幅
上涨，1930 年 3 月，股价见顶于 110 美元。该股的反弹次数之所以要远多于
石油板块中的其他任何股票，原因仍在于它的流通股数量稀少。

泛美石油 B（Pan-American Petroleum "B"）

1921 年 8 月，该股股价于 35 美元见底。1922 年 10 月，股价上涨至 94 美元的高点，成为牛市早期的领涨股之一，但在此后的行情中就不再是龙头领涨股了。1924 年 2 月，该股股价低点为 42 美元，1925 年 3 月股价的高点为 84 美元，1928 年 2 月股价的低点是 38 美元。随后出现了一波反弹，1929 年 8 月股价的高点为 68 美元，在 1929 年 10 月的恐慌性下跌中，股价下探至 50 美元。观察该股的图表可以看出，当该股股价在 1922 年见顶后，虽然有过数次反弹，但持续大幅上涨的行情在 1922 年就结束了，所以它并不是在整个牛市行情中都能担当领涨角色的石油板块个股。

菲利普斯石油（Phillips Petroleum）

1923 年 4 月，该股在 69 美元的位置上形成了一个最高点，而在接下来的牛市行情中，该股再未能突破这个高点，股价持续走低，直到 1929 年 11 月见底于 24 美元，随后在 1930 年 4 月反弹至 41 美元。

加州标准石油（Standard Oil of California）

1922 年 10 月，该股股价见顶于 135 美元，随后公司宣布分红。1923 年 8 月，除权后新股价格见底于 48 美元，随后便进入持续窄幅震荡整理行情中，最终于 1929 年 6 月上涨至 82 美元。1929 年 10 月，股价跌至 52 美元，这个价位比 1923 年的低点高出了 4 个点，表明该股在这里获得强力支撑。1930 年 4 月，股价反弹至 73 美元。该股是最优质的标准石油类的股票之一，只要行情图显示价格整体趋势向上，投资者就可以买入。在 1929 年 7 月和 8 月有多只石油板块个股出现了反弹，但此时牛市行情已接近尾声了，随后就是一波急跌。除了几个特例外，我们可以很明显地观察到，如果投资者从 1922 年到 1929 年一直在购买石油板块个股，那么他获取丰厚回报的机会非常有限；而如果他继续交易石油股的话，就会错过其他在牛市中交易活跃的领涨股。坚持操作那些交投活跃的领涨股是值得的，不要在将时间过多地耗费在那些不活跃的股票身上，而要尽早转去交易那些活跃的股票。

公共事业类板块

这个行业类型板块在 1929 年牛市行情中，充当了最后冲刺上涨阶段的领涨龙头，保持领涨地位直到这轮牛市行情的结束。它们是牛市行情后期启动的板块，这最后一拨的快速上涨是由信托投资公司推动的，他们当时犯下严重失误，在股价接近顶部时买进了这类股票。在牛市的最后阶段，那些进行空头回补的买盘和公众投资者的进场买入促使公用事业板块的股价达到了异乎寻常的高位，也就再正常不过了。

美国与海外电力（American & Foreign Power）

1925 年 9 月，该股股价的高点为 51 美元。1926 年 10 月和 11 月，股价见底于 15 美元。 在 1927 年和 1928 年的大部分时间里，该股都处于蓄势整理状态。1928 年 11 月，股价突破了 1925 年的高点 51 美元，表明该股的上涨空间已经打开。1929 年 9 月，该股见顶于 199 美元。这波上涨行情突然中止，股价出现崩盘，1929 年 10 月股价下探至 50 美元，再次回到 1925 年的低点，这里是一个买入机会，止损单应当设置在 48 美元。1929 年 12 月，股价反弹至 101 美元，随后又回调至 89 美元。1930 年 2 月，该股再次回升到 101 美元，但未能突破这个前期顶部价位，说明投资者应该在这个位置做空该股。1930 年 3 月，股价跌至 83 美元。

美国电力与照明（American Power & Light）

1924 年 11 月，该股的低点价格为 38 美元，1926 年 1 月股价的高点为 79 美元，1926 年 3 月的低点为 49 美元。从这一时点起，直至 1928 年 4 月股价突破 1926 年的顶部 80 美元之前，该股都处于蓄势整理状态，1928 年 5 月股价上涨至 95 美元。随后股价再次进入蓄势休整期，直到 1928 年 12 月该股见底于 76 美元，并从这个价位启动上涨。1929 年 9 月，该股见到了最后一个高点 175 美元，并在此形成了一个尖锐的顶部，就像美国与国外电力和美国工业乙醇这些牛市行情后期的领涨股一样，接下来它的股价也出现了急剧的下跌。该股股价在 10 月跌破了 154 美元，这一价位低于 9 月的低点，表明该股的趋势已转为下行，如果投资者正在卖出做空，那就应该加大做空仓位。1929 年 11 月，股价跌至 65 美元，这也曾是 1928 年 2 月的低点，随后该股股价出现大幅的持续上涨行情，投资者应该在这个价位买进。1930 年 3 月，该股反弹到了 119 美元。

布鲁克林联合燃气（Brooklyn Union Gas）

1924 年该股的低点为 57 美元，1925 年股价的高点为 100 美元，1926 年 3 月股价的低点是 68 美元，1929 年 8 月股价上涨至历史最高价 248 美元。股价在此价位形成了一个尖锐的顶部，随后出现了崩盘式下跌，股价急速下挫，1929 年 11 月该股见底于 99 美元。接下来在 1930 年 3 月，股价又反弹至 178 美元。这是另外一只牛市行情后期领涨股，但是作为最优质的公用事业类个股之一，投资者可以在 1929 年恐慌性下跌之后买入。

标准燃气与电力（Standard Gas & Electric）

1923 年该股的低点为 19 美元，1926 年 2 月股价的高点为 69 美元，1926 年 3 月的低点为 51 美元。直到 1928 年底股价启动迅速上涨之前，该股都一直处于窄幅的震荡整理走势制造。1929 年 9 月，该股在 243 美元见到最后一个顶部，随后就出现了破位下跌，1929 年 11 月股价在 74 美元见底。接下来有一波反弹，1930 年 4 月股价上涨到 128 美元。

在牛市行情的最后阶段，这些后期的领涨股会出现快速运行，这就说明投资者的行动必须要迅速，在牛市的最后阶段要及时卖出持有的相关股票，如果投资者仍持股不动，还期盼股价会继续上涨，那么最终就会损失惨重。对于这些快速运行的个股，投资者可以去观察它们的日线图和周线图，这样可以帮忙投资者发现个股趋势的改变，及时将手中的股票卖出变现，并开始做空。

橡胶与轮胎板块

在 1921 年到 1929 年的牛市行情的第一阶段中，这个板块中的股票不属于那些表现优异的领涨股。从 1921 年到 1923 年，它们的股价没有出现过任何较大的涨幅，有些股票在 1923 年和 1924 年的股价甚至比 1921 年时还要低。

古德里奇公司（Goodrich Corporation）

1920 年和 1921 年，该股股价都见底于 27 美元。

1922 年 5 月，股价反弹至 44 美元。这是该股从 1919 年的高点开始，经历了持续的大幅度下跌以来，出现的一次小幅反弹。1922 年 11 月，该股股价跌至 29 美元，该股在经历小幅反弹后，股价再次跌至与 1921 年的低点价位非常接近的位置，表明该股趋势偏弱。

1923 年 3 月，股价的高点为 41 美元，这个顶部比 1922 年的顶部要低。股价的整体趋势再次转而向下，1923 年 10 月，股价见底于 18 美元。这个底部比 1921 年的底部还要低，仍是处于弱势的表现。

1924 年 1 月，该股反弹至 26 美元，未能在 1920 年和 1921 年的低点价位止跌。1924 年 6 月，股价于 17 美元见底，1924 年 9 月，股价突破了 26 美元，这个价位是该股前一次回升的顶部，或者说是阻力位，该股的整体趋势转而向上。这是一个买入机会。由于该股在 1923 年和 1924 年于同一价位见底，投资者可能已经在这个双底的低点价位买入了该股；但是投资者要想买进股票立即就能迎来上涨，那么买点就应该选在整体趋势反身向上之后。

1925 年 11 月，该股股价上涨至 74 美元的高点。随后该股的整体趋势再度下行，1926 年 11 月该股跌至 39 美元。股价在这里进入蓄势整理状态，整体趋势开始上扬。

1928 年 1 月，股价见顶于 99 美元，1928 年 6 月又跌至 69 美元，这与该股在 1927 年 9 月、10 月和 11 月的低点价位相同。股价在这里获得了有效的支撑，并重回上涨趋势。1928 年 12 月，该股创下了最后的高点 107 美元。这次形成的是一个尖锐的顶部，该股的趋势迅速调头向下，股价一直持续下跌，直到 1929 年 11 月才在 39 美元止跌见底。这个低点与 1926 年 11 月的低点在同一价位，是一个股价下跌途中的阻力位，投资者应该在这个价位买入，并将止损单设置在 36 美元。1930 年 3 月，古德里奇的股价反弹至 58 美元。

固特异轮胎（Goodyear）

1921年，这只股票的价格见底于5美元之后，股价的运行速度一直迟缓，直到1927年才开始出现上涨趋势。1928年1月，该股的价格高点为72美元；1928年6月，股价的低点为45美元。随后该股股价出现迅速上涨，1929年3月，股价见顶于154美元，这里形成了一个尖锐的顶部，接下来就是一波急速的暴跌。1929年10月，该股跌至60美元。随后开始反弹，1930年3月股价上涨至96美元。

美国橡胶（U.S.Rubber）

1921年，该股股价见底于41美元，这个价位要比1919年的顶部价位低102个点，已经跌至阶段低点。

1922年4月，股价反弹至67美元，这是暴跌之后出现的小幅反弹，显示该股趋势已经走弱。1922年12月，股价的低点为46美元，比1921年的底部略有抬高，这是一个买入的机会，后市有反弹值得预期。

1923年3月，股价见顶于64美元，这个顶部比1922年的顶部略有降低，因此后市看跌。

请务必牢记下面这条操作法则：**只有股价突破了牛市中第一年创下高点，才可以预期后市有机会持续大涨。**

1924年1月，股价在23美元创出新低，该股在这个价位附近出现交投低迷的迹象，并进入到窄幅整理的蓄势行情之中。

1925年1月和2月，股价上涨至44美元，这里是一个阻力位，也曾是该股在1923年7月、8月和9月的价格底部。随后股价回调到34美元，1925年4月该股股价突破了44美元，显示出将继续走强的信号，这个价位是个加仓机会。1925年11月，股价见顶于97美元，这次是一个尖锐的顶部，随后就出现了快速的回调，该股的整体趋势调头向下。

1926年5月，股价的低点为51美元，1926年8月，股价的高点为68美元，1926年10月，股价的低点为52美元，与上次51美元的低点形成了双底形态，这又是一个买入机会，止损单可以设置在48美元。

1927 年 3 月，股价在经历反弹后于 67 美元见顶，因为这个顶部价格没能突破 1926 年 8 月的前期高点，是该股趋势走弱的信号，其整体趋势再次转为下行。1927 年 6 月股价见底于 37 美元。

随后反弹出现，1928 年 1 月股价回升至 63 美元的高点，这是第二次出现顶部下移的情况，后市仍然看跌。1928 年 6 月，该股见底于 27 美元，比 1924 年的低点高出 4 个点，显示出股价在这里获得了有效的支撑。这是一个买入机会。

该股趋势反转向上，1929 年 3 月股价在 65 美元见顶，这个价位与 1928 年的高点相比，并未能超出三个点以上，而且也未能突破股价于 1926 年和 1927 年在 67 美元和 68 美元左右留下的高点，说明该股趋势已经走弱，应该开始卖出做空。接下来该股出现了迅速的下跌，整体趋势再一次向下运行。1929 年 5 月，该股的低点为 46 美元，1929 年 9 月股价反弹至 58 美元，1929 年 10 月股价又跌至 15 美元，这是该股自 1907 年在 14 美元见底以来的最低价。这里是买入机会，止损单应当设置在 12 美元。

随后该股出现反弹，1930 年 4 月该股股价上涨至 35 美元。该股股价连续下行五年之久，或者说从 1925 年 11 月开始，股价在一路走低，而同期其他股票的价格却在上涨。因此，当抛盘枯竭之后，美国橡胶的股价才可能上涨，而其他那些后期启动的股票已经开始下跌了。杜邦公司注资并掌控该公司的这个事实，就是这只股票在今后几年将出现大涨的重要依据。1932 年该股的上涨空间可能会很大，该股是橡胶板块中可供选择买入的股票之一。

钢铁板块

伯利恒钢铁（Bethlehem Steel）

我此前曾经说过，在股价已经有过巨幅上涨之后，如果想要这只股票在另一次牛市行情中再次充当领涨股并出现大幅上涨，中间需要间隔很多年。

1907 年，伯利恒钢铁的股价见底于 8 美元，在股市处于"战时繁荣期"的 1916 年，该股股价在 700 美元见顶。此时公司宣布该股分红，股票进行了拆分。1921 年，新股的价格低点是 40 美元。1922 年涨至 79 美元的高点。接下来，该股的趋势开始下行，1924 年的低点为 38 美元，随后反弹至 53 美元的高点。1925 年 6 月，股价再度跌回至 37 美元，相对于 1924 年 38 美元的低点来说，构成了双底形态，这里是个买点。

1925 年 11 月和 12 月，该股上涨至 50 美元。1926 年 4 月，股价再次跌至 37.5 美元，这里是个支撑位，应当买入该股并将止损单设置于 35 美元。1926 年 8 月，股价反弹至 51 美元，但是却未能突破 1925 年 1 月的高点 53 美元，这说明该股尚未做好发起大幅上涨的准备。1926 年 9 月和 10 月，以及 1927 年 1 月，伯利恒钢铁的股价低点都在 43.5 美元，股价在更高的底部价位获得支撑，说明其走势已经趋于强势，并做好了向上反攻的准备。1927 年 4 月，该股股价突破了前期高点 53 美元，整体趋势也反身向上，但是 6 月，股价回调到 46 美元。接下来，股价在 9 月涨至 66 美元，1927 年 10 月再次回调到 49 美元。

1928 年 4 月，股价创下了 69 美元的高点，利好后市。1928 年 6 月，该股出现最后一次回调，并见底于 52 美元。从这个价位开始，该股展开了大幅持续上涨，1929 年 8 月股价见顶于 140 美元。和所有在牛市行情后期才启动的股票相似，它也形成了一个尖锐的顶部，随后就开始快速下跌，1929 年 11 月，该股见底于 79 美元。接下来，股价开始回升，1930 年 4 月上涨至 110 美元。

由此可以观察到，伯利恒钢铁作为一只上一轮牛市行情中的领涨股，在 1929 年牛市的后期才启动。当美国钢铁和美国铸管于 1921 年到 1929 年这轮牛市的早期领涨股市，股价持续走高时，伯利恒钢铁始终处在窄幅振荡的行情中，这一点从该股行情图中可以看得很清楚，从 1921 年到 1927 年，该股从未发出已经准备完毕、即将展开一次大幅上涨行情的信号。

要学会去观察行情图，并等到股价的走势形态发出明确的信号后再介入。只交易那些交投活跃并且已经突破前期压力位的股票。这样做可以让投资者避免将资金虚耗在那些股性迟滞的个股上，从而使得投资者可以更快速地获取盈利。

科罗拉多燃料与炼铁（Colorado Fuel & Iron）

如果投资者运用我的法则去观察科罗拉多在底部的形态，就应当会把该股选择出来，视为在 1929 年股市恐慌性下跌后，最具希望出现大幅反弹的股票之一。

之所以选中该股的原因有以下几点。

（1）科罗拉多的股价上一次见顶时间是在 1927 年 7 月，因此当该股在 1929 年 11 月见底时，该股已经经历两年多的下跌。比起 1929 年 9 月才见顶，股票刚经历两个半月下跌的美国钢铁来说，科罗拉多的抛盘当然被消化得更彻底，反弹也会更快速。

（2）1929 年 11 月 13 日，股价在 28 美元见底，这与它在 1926 年 3 月 26 日的低点价位相同。不过就在此时，美国钒钢在比 1926 年 3 月 26 日的低位高出 8.5 个点的位置上止跌企稳，所以美国钒钢获得的支撑力度要强于科罗拉多。

（3）1929 年 12 月 9 日，科罗拉多的股价反弹至 39 美元，12 月 20 日和 23 日又回调至 32 美元，股价在更高的底部价位获得了有效的支撑，这是值得买入的积极信号。从截至 11 月 18 日的那一周到截至 12 月 28 日的那一周，股价的低点总是徘徊在 31.5 美元至 32 美元一带，说明在这个价位附近有较强的支撑。

1930 年 1 月上旬，科罗拉多的股价突破了 40 美元，这是 1929 年 12 月 9 日的高点，接下来股价持续上行，底部和顶部都在不断抬高，直到 1930 年 4 月在 76 美元见顶为止。从 1929 年 11 月的低点算起，这波上涨的累计涨幅为 48 个点。这段时间，钒钢从底部上涨了 87 个点，科罗拉多的涨幅为 48 个点，而美国钢铁仅上涨 42 个点。导致上述的原因之一就是，美国钢铁的流通股本有 800 万股，要拉升美国钢铁的股价，就需要更强力的买盘来推动，运作该股的市场主力也要实力雄厚，相比起流通盘只有几十万股的小盘股来说，美国钢铁的股价在上涨过程中自然也更容易遭遇沉重的卖盘压制。

熔炉钢铁（Crucible Steel）

该股是一只可以归属到"战时飙涨股"中的个股，1915年该股股价见顶于110.875美元，随后出现下跌，1917年，股价见底于46美元。1918年和1919年，该股的低点都出现在52美元，在1919年的牛市行情中，股价出现大幅上涨，1920年4月股价见顶于278.75美元。仔细观察该股的年线图并进行研究，投资者就可以观察到该股在前几年是如何运行在蓄势行情之中的，而当股价突破了前期高点价位后，该股又是如何进入即将大涨的状态之中的。当该股股价在1920年4月见顶时，公司宣布进行分红。1921年8月，除权后的新股股价见底于49美元。该股是在1921年8月25日左右最后见底的股票中的一只。1922年9月，股价上涨至98美元，随后趋势调头向下。1924年5月股价见底于48美元，这个价位比1921年的底部低了1个点，这里可以被视为一个买入机会，但该股再次跌回到这个低点价位，说明该股在1921年到1929年的牛市行情中不会成为早期的领涨股；判断它不会成为早期领涨股的另一个原因是，该股曾是1919年牛市行情中最出风头的领涨股。

接下来，该股股价运行迟缓。1927年3月，该股股价见顶于96美元，随后回调至80美元。1927年8月、9月和10月，股价又都回升至96美元的高点，但却未能突破1922年，即牛市行情第一年留下的高点。1928年7月，股价下跌至70美元，成交量低迷，股价进入了窄幅震荡的蓄势整理行情之中。接下来，股价再次出现回升，1929年8月，该股在121美元创下最后一个顶部。

由于该股是在牛市行情临近尾声时才启动的，其顶部自然会是一个尖顶形态，随后就出现了崩盘式下跌，1929年11月股价跌至71美元的低点，这个价位与1928年7月的低点价位相差不到1个点，是个可以买入的价位，同时也不能忘记设置止损单。投资者可能会问，为什么熔炉钢铁未能成为1921—1929这轮牛市行情中的领涨股，原因在于该股曾在1915—1916年充当领涨股，而且在1919年和1920年的行情中再次充当了领涨龙头股，股价经历了巨大的涨幅，最终在见顶于 278 美元，随后该股进行了拆分，因此我们不能再奢望它还会在下一轮的牛市中再一次出现大涨。另外，该股曾被拆分和派发也是一个重要原因。投资者要去关注那些以后有上涨机会的新股，或是那些以前没成为过领涨股的股票，避免将注意力一味纠缠于一些昔日的领涨龙头身上，当行情图显示它们不会成为领涨股时，不要还对它们抱有固执的幻想。

共和钢铁（Republic Iron & Steel）

该股在 1919 年的牛市行情中是后期启动的个股，1919 年 11 月该股股价见顶于 145 美元。

1921 年 6 月，股价见底于 42 美元。

1922 年 5 月，该股上涨至 78 美元的高点。1922 年 11 月，股价再度跌至 44 美元，这里是一个支撑位，比 1921 年的低点高出 2 个点，这里存在买入机会，同时也要设置止损单。

1923 年 3 月，该股股价涨至 66 美元的高点，没有触及 1922 年的高点价位，这说明该股走势偏弱，也表明该股此时暂时不能成为领涨股。1923 年 6 月，股价见底于 41 美元，这个价位比 1921 年 6 月的底部还低 1 个点。尽管这里也存在一个支撑位，可以再次买入，但同时种种迹象也表明该股还尚未做好进入大幅上涨的准备。

1924 年 2 月，该股上涨至 61 美元的高点，顶部再次下移。1924 年 6 月股价再次跌至 42 美元，这是买入机会。8 月，该股的高点为 50 美元，10 月的低点为 42 美元，股价再一次回到了这个支撑位。只要股价不跌至前期低点下方 3 个点的价位，那么投资者在这个低点价位买入就是合理的。该股第一次的低点为 42 美元，止损单可以设置在这个低点下方 3 个点的价位上，也就是 39 美元。

1925 年 1 月，该股上涨至 64 美元。1925 年 4 月、5 月和 6 月，股价又跌至 43 美元，在同一低点价位附近获得支撑，这仍然是个买点，止损单仍可以设置在 39 美元。

1926 年 1 月，股价见顶于 63 美元，但未能突破 1925 年的顶部。1926 年 5 月，股价再一次跌至 44 美元，这次该股股价在相比前期低点价位稍高的位置上得到支撑，说明只要股价维持在这个支撑位之上，后市就可能出现更大的涨幅。1926 年 8 月，股价的高点为 63 美元，仍然未能突破 1925 年和 1926 年 1 月的两个高点价位。

由此可以观察到，从 1921 年到 1926 年，该股的底部在 44 美元至 41 美元徘徊；从 1923 年到 1926 年，顶部在 63 美元到 66 美元徘徊。这说明该股每次跌破 44 美元时，都会获得支撑，但是每当股价涨至 63 美元左右时，又总有足够的抛售压力将股价压制下去。

1927 年 2 月，股价突破 66 美元，3 月的高点为 75.75 美元，不过还是未能达到牛市第一年，也就是 1922 年创下 78 美元的高点。这个时候，如果股价可以突破 78 美元，那么该股后市的上升空间也就此打开。从 1927 年 3 月，该股的趋势开始调头向下，直到 1928 年 6 月才又一次在 50 美元见底。从这个价位开始，该股展开了一波快速上涨行情。1928 年 9 月，股价突破了 78 美元，这是可以加仓买入的机会。趋势维持向上，该股一直上涨到 1929 年 9 月，于 146.75 美元见顶，这个价位仅比 1919 年的顶部高出了 2 个点。在这个曾经是 1919 年顶部的价位，投资者应该卖出多头仓位，并开始进行做空，同时将止损单设置在该顶部上方 3 个点的价位上，这样止损单就不会被触发了。随后该股有一波快速下跌，1929 年 11 月股价见底于 63 美元，这个出现支撑效果的价位正是此前该股上涨过程中的反弹阻力位，当股价涨至这个价位时投资者就应当将之卖出。1930 年 4 月，该股股价反弹至 82 美元。

美国管业铸造（U.S.Pipe & Foundry）

这家公司的前身是美国铸管，在 1921—1929 年的牛市行情中，该股之所以能成为早期表现优异的领涨股之一，有以下几个原因。

（1）该股经历了多年的蓄势整理行情；

（2）该股的总股本非常小，总共只有 12 万股，其中还包含非流通股票，或者说被少数人高度控盘了；

（3）股票收益良好，易于被市场主力拉升。

当这类股票的整体趋势向上时，如果进行卖空，资金将面临巨大的风险。

1921年8月，股价见底于12美元。

1922年1月，该股的整体趋势保持上行，1922年8月股价见顶于39美元，这与该股在1919年的高点价位相同，股价突破了除1906年的顶部53美元以外的其他所有高点价位。

1923年7月，该股在20美元创下最后一个低点，这比1922年的低点高出了3个点，表明这里有良好的支撑，是个买入的机会。该股的趋势再次转而向上，1923年10月股价突破40美元，站到1919年和1922年的高点之上。这里可以加仓买入，并采用金字塔交易法持续跟进，因为该股的趋势正处于强势，交投非常活跃，顶部和底部也在不断抬高。1923年11月，该股在突破53美元的基础上，又在同一个月内上涨至58美元，这个价位比1906年的历史最高价高出了5个点。这时投资者可以在这个价位加仓买入。

从此时起，直至1925年2月股价在250美元见顶，该股历次回调的最低价都高于53美元。股价见顶后有一波极速的暴跌，1925年4月该股见底于132美元。随后，其趋势又反转向上，1925年11月股价见顶于227美元。

1926年5月，股价跌至150美元，在这个比1925年4月的低点高出18个点的价位上获得支撑。其周线图和日线图都显示股价将在这里获得支撑，走势正处于筑底过程中。随后该股又重回上升趋势，1926年8月股价见顶于248美元，只比1925年2月的高点低了2个点。这里应该卖出持股仓位，开始做空，止损单可以设置在233美元。接下来，该股出现了一波急跌，1926年10月股价跌至191美元。周线图和日线图都显示这里是底部区域。1926年12月，股价涨至239美元。

1927年1月，股价又跌至202美元，2月股价反弹至225美元，3月股价在207美元见底。因为股价的底部在抬高，表明股价有出现回升的可能。随后该股出现一次上涨，1927年5月股价攀升至246美元的顶部，这个价位仅比1926年8月的高点低了2个点。该股在这个价位附近出现了大量派发，这是可以再次进行做空的位置。1927年7月，股价见底于191美元，与1926

年 10 月的低点持平，这里是买点机会，止损单可以设置在 188 美元。接下来，该股出现了一次反弹，1927 年 12 月股价在 225 美元见顶。

1928 年 2 月，该股又一次跌至 191 美元，这是该股股价第三次回落到这个价位，投资者在这里应该进行空头回补，并开始买入做多，止损单应设置在 188 美元。随后该股又有一波迅速上涨，1928 年 5 月股价突破了 1925 年 2 月的高点 250 美元，见顶于 253 美元，显示其上涨空间已经打开，即便在股价处于这样的高位时，投资者还是应该加仓买入。1928 年 4 月，该股在 300 美元创下最后一个顶部，接下来就出现了一波急跌，1928 年 6 月股价见底于 230 美元。随后公司宣布分红，1928 年 12 月除权后的新股股价在 38 美元见底，随后反弹至 48 美元。

1929 年 2 月股价又跌至 38 美元，与上一个低点共同构成了双底形态。1929 年 3 月，股价（新股）于 55 美元创下了最后一个高点。这一顶部价位附近出现了沉重的抛盘，股价随之快速下跌。该股的整体趋势持续向下，直到 1929 年 11 月股价在 12 美元见底后才有所转变，这个低点价位与 1921 年 8 月的低点持平，这里是买点机会。

1930 年 4 月，该股反弹至 38 美元。

美国钢铁（U.S. Steel）

这只股票一直以来都是很好的交易标的，因为该股股价在顶部或底部停留的时间都要长于其他股票，这样就给予投资者更充分的买入或卖出的机会，同时止损单要设置在距离顶部或底部价位稍近一些的位置上。因此投资者应该仔细研究该股在 1901—1930 年期间的年线图。

在 1921—1929 年的牛市行情中，美国钢铁既是一只早期的领涨股，同时也是一只后期的领涨股。

在 1921—1929 年的这八年时间里，该股有过三次重要的股价向上运行的行情，或者说三次重要的牛市行情。

1921 年 6 月，该股的低点为 71 美元，同年股价的高点为 86 美元。1921 年 7 月到 8 月，该股股价的波动区间仅有 4 个点，显示它在进行充分的蓄势。

6 月过后的每个月，股价的底部和顶部都在不断抬高。

1922 年 1 月，股价突破了 1921 年的高点 86 美元，表明后市有看涨潜质。1922 年 10 月，美钢于 111 美元创下第一个顶部，随即股价回调至 100 美元。

1923 年 3 月，股价反弹至 109 美元。因为这个价位未能达到 1922 年 10 月的顶部，所以这是卖空信号。该股的整体趋势调头向下，1923 年 7 月股价跌至 86 美元，这个低点与前一低点处于同一价位，说明股价在这里获得了有效的支撑，随后股价在这个位置横盘了四个月，表明该股正在进行充分的蓄势整理。这里应该被视为买入机会，止损单应设置在 83 美元。

1923 年 11 月，该股的趋势转为上行，1924 年 2 月股价见顶于 109 美元，这一价位与 1923 年 3 月的顶部刚好持平。此时投资者应当进行卖出做空。止损单可以设置在 112 美元。

1924 年 5 月和 6 月，该股见底位置均为 95 美元。该股的周线图和日线图都显示该股正在这个价位进行蓄势整理和阶段筑底。1924 年 7 月，该股趋势再次上行，8 月股价见顶于 111 美元，这个价位曾是 1923 年 3 月的高点。随后股价出现了一次小的回调，1924 年 10 月该股股价下跌至 105 美元，11 月股价突破 112 美元。这是一个应当加仓买入的点位，后市股价还会上涨。

1925 年 1 月，该股股价的高点为 129 美元。在这个价位附近出现沉重的抛盘，3 月美钢股价跌至 113 美元的低点。4 月，该股在同一价位见底。5 月和 6 月，底部抬高了 1 个点，显示出这一位置有较好的支撑。7 月，该股重回上行趋势，1925 年 11 月股价在 139 美元见顶，这个价位是该股的历史最高价，比 1917 年的高点还要高出了 3 个点。这是预示后市继续看涨的信号，但是获利后需要兑现的卖盘抑制该股继续上攻的步伐，该股在这个价位附近持续了 3 个月的派发状态。

1926 年 4 月，股价最终跌至 115 美元。该股在这里进行了充分的蓄势，6 月整体趋势再次转为上行，接下来又是一波快速的上涨，该股股价突破 140 美元时就是投资者应当加仓买入的时机。1926 年 8 月，该股股价见顶于 159 美元。这是一个尖锐的顶部，同时伴随着成交量的放大，该股随即出现迅速下跌。1926 年 10 月，股价见底于 134 美元。这里的买盘较为踊跃，该股的趋势再次上行。1926 年 11 月，该股宣布了送股比例为 40% 的分红方案，老股价格于 1927 年 5 月上涨至 176 美元。1926 年 12 月，新股的开盘价为 117 美元。

1927 年 1 月，股价下跌到 111.25 美元。这里显然有一个支撑位，因为该股 1925 年 3 月和 4 月的低点均为 113 美元。接下来，该股在这个价位附近进行了三个月的蓄势整理，1927 年 3 月，股价见顶于 161 美元。但是这个高点没能达到早期顶部上方 3 个点的价位，因此这是个卖空信号。随后该股股价有一次快速下跌，10 月股价于 129 美元见底。这次回调只进行了一个月，在随后的下一个月，股价的底部开始有所抬高。1927 年 12 月，股价在 159 美元见顶，这又是一个卖空的价位。

接下来，股价回调至 138 美元，1928 年 4 月又反弹至 154 美元，但是并未能突破 1927 年 12 月的顶部，此处投资者应当再次做空。1928 年 6 月，股价下跌至 133 美元，这个底部比 1927 年 10 月的低点高出了 3 个点以上，是趋势处于强势的信号。随后该股出现迅速反弹，8 月股价整体趋势也调头向上。1928 年 11 月，股价突破 154~155 美元一带的顶部，继续上涨至 172 美元的高点。12 月，股价下跌至 150 美元。

这是一次急速的下挫，接下来，股价又开始快速上涨。

1929 年 1 月，股价见顶于 192 美元。2 月，该股股价又回调至 169 美元。3 月股价的高点为 193 美元，仅比 1 月和 2 月的高点高出了 1 个点，这是遭遇到沉重抛压的迹象，投资者在此价位应该开始做空，止损单应当设置在高点上方 3 个点的价位上。

随后股价出现下跌，1929 年 5 月该股股价于 162.5 美元见底，在市场下跌的最后一周里，交易量低迷，股价震荡幅度很窄，一周的成交量仅有 22 万股。

在截至 1929 年 6 月 8 日的那一周，股价低点为 165 美元，高点为 171 美元。在随后的一周里，股价低点仍维持在 165 美元，没有发生变化，显示该股在这个价位获得有效的支撑，这是出现第二次底部抬高的交易周。这一周的高点为 177 美元，可以看出趋势向上的迹象，成交量也随之放大，代表买盘转强。

在截至 7 月 13 日的那一周，美钢股价突破了 193 美元，创出新高。这是投资者应当加仓买进的价位，因为成交量在放大，而且市场的交易非常活跃。在接下来的每一周，美钢股价的底部和顶部都在不断抬高。

在截至 8 月 10 日的那一周和截至 8 月 17 日的那一周，成交量都超过了 100 万股。8 月 24 日，该股在 260.5 美元创下第一个顶部，这一周的成交量是 80 万股。随后股价迅速回调至 251.5 美元，一周的成交量也缩减至 39.1 万股。

接下来该股有一次迅速反弹，1929 年 9 月 3 日，股价在 261.75 美元创下了最后的顶部。这一高点未能站上 8 月 24 日顶部上方 3 个点的价位，表明该股后市看跌。就在这一周，该股股价快速下跌至 246 美元，成交量为 56.1 万股，比股价从 260.5 美元跌至 251.5 美元那一周的成交量多出了 17 万股。这就说明卖盘较为沉重。当股价跌破 251 美元时，投资者就应当卖出更多的持股仓位，因为自该股从 162.5 美元的低点开始上涨以来，这是股价第一次跌破周低点。

1929 年 9 月 3 日为美钢股价创下顶部的日子，成交量为 12.9 万股。这表明在这样高的价位上，该股的买盘非常弱，这是主力在卖出，而买盘的构成中有些是空头回补，有的是散户在做多买入。

1929 年 10 月 3 日，美钢股价跌至 206.5 美元。随后股价出现迅速反弹，1929 年 10 月 11 日，该股创下 234 美元的高点。这仅仅是为期一周的反弹，在随后的一周，股价在沉重卖盘的压制下，跌至 208 美元的低点。因为有部分空头回补导致的买盘，这里出现了一次小幅的反弹。

1929 年 10 月 29 日，美钢股价下跌至 162.5 美元，当日的成交量为 30.7 万股。随后股价急速反弹，10 月 31 日上涨至 193.5 美元，成交量为 10 万股，这一交易日股价的波动幅度为 5.5 个点。

接下来，股价出现下跌，11 月 13 日美钢的股价下探至 150 美元。当日成交量很小，只有 9.7 万股，表明抛盘接近枯竭。随后该股出现迅速反弹，10 月 21 日美钢股价上涨至 171.5 美元。

12月2日，股价又跌至159.25美元。接下来，股价上涨至172美元，其后又突破了10月21日的高点价位。12月9日，股价见顶于189美元，成交量为35.5万股，这是自10月24日以来的最大单日成交量，表明这里的卖盘沉重，股价会出现回调，特别是在该股已经从底部反弹了39个点以后，更会遭遇获利盘的压制。该股没能突破10月31日的顶部价位193.5美元，就是后市将出现下跌的信号。

随后该股经历了快速的下跌，12月23日美钢的股价跌至156.75美元，当日成交量为11.1万股。这样小的成交量再次表明抛盘枯竭，市场处在底部区域。因为这次的底部价位比11月13日的底部价位略高，说明这里股价获得了有效的支撑。股价开始上涨，在日线图中，该股的趋势转为上行。

1930年1月初，在周线图上，该股的趋势也转为上行。

2月14日，该股的高点为189美元，成交量为15.4万股，这个高点价位与12月9日的顶部价位相同。随后该股出现回调，2月17日股价跌至184.5美元，2月18日反弹至189.5美元，成交量为12万股。因为这个高点价位没能比前期的顶部高出1个点，所以这是该股走弱的信号，接下来就有一波下跌。

2月25日，该股股价下跌至177美元，3月1日又反弹至184美元。3月5日和6日，股价下跌至178.75美元3月7日，该股反弹后又一次在184美元见顶。3月14日股价又跌至177.75美元，仍保持在2月25日的低点177美元的上方。

随后该股开始反弹，3月19日股价上涨至188.25美元，成交量为17.9万股。3月20日股价的高点是188.5美元，成交量为6.7万股。3月21日股价的高点为191美元，成交量为18.6万股。这是这段时间内该股的最大成交量，而且股价也突破了1929年12月9日的高点189美元和1930年2月18日的高点189.5美元，美钢股价已经出现了在小幅回调后股价即将上涨的迹象。3月24日，美钢的股价达到了192.25美元，成交量为12.69万股。3月25日，该股在193.25美元创下高点，成交量为8.36万股。3月27日，股价又回调至189.5美元。由于该股股价没有跌回1929年12月9日的顶部189

美元和 1930 年 2 月 18 日的顶部 189.5 美元下方，这显示该股在这里获得支撑，后市上涨预期。

4 月 7 日，股价涨至 198.75 美元，成交量为 10.6 万股。4 月 8 日，该股跌至 193.25 美元，成交量为 11.4 万股。4 月 10 日股价又上涨至 197.875 美元，成交量为 10.3 万股。因为股价没有突破 4 月 7 日的高点，而且又如此接近 200 美元这个通常会有很多卖盘的整数价位，这预示着调整即将出现。当股价上涨至 200 美元时，后市可以看涨。4 月 3 日，该股的低点为 192.625 美元，而 4 月 8 日股价的低点为 193.25 美元，如果该股在突破 200 美元之前就跌破以上这些低点价位的话，后市将有下跌可能。

美国钒钢（Vanadium Steel）

这只股票在 1921—1929 年牛市行情的早期，状态如同一只爬行动物，运行非常迟缓。当一只股票的股价长期处于爬行状态，但在此期间股价的顶部和底部却在不断抬高时，这只股票最终将会出现如野马脱缰般的冲刺上涨行情。在空头回补和散户买盘的推动下，这些股价慢慢向上爬升的股票最终通常会以一个冲刺上涨阶段来作为收尾。这样的快速上涨实际上就像是在极力表现，吸引散户在接近顶部的价位买入股票。

请牢记，这些股票股价被拉高是主力为了出货，也不要忘记，当市场主力把手中的筹码卖出之后，股价就会下跌，所以一定要设置止损单，当股票的趋势发生转变时，投资者的立场也要从做多转换至做空。

钒钢是 1919 年底脱颖而出的新股之一，1920 年 4 月股价见顶于 97 美元。1924 年 6 月股价在 20 美元见底，接下来股价开始上扬，底部和顶部的价位都在不断上移。到 1928 年 1 月股价突破 60 美元。1929 年 2 月，股价见顶于 116 美元。1929 年 11 月，股价创下 37.5 美元的低点。如果投资者在关注钢铁板块，并期望从中选出最合适的个股进行介入，并且也在选股过程中使用了《江恩股市操盘术（专业解读版）》一书中提及的法则，那么钒钢就应该是被选中的那一只股票。

1929 年 11 月，该股股价见底于 37.5 美元，再次回落到了 1926 年 11 月和

1927 年 1 月的低点价位，当时 1927 年 1 月的低点 37 美元是上次行情的最后一个低点价位，从这个价位开始，该股开启了一波大幅拉升行情。

接下来，该股交易越来越活跃，股价一路攀升，直到 1929 年 2 月在 116 美元见顶为止。有三个支持投资者买入该股的理由如下。第一，1929 年该股的底部价位比 1926 年 3 月 26 日市场恐慌性下跌时创下的底部价位高出了 8.5 个点，再加上该股股价见顶的时间是 1929 年 2 月，比美国钢铁和其他一些股票都要早很多，那些股票股价直到 1929 年 8 月和 9 月才见顶。因此，钒钢已经比其他股票提早下跌了八个月，自然也会更早出现反弹，并将在下一轮上涨行情中充当领涨股。

第二，该股的流通股本只有 30 万股左右。因为流通股的数量少，股价也就更容易上涨，特别是与美国钢铁这种的流通盘超过 800 万股的大盘股相比，小盘股的优势就更为明显。

第三，该公司实际上垄断了钒材料的生产。

1929 年 5 月，钒钢股价见底于 68 美元，其股价是从 116 美元跌至这个低点价位的。

随后，该股股价从 68 美元开始反弹，1929 年 9 月股价上涨至 100 美元，随后又是一波下跌，11 月股价见底于 37.5 美元。正常情况下，该股应该可以反弹至 68 美元左右，这里曾是 1929 年 5 月的低点价位，但是我们有必要去观察一下股价这次下跌前的最后一个高点价位。

10 月 29 日市场恐慌性下跌的那个交易日，钒钢的股价跌至 48.5 美元。随后在 10 月 31 日，该股股价上涨至 62 美元，股价从这个价位开始再次出现了下跌，11 月 13 日跌至 37.5 美元。

随后，于 12 月 9 日，该股股价反弹至 61.5 美元，但是未能突破 10 月 31 日的高点价位。后来当股价突破这个高点价位时，就表明该股还有相当大的上涨潜力。

随后，股价从 12 月 9 日的顶部再一次下跌，12 月 20 日钒钢股价跌至 44.5 美元，底部价位略有抬高，这一情况表明该股已经可以买入，这是因为在这个次级下跌中，该股并没有回落到上一次的底部价位。从股价在 12 月创下这个低点起，钒钢的日线图显示其顶部和底部都在不断上移，从这一情况中就可以看出整体趋势上行。

1930 年 1 月 25 日，股价上涨至 51.5 美元，这个高点价位成为当日收盘价，当日成交量为 1.6 万股。1 月 27 日，股价突破 62 美元，这曾是 1929 年 10 月 31 日和 12 月 9 日的高点价位，就在 1 月 27 日这一天，股价上涨至 64.25 美元，这也是当日的收盘价，当日成交量为 2.5 万股，显示该股在上涨过程中有大量买盘，量价同步上涨。1 月 30 日，该股见顶于 69.5 美元。

2 月 4 日，股价又跌至 62.5 美元，比 1 月 30 日的顶部价位低了 7 个点，这是该股从 44.5 美元的低点启动上涨以来，第一次出现如此大幅度的回调。随后，股价重回上涨趋势，2 月 14 日股价创下 73.5 美元的高点，当日成交量为 3.4 万股，这是当月最大的单日成交量，说明该股在见顶后应当有一次回调。2 月 25 日，股价下跌至 65.5 美元。在这个底部价位，对应的日成交量只有 7700 股，显示这里的卖盘枯竭，股价获得支撑，可以被视为买入机会。在这次回调中，股价从顶部价位下跌了 8 个点，仅比 1930 年 1 月 30 日至 2 月 4 日的那波回调幅度多出了 1 个点。

股价再次开始上涨，顶部和底部的价位都在日渐提高，3 月 6 日，股价突破 74 美元，成交量为 2.6 万股。该股突破 2 月 14 日的顶部价位，说明后市上涨空间已经打开。这个时候，下一个值得投资者重点关注的价位就是上一次的高点 86.5 美元，这是该股反弹后在 1929 年 10 月 11 日创下的高点，随后股价就出现了大幅下跌。3 月 10 日，钒钢的股价涨至 88.5 美元，收盘价为 86.5 美元，日成交量为 2.8 万股，因为股价突破 1929 年 10 月 11 日的高点，所以后市看涨。在创下 88.5 美元的高点后，该股出现了一波回调。1930 年 3 月 12 日，早盘股价回调至 82 美元，随后即出现拉升，当日股价的高点为 92.5 美元，成交量为 2.8 万股。接下来需要重点关注的点位就是 1929 年 3 月和 4 月的高点，当时该股在经历反弹后涨至 100 美元，随后股价快速回落，1929 年 9 月 13 日又涨至 100 美元，当日成交量也放大到 5.9 万股，接下来该股股价有一次迅速下跌。1930 年 3 月 21 日，股价突破 100 美元，日成交量为 4.68 万股。100 美元整数关口被突破后，下一个关键的顶部就是 116 美元这个历史极高价位，这一价位是在 1929 年 2 月 9 日创下的。1930 年 3 月 25 日，钒钢股价突破了 1929 年的高点 116 美元，在 124.5 美元见顶，这也刷新了该股的历史最高价，日成交量为 5.45 万股。当日该股的开盘价是 118 美元，盘中上涨至 124.5 美元，后来跌至 114 美元，最后以低点价位收盘，当日的股价振幅为 10.5 个点。这是趋势走弱的信号，不利于后市，而且当日的成交量较大，也表明该股已经遭遇到较为沉重的抛售压力。不过，有一个事实应当被注意到，那就是该股无论是在周线图和月线图，还是在日线图中，整体趋势都仍然保持着向上运行的状态，该股的回调幅度从未超过 7.5 个点，但这次在一个交易日之内就回调了 10.5 个点，显示卖盘非常沉重。

留意股票在极高价或极低价时的成交量非常关键，这样可以通过对比这些成交量的变动情况，来判断和确认成交量是否显示出见顶或见底的信号。1929 年，该股的最大单日成交量出现在 2 月 7 日，当日成交量为 6.88 万股。2 月 8 日，股价在 116 美元见顶，当日成交量为 4.38 万股。这两个交易日的成交量超过了 10.8 万股，表明这里的卖盘沉重，显示股价已经见顶。在截至 2 月 9 日的那一周，钒钢的总成交量为 17.58 万股。考虑到其流通股总数仅有 30 万股，因此可以判断，参与到交易中的股票比例非常之高，简单计算的话，有超过 2/3 的流通股出现了换手。这当然说明抛压沉重。

下一个需要重点关注的是截至 1929 年 9 月 14 日那一周的成交量，当时钒钢股价上涨至 100 美元。这一周的成交量为 13.84 万股，尤其是出现在该股的整体趋势已经调头向下的情况下，就更说明抛压沉重，股价已经见顶。

在截至 10 月 26 日的那一周，成交量为 5.64 万股。而在截至 11 月 2 日的那一周，成交量为 5.06 万股。在随后的一周里，成交量为 1.72 万股。到了截至 11 月 16 日的那一周，成交量为 2.9 万股。值得关注的是，最后这两周正是股价构筑最后一个底部的时间，成交量缩减就表明抛盘已经接近枯竭。在截至 12 月 7 日的那一周，成交量为 3.1 万股，在截至 12 月 14 日的那一周，成交量为 2.1 万股。在截至 12 月 21 日的那一周，股价跌至 44.5 美元，成交量仅有 1.9 万股。由于该股的底部在抬高，表明抛盘并不沉重，股价在这里获得了有效的支撑。

在接下来的 3 周里，该股显示出良好的蓄势状态，每周的成交量只有 1.2 万股到 1.3 万股，说明有人在低位持续吸筹，但只是将卖盘全部接下，而不主动挂出竞价的买盘，同时如此低的成交量也说明卖盘并不多。当该股重新出现上涨趋势时，出现了成交量的放大。

在截至 1930 年 3 月 8 日的那一周，股价的高点为 78 美元，成交量为 8.4 万股。在截至 3 月 15 日的那一周，该股的高点为 96 美元，成交量为 14.5 万股。在接下来的一周，股价高点为 107 美元，成交量为 16.5 万股。在截至 3 月 29 日的那一周，股价的高点为 124.5 美元，成交量为 20.6 万股。这是自 1929 年 2 月 9 日以来的数额最大单周成交量，超出了 1929 年 2 月 9 日那一周的历史最高成交量，表明卖盘沉重，获利盘在兑现出逃。这时要应当该股的趋势变化，股价至少会出现一次回调。

从 1929 年 11 月 13 日至 1930 年 3 月 25 日，钒钢的股价累计上涨了 87 个点。此时，应当重点关注该股在上涨过程中从任何高点价位开始的最大幅度的一次回调，或是在下跌过程中的最大幅度的一次反弹。该股第一次迅猛反弹后的第一次回调的跌幅是最惨烈的，具体的过程是，从 1929 年 12 月 9 日的顶部价位 61.5 美元开始，跌至 12 月 20 日的底部价位 44.5 美元，这次下跌的累计跌幅为 17 个点。接下来的回调幅度分别为 7 个和 8 个点，这说明该股的股价获得了支撑，在股价的底部已经抬高的情况下，再出现那样深度回调的基础已经不存在了。这是后市看多的信号。考虑到在 1930 年 3 月 25 日，该股在一个交易日之内就下跌了 10.5 个点，投资者们需要关注的下一个重要点位——107.5 美元，这个价位是股价从顶部 124.5 美元下行 17 个点后的价位，这里应当是个底部价位，随后有出现反弹的可能。如果该股从这个顶部或其他任何一个顶部向下回调的幅度超过了 17 个点，那之后投资者需要重点关注的点位就是这个顶部下方 22 个到 25 个点的价位。另外还应当注意的是股价回调过程的时间长度。当钒钢股价的回调幅度为 7 个和 8 个点时，该股需要 7~10 交易日的时间来完成回调过程。换句话说，从股价创下第一个高点那天算起，经过回调后，股价至少需要 7~10 个交易日之后，才能再一次出现回升并超越前期的高点价位。当钒钢的股价在 3 月 25 日到达 124.5 美元之后，在当日就回调了 10.5 个点。这就是该股趋势走弱的信号，尤其是考虑到当时的成交量水平特别高，这就进一步增加了趋势转弱信号的准确性。随后，该股股价一路走低，直到 4 月 5 日在 103.5 美元见底为止，股价相比之前的顶部已经出现了 20 个点的跌幅。接下来的反弹使股价于 4 月 11 日重回 117.5 美元。这个时候，下一个要重点关注的点位就是 124.5 美元。如果股价突破了这个点位，股价后市的上涨空间就打开了，可能会上涨至 150 美元，而一旦股价跌破 103.5 美元这个最后的支撑位，即预示着后市还会有更深幅度的回调。但是不要忘记，钒钢的股价曾在 1930 年创下了其历史最高价，该股的整体趋势仍然是向上的，所以要判断该股股价是否已经创出最后一个顶部之前，要重点关注是否有派发迹象出现。

零售与百货商店板块

宝石茶百货（Jewel Tea）

在 1921—1929 年的牛市行情中，这只股票的启动时间非常晚，但在该股出现蓄势阶段以后，股价就出现了巨幅的上涨，其间仅有过几次小幅度的回调。从 1925 年到 1929 年，该股可以称得上是最适合投资者买入并采取金字塔交易法来操作的个股之一。1925 年 11 月，该股于 15 美元创下最后一个低点，随后股价就开始上涨，一直到 1928 年 11 月见顶于 179 美元为止，累计涨幅为 164 个点，这期间该股从未出现超过两个月的回调，或者说是从未出现过任何一个月的低点跌至上个月低点下方 5 个点的情况。在这段时间里，股价的整体趋势从未出现过向下的趋势，因此投资者就没有理由将股票卖出。如果股价每上涨 10 个点，投资者就采取金字塔交易法买入一次，可以试想投资者累计可以获取多少利润。如果投资者一路将止损单设置于在上个月的最低点下方 5 个点的价位上，那止损单将在股价累计上涨 164 个点后才会被触发成交，那时股价的整体趋势已经转为下行了。

宝石茶百货的股价在启动大幅上涨之前，曾经在低点价位附近进行了历时六年之久的蓄势走势。投资者可以仔细观察该股在 1916—1930 年的年高线图和在 1920—1930 年的月线图。1916 年，股价见顶于 96 美元，但并没有加入到 1919 年的整个市场的牛市行情中，该股的整体趋势保持向下，直到 1920 年 12 月于 3 美元见底为止。关注股票每年的高点价位和低点价位是至关重要的。

1920 年，股价高点为 22 美元，低点为 3 美元。1921 年的高点为 12 美元，低点为 4 美元。1922 年的高点为 22 美元，低点为 10 美元。1923 年的高点为 24 美元，低点为 16 美元。1924 年的高点为 23 美元，低点为 17 美元。1925 年的高点为 26 美元，低点为 17 美元。该股的底部每年都在上移，显示股价有良好的支撑，也表明股价最终可能有更广阔的上涨空间。另外应当注意到 1920 年的高点价位与 1922 年的高点价位是一致的，都是 22 美元。按照我们的操作法则，股价必须上涨到越过牛年第一年的高点上方 3 个点以上的价位，才表明该股后市还会持续上涨，所以只有当宝石茶百货的股价达到了 25 美元时，这才能表明该股已经突破了阻力位，随后将出现更大的涨幅。从 1922 年到 1925 年底，该股大多数时间都处于 16 美元到 23 美元进行震荡整理，即使投资者在低点买入，高点卖出，也不会有特别丰厚的获利。如果投资者是在接近底部的价位买入，而想持股等待股价出现持续的大幅上涨，那么在苦等六年的时间里，他们的耐心也许早就消耗一空了；而如果投资者当初买了其他那些牛市早期的领涨股，就能大幅盈利，而这么多的获利良机就都因持有该股而被错失，最后投资者可能满怀怨气地将股票卖出。

当该股股价还徘徊在相距前期高点和前期低点形成的通道之间，而这个通道的最高点和最低点相差仅有 10 个点时，同期很多其他股票已经上涨了 50 个到 300 个点。为了能在正确的时机抓住大级别的上涨行情，而不是凭空等待几年而空耗耐心，投资者应该运用哪条法则呢？投资者应该采用的法则是，在股价突破了它在牛市第一年的高点上方 3 个点以上的价位之后再买入，或是在该股创下极低点之后的第二年再去买入。因为该股在 1920 年和 1922 年的股价高点都是 22 美元，所以投资者就不得不等到股价上涨至超过该高点上方 3 个点，也就是超过 25 美元之后，才能确定其主升浪即将展开。从

1922 年到 1924 年，该股股价几次上涨至 22~24 美元一带，但始终没能达到
25 美元。在 1925 年 7 月、8 月和 9 月，该股的低点都在 14.75 美元，10 月股
价反弹至 21 美元，11 月又回调至 15 美元，这是该股大幅持续上涨前的最后
一个低点。1925 年 12 月，伴随着成交量的放大，该股的交投开始异常活跃，
这向来是股价大幅持续上涨开始的迹象。该股股价上涨至 25 美元，突破了
1920 年以来的所有阻力位。这是一个买入机会，从这一时点以后，该股历次
回调过程中的最低价位都要高于 22 美元。该股的整体趋势仍保持向上，一直
到 1928 年 11 月于 179 美元见顶为止，三年里股价累计涨幅为 164 个点。这
对于曾在低位进行过历时六年之久的蓄势整理的股票来说，并不能称得上稀
奇。低位吸收筹码的过程越长，股票的涨幅越大。这条法则同样适用于那些
股价多年保持在高位并持续处于派发状态的股票（同理但方向相反，前者是
蓄势越久涨幅越大，后者是派发越久跌幅越大），但是应当牢记，很多股票
都可能形成尖锐顶部，在这种情况下，派发或抛售都是在股价下跌过程中进
行的。宝石茶百货在 1928 年 11 月见顶时，就是形成了一个尖锐的顶部，随
后股价迅速下跌，该股的整体趋势调头向下，此时公司宣布该股分红。该股
的走势继续下行，直到 1929 年 11 月，除权后的新股价格见底于 39 美元。应
当注意到的是，在 1926 年 11 月，该股的最后一个低点就是 39 美元，股价在
相同的底部价位获得支撑，这里是个买入机会，投资者可将止损单设置于 36
美元。1930 年 3 月，股价反弹至 59 美元。

蒙哥马利·沃德（Montgomery Ward）

这是一只牛市后期的领涨股。从 1920 年到 1922 年的三年里，该股股价
总在 12 美元左右见底，而在这三年中股价的高点总在 25 美元至 27 美元一
带。这只股票运行的形态与宝石茶百货的相似度很高，但启动上涨的时间更
早。1924 年 5 月，该股一整月的波动幅度只有一个点，低点在 22 美元，高
点是 23 美元。这表明多空双方的争夺已经进入僵持阶段，买盘和卖盘基本处
于均势，股价的上涨空间或下跌空间都非常小。当出现了如此窄幅波动的行
情之后，后续的火爆行情几乎就呼之欲出了。1924 年 6 月，股价开始放量上

涨，并见顶于 29 美元，这个价位突破了过去三年的所有顶部。这就是买入的时机，随后股价出现大幅上涨。1925 年 12 月，股价的高点为 84 美元，1926 年 5 月，股价的低点为 56 美元。在经过几个月的蓄势整理后，1927 年 8 月该股股价重拾升势。股价升至 73 美元时，应该是明确的买点，1927 年 11 月股价再度突破了 84 美元，这曾是 1925 年的高点，而且就在当月，股价上涨至 112 美元。1928 年 11 月，股价于 439.875 美元创下最后一个顶部。自从该股于 1927 年 2 月在 60 美元创下最后一个低点开始，股价就连每月最低点相比上个月的最低点略低 1 个点的情况都未曾出现过。这就清楚地表明该股的整体趋势一直是上行的，投资者应该在股价上涨的过程中一路采取金字塔交易法跟进。

在该股整体趋势再次转为下行之前，该股的累计上涨幅度为 380 个点。从 1928 年 11 月的顶部开始，股价出现了急剧的下挫，使整体趋势发生了转向。随后该股宣布分红，除权后的新股价格在 156 美元附近遭遇抛售压力，这也正是它在 1929 年 1 月和 2 月见顶时的价位。该股趋势持续下行，直至 1930 年 1 月 15 日在 38.625 美元见底。1 月 31 日，股价反弹至 48 美元。3 月 24 日又跌至 38.25 美元，仅比 1 月 15 日的底部略低 0.375 个点。

研究该股从 1929 年 10 月 24 日至 1930 年 5 月 31 日出现顶部价格和底部价格时的运行情况，以及成交量是非常重要的。1929 年 10 月 24 日，是股市在 10 月里第一次出现恐慌性下跌的日子。该股的股价跌至 50 美元，成交量为 33.8 万股，这是该股从 138 美元开始下跌以来的最大单日成交量。10 月 25 日，股价出现了快速的反弹，高点为 77 美元，成交量为 16.6 万股，这个成交量水平仅达到 10 月 24 日股价下跌当日成交量的一半，这表明反弹过程中的买盘与抛售过程中出现的沉重卖盘相比要少很多。随后该股股价又有一波下跌，在 10 月 29 日这个股市大恐慌之日，股价的低点为 49 美元，成交量为 28.5 万股，这个低点价位在 10 月 24 日的低点下方 1 个点，显示这里有支撑，后市有上涨预期。接下来股价就有一次迅速反弹，10 月 31 日股价见顶于 79 美元，成交量为 13.8 万股。这个顶部未能达到 10 月 25 日高点上方 3 个点的价位，而且顶部对应的成交量稀少，说明买盘不足，投资者应该卖出持股仓位，并开始做空。

1929 年 11 月 13 日，当大多数股票只是跌至阶段性的低点时，该股再一次跌至 49 美元，这曾是该股在 10 月 29 日的低点，成交量为 11.2 万股。这是股价第三次触及这个低点，而当时的成交量非常少，说明目前抛盘已经萎缩，或者说抛盘已经接近枯竭。

12 月 9 日，股价涨至 67 美元，当日成交量为 14.1 万股。这个高点价位比上一次反弹的高点低了 10 个点，股价在上涨过程中的成交量稀少，说明买入意愿不强，该股整体趋势仍维持下行状态。12 月 20 日，股价于 43 美元创出新低，成交量为 32.3 万股，这是 10 月 24 日以来的最大单日成交量。股价创出新低表明该股走势疲弱，引发了投资者新一轮的抛售意愿。12 月 31 日，股价反弹至 50 美元，当日成交量为 4.8 万股。这次反弹力度较小，成交量也很少，显示该股的卖盘并不太多。这次的顶部价位 50 美元曾是该股在 10 月 24 日、10 月 29 日和 11 月 13 日的底部，所以从前的支撑位就转变为现在的压力位，从而成为应当卖出的点位。

1930 年 1 月 15 日，该股又创下了 38.625 美元的新低，成交量为 30.7 万股，这里的抛盘非常沉重，显然大量投资者的止损单被触发并成交。这时投资者要密切关注的是，1925 年 3 月，该股从 41 美元的低点启动上涨，所以当股价跌至 38.625 美元时，离股价启动前的底部下方 3 个点的价位只差 0.625 个点，表明这里存在一个支撑位，后市至少会有一次反弹。1 月 31 日，股价上涨至 48 美元，成交量为 13.3 万股，这个高点未能达到 1929 年 12 月 31 日的顶部价位。这表明该股的成交量尚不足以推动股价继续上行。

下一个投资者要密切关注的点位是 50 美元的整数关口，它曾是该股的最后一个高点。如果股价能突破 50 美元这个价位，并上涨至 53 美元，就显示股价还有上涨空间。但是该股没能实现这一突破，2 月 14 日股价跌至 43 美元，成交量为 5.5 万股。由此可以看出抛盘确实已经接近枯竭，而股价的底部也在抬高，后市有反弹预期。

3 月 3 日，股价上涨至 48 美元，成交量为 19 万股。这与 1 月 31 日的顶部价位相同，由于未能突破这个价位，这显示该股趋势偏弱。该股曾于 50 美元见顶一次，又有两次在见顶于 48 美元，因此就可以推算出，如果股价能上涨至 51 美元，也就是比前两次的高点高出 3 个点的价位，后市还能继续看涨。3 月 3 日之后，股价开始下跌，3 月 24 日股价跌至 38.25 美元，成交量为 11 万股。现在将这一交易日的情况与 1 月 15 日的情况进行对比，当时该股股价的低点为 38.625 美元，成交量为 30.7 万股。事实上，这次的价位比上次的低点还低了 0.375 个点，但从成交量仅有 11 万股这个情况来看，抛售压力要小于 1 月 15 日那次，说明该股距离出现反弹的价位已经不远。3 月 28 日，该股下跌至 35.25 美元，成交量为 11.1 万股，这样的成交量再次表明抛盘已经接近枯竭。回顾和了解股价每一次大幅上涨之前的启动价位非常关键。1924 年 8 月和 9 月，该股在 34 美元创下最后的低点，1924 年 10 月的低点为 35 美元。因此 35 美元左右就是适合买入的价位，止损单可以设置在 32 美元。

4 月 10 日，该股反弹至 44.5 美元，当股价能涨至 51 美元，也就是比前期高点高出 3 个点时，就表明后市还有上涨空间。蒙哥马利沃德是 1929 年牛市后期中的领涨股，而且已经进行过分红，这就是该股见底时间晚于其他股票，并且反弹过程缺乏力度的原因。

希尔斯·罗巴克（Sears Roebuck）

在 1921—1929 年的牛市行情中，该股是零售与百货板块中的早期领涨股。该股从 1921 年的低点 55 美元启动上涨，股价的顶部和底部不断抬高，直到 1926 年上半年见顶于 241 美元。在股价见顶后，该股宣布进行分红。至此，投资者就观察出它是一只早期的龙头股，在宝石茶百货股价出现大涨之前，该股的涨幅已经达到 186 个点。尽管宝石茶百货从 1921 年的低点到 1928 年的高点，累计上涨幅度为 176 个点，但希尔斯·罗巴克除权后的新股在经过 1926 年和 1927 年的蓄势整理后，再次迎来了第二波的持续上涨行情。

1926 年 1 月，新股在 59 美元见顶，3 月又跌至 44 美元。1926 年 9 月，股价见顶于 58 美元，未能突破 1926 年 1 月的高点。1926 年 10 月，股价跌至 50 美元，随后进入窄幅震荡整理的蓄势行情，这样的走势一直持续到

1927 年 7 月才有所改变。因为股价并未跌回到 1926 年 3 月的低点，显示出这里存在有效的支撑，后市股价有上涨预期。1927 年 7 月，股价突破 60 美元，这个价位已经高于 1926 年的高点，是个买入的机会。接下来，该股的单边运行开始加速，股价连续出现当月低点价格始终没有跌至上一个月低点下方 3 个点的价位的情况，这种情况一直持续到 1928 年 11 月股价在 197 美元创下最后一个顶部为止。这次是一个尖锐的顶部，随后股价出现了快速下跌。该股的整体趋势掉头向下，1929 年 3 月，股价见底于 140 美元。1929 年 7 月，股价反弹至 174 美元。7 月、8 月和 9 月，该股都在同一价位创下阶段高点，显示出这里的抛售压力沉重，派发的规模很大。9 月，该股的整体趋势再度下行。11 月，股价跌至 80 美元。接下来有一次快速反弹，1929 年 12 月该股上涨至 108 美元，随后出现了第二次下跌，股价下跌至 83 美元，这一次的底部比上一次有所抬高，表明股价获得了有效的支撑。该股从这一点位开始反弹，1930 年 2 月，股价上涨至 100 美元。1930 年 4 月股价又回调至 81 美元，但是没有跌破 1929 年 11 月的低点，这是个买入的机会。

伍尔沃斯（Woolworth）

在 1921—1929 年的牛市行情中，该股既是早期最佳领涨股，也在行情后期的最佳领涨股。当很多其他股票直到 1921 年才见底时，该股股价早在 1920 年就已经见底。那些在熊市中见底较早的股票往往会在随后的牛市行情中成为早期的领涨股。

1921 年，该股见底时的价位 105 美元比上一次的低点略高，这是明确的趋势处于强势的迹象。1924 年，股价见顶于在 345 美元，这时公司宣布进行分红。1924 年，除权后的新股股价见底于 73 美元。随后趋势转为上行，1925 年 10 月股价上涨至 220 美元，1926 年 1 月股价跌至 189 美元，接下来又上涨至 222 美元。因为这个价位未能超出前期顶部价位 3 个点，于是趋势又一次转头向下。1926 年 3 月，股价见底于 135 美元，随后该股重新进入上涨趋势。1926 年 11 月，该股在 196 美元见顶，并再一次进行分红。1927 年 2 月，除权后的新股见底于 118 美元，并在这一位置获得了有效的支撑，股价的顶部和底部开始不断抬高，整体趋势一直保持上行，直到 1929 年 7 月股价在 334 美元见顶。在此之前，1929 年 4 月该股又进行了一次分红。1929 年 4 月和 5 月，除权后的新股在 85 美元见底，随即开始上涨，直到 1929 年 9 月股价于 103.75 美元创下最后一个高点。在这个点位附近的抛售压力沉重，该股出现了大规模派发的迹象。10 月初，该股的趋势又开始下行，1929 年 11 月股价见底于 52.5 美元。从这个例子我们可以看出，号称零售百货板块中最好的一只股票也会在不到两个月里蒸发掉接近一半的市值。所以，即使投资者持有的是好股票，当其整体趋势调头向下，或是市场出现恐慌性下跌时，也不要死抱股票。最优质的股票在市场出现恐慌时也会随之下跌，那些持股不放，苦苦期盼股价能涨回去的投资者，只会落得破产的下场。伍尔沃斯的股价在跌至 52.25 美元的低点后，于 1929 年 12 月又反弹至 80 美元。随后股价再次出现下跌，1930 年 2 月该股见底于 60 美元。1929 年 10 月，当股价跌破 95 美元时，这就是个卖空的信号。当股价再次跌破 84 美元时，投资者就应当再次卖出做空，因为这个价位已经处在该股最近三个月的最低点下方。

　　请牢记我的这条交易法则，没有什么好股票是不能去做空的，只要股价的趋势是上行的，即使股价再高，也可以买入做多；而当股价的趋势持续下行时，即使价格再低，也可以卖出做空。投资者想要获取丰厚的盈利，唯有顺势进行操作，而受情感支配的操作是无法盈利的。

糖业板块

　　在 1921—1929 年的牛市行情中，这个板块的个股涨幅都不是很大。1919 年和 1920 年春季，每磅粗糖的价格为 26 美分。此后粗糖的价格虽然也时有反弹，但每年都在不断走低。实际上，粗糖价格的下跌已经导致大多数糖业公司的营收惨淡。除此以外，在"战时繁荣期"时，糖的价格久居高位，这些公司就曾花费高价买下了很多种植园，而在糖价下跌的过程中，这些种植园却成了公司盈利路上的严重阻碍。粗糖价格从 1920 年的高点开始持续下行，直到 1930 年跌至每磅 1.75 美分。在 1919 年到 1920 年的牛市行情中，糖业板块的个股是较晚启动的股票，其中有些股票在 1920 年春才创下最后一个高点。随后股价就出现了快速下跌。

美国甜菜制糖（American Beet Sugar）

1921 年 6 月，该股股价的低点为 26 美元，1922 年 8 月和 1923 年 2 月，股价的高点均为 49 美元。这个价位附近有较强的抛售压力，1923 年 8 月股价跌至 25 美元，这个低点比 1921 年的底部还要低，说明这里的支撑力度非常弱，该股的整体趋势向下。不过由于 25 美元是整数关口，也有一定支撑效果，这里有反弹预期。1924 年 2 月，股价上涨至 49 美元，这与 1922 年和 1923 年的高点持平。但股价未能突破这个高点，这就是趋势转弱的信号，投资者应当进行卖空操作。此后股价逐年走低，直到 1929 年 12 月股价于 6 美元见底为止。

美国精制糖（American Sugar Refining）

1921 年该股股价的低点为 48 美元，1922 年 9 月股价的高点为 85 美元。1924 年 10 月，股价下跌至 36 美元，1927 年 9 月又上涨至 95 美元。1928 年 2 月，股价跌至 55 美元，1929 年 1 月股价再度上涨至 95 美元，与 1927 年的高点持平。但因为未能突破该价位，这是趋势走弱的迹象，投资者应当在此进行卖出做空。1929 年 11 月，股价见底于 56 美元，比 1928 年的低点高出 1 个点，这里有支撑效力。1930 年 3 月，股价反弹至 69 美元。

古巴蔗糖（Cuba Cane Sugar）

当其他股票价格上涨的时候，该股价格却在逐年走低，最终该股于 1929 年被破产财产清算管理人接手。

蓬塔—阿雷格里糖业（Punta Alegre Sugar）

从 1921—1930 年，这只股票是糖业板块中走势疲弱的个股之一，该股走势与南波多黎各糖业刚好相反。1920 年 4 月，该股股价见顶于 120 美元，随后股价就开始下行。1921 年 6 月和 10 月，股价见底于 25 美元，1922 年 1 月股价反弹至 53 美元。随即股价出现回调，11 月股价见底于 42 美元。1923 年 4 月，股价上涨至 69 美元，7 月又一次下跌至 42 美元。值得注意的是，这个低点与 1922 年 11 月的低点处于同一价位上，这里也就成为了股价的支撑位，后市有反弹预期。1924 年 3 月，股价上涨至 67 美元，但却未能突破 1923 年 4 月的高点，后市预判偏空。1924 年 12 月，股价下跌至 38 美元，1925 年 1 月又反弹至 47 美元，1925 年 7 月和 10 月，股价都在 33 美元创出了新低，说明该股的下跌趋势仍会延续。1926 年 2 月，股价反弹至 47 美元，与 1925 年 1 月的顶部价位相同，但由于股价还是未能突破这个价位，后市预期偏空。1926 年 4—7 月，该股又一次在 33 美元见底，这与 1925 年的底部在同一价位。股价的低点停留在这个价位而没有跌破，表明这里的支撑有效，随后该股就有一波反弹，1926 年 12 月股价见顶于 49 美元。因为这个价位未能超出 1925 年和 1926 年的高点 3 个点以上，说明该股的整体趋势仍然是下行的，投资者应该进行卖空操作。1927 年 10 月，股价见底于 27 美元，1928 年 1 月和 5 月又反弹至 35 美元，整体趋势仍表现为下行，反弹力度偏弱。1929 年 6 月，股价跌至 15 美元，随即于 7 月反弹至 22 美元。该股的整体趋势再度调头向下，股价逐级下跌，直到 1930 年 4 月创下历史最低点 3 美元为止。

通过这个对比，投资者可以发现，应当在买入并持有南波多黎各糖业股票的同时，持续卖空蓬塔，这样就可以从同一板块中的两只走势刚好相反的股票上同时获利。投资者要遵循的法则是，**不要因为板块中的某一只个股上涨就去买入该板块中的另一只股票，认为后者也会随之上涨；也不要因为板块中某一只股票下跌，就去做空同一板块中的另外一只股票，除非后者的趋势已明确进入下行通道。**

南波多黎各糖业（South Porto Rico Sugar）

这只股票可以被视为糖业板块中的一个特例，当其他糖业板块的个股下跌时，它的股价却是一路上行。其年线图可以清楚地显示出该股每年都处于强势。

1921 年 11 月，该股的低点为 26 美元，1922 年 3 月股价的高点为 57 美元，1922 年 12 月股价的低点为 33 美元，1923 年 3 月股价的高点为 64 美元，底部和顶部都在不断抬高。1923 年 8 月股价的低点为 39 美元，底部再次上移，是后市股价有上涨预期的信号。1924 年 3 月，股价的高点为 95 美元，1924 年 10 月股价的低点为 58 美元。1925 年，该股在这个点位附近进行充分的蓄势整理，1925 年 12 月，股价突破 1924 年的高点 95 美元。随后该股出现了大幅持续上涨行情。1926 年 2 月，股价见顶于 147 美元，1926 年 3 月回调至 92 美元，这个价位处于 1924 年和 1925 年的顶部附近，股价在这一位置筑底，这里是非常有效的支撑位。随后，股价再次转为上行，1927 年 5 月股价在 197 美元创下最后一个顶部。随后就开始进入派发状态，该股也宣布进行分红。1928 年 2 月，除权后的新股股价见底于 33 美元，5 月和 6 月股价反弹至 49 美元，接下来，1929 年 12 月，股价下跌至 25 美元。该股的顶部和底部在不断抬高，也就是说，当其他糖业类股的顶部和底部出现下移迹象时，该股的顶部和底部却在逐步上移。**这也验证了我的一条法则，那就是应该买入并持有板块中走势最强的个股，而做空那些在同板块中走势最弱且趋势向下的个股**。在 1921—1929 年的牛市行情中，那些买入糖业板块中其他个股的投资者，仅仅因为他们买入并持有的股票与南波多黎各糖业在同一板块，他们就期待那些糖业类股能跟随南波多黎各糖业一起出现同步上涨，结果是他们不仅遭受了严重的亏损，同时也错过了投资其他板块强势股的获利机会。

烟草板块

在每个板块中，总会有一只强势股，同时也总有一只走势较弱的股票，所以投资者最好绘制出每个板块的行情图，其中要包含该板块中几只股票的股价变动情况。注意观察那些高价的股票和低价的股票。**这里存在一个规律，那些股价最高的股票，通常即为最强势的股票，而那些股价最低的股票，在很多情况下都是走势最弱的股票，而且股价还将持续走低。**

美洲苏门答腊（American Sumatra）

1918 年，该股股价见顶于 135 美元。随后这只股票的趋势开始下行，股价逐年走低，直到 1925 年 5 月于 6 美元见底为止。该股由破产财产清算管理人接手，开始进行重组。1926 年 4 月，新股从 15 美元左右启动上涨，1927 年 6 月股价见顶于 69 美元，1928 年 2 月跌至 46 美元，1928 年 8 月该股在 73 美元创下最后一个高点。接下来，趋势转为下行，1929 年 11 月股价下跌至 18 美元，这与 1926 年 4 月的低点之间相差仅有 3 个点。这里是一个支撑位，随后出现一波反弹，1930 年 2 月股价上涨至 26 美元，1930 年 3 月股价又回调至 16 美元。

雷诺烟草 B（Reynolds Tobacco "B"）

这只股票在 1921 年是烟草板块中走势最强的个股之一。实际上，在 1921—1929 年的整个牛市行情中，该股也是最强势的股票之一。该股行情走势图清楚地显示出，在 1920 年和 1921 年，该股处于蓄势整理阶段，是这个板块中最值得买入的个股之一。1920 年 12 月，股价的低点为 29.5 美元，1921 年 1 月，股价的低点为 31 美元。而在 1921 年，该股股价再未跌破过这个价位，一直维持着窄幅振荡行情，蓄势整理过程非常充分，股价的顶部和底部也都略有抬高。1922 年的上半年，该股开始了一波上涨行情，股价一直上涨到 1927 年 12 月才在 162 美元止步见顶，过程中仅有一些小幅回调。1928 年 4 月，股价跌至 128 美元，在这里该股又开始进入蓄势整理状态。1928 年 11 月，该股在 165 美元创下最后一个高点，刚好比 1927 年的高点高出了 3 个点。随后，该股宣布分红。其整体趋势继续下行，直到 1929 年 11 月股价见底于 39 美元为止。这个最后的低点与 1922 年 1 月的低点在同一价位，当年这个价位就是一波大幅持续上涨行情的启动点，因此这里是一个支撑位，此时应该买入该股，并将止损单设置在 36 美元。1930 年 3 月，该股股价反弹至 58 美元。从这个案例就可以看出，在股价上涨几年之后，即使投资者在很高的价位买进，仍然还有较大的获利机会，其原因就在于该股始终处于强势状态之中。

第八章　未来的股市

1923 年，我曾在撰写《江恩股市操盘术（专业解读版）》一书时写道：航空板块、化工板块和无线电板块会在未来给投资者带来丰厚的回报。这一预测得到了市场的验证。1923 年至今，这些板块在所有行业板块类型中涨幅居前。

电气板块——这是一个属于电的时代，未来电气类股票将涌现出优秀的领涨股。现在所有商业部门、制造业和普通家庭都开始使用电。电力应用方面的新发明每年都在增加。对于铁路公司来说，电力正在取代蒸汽成为火车的动力，而且伴随着技术的发展，电力的价格将变得越来越低廉，应用范围也会越来越广泛。因此，任何采用电力来制造产品的公司都有光明的前途，它们的股票也应该受到投资者关注。

航空板块——航空工业仍处于起步阶段，未来几年将会迅猛发展。只要投资者在这个板块中正确地选择股票，并且在适当的时机买入，就能够获得回报。

化工板块——化工行业正处在不断拓展的阶段，行业内的新发明会让很多化工类股票成为领涨股，给投资者带来获利良机。

无线电板块——在无线电类股票中，那些与无线电通信相关的股票和与电视相关的股票在未来几年的前景值得看好，那些优质公司的营收将会增长，它们的股价也会随之走高。

271

娱乐板块——电影行业也在突飞猛进地发展，那些优质的影业公司无疑会在将来获得丰厚的收入。

天然气板块——关注那些拥有天然气的石油公司和那些从天然气中提炼产品的公司，这些公司的发展前景广阔，未来收入非常可观。

但投资者始终应当牢记，在每一个板块中都是弱势股与强势股并存，所以在买进或卖出时，要选择那些已经显现出上升趋势或下降趋势的股票，进行顺势操作。

航空板块

这个板块的股票已经让那些在正确的时间买入，又在正确的时间卖出的投资者取得了丰厚的盈利，将来在适当的时机买进航空板块中的个股还会为投资者带来更多丰厚的收益。

柯蒂斯—莱特（Curtiss-Wright）

莱特和柯蒂斯这两家公司都在航空行业中处于领先地位。1921年8月，柯蒂斯的股价跌到极低点1.125美元。随后开始上涨，1928年5月，股价见顶于192.75美元，创下当时的极高价。此后，该公司与莱特航空公司进行了合并。莱特兄弟公司是制造出了世界上第一架飞机，并成功地完成了第一次试飞的一家美国公司。1922年1月，莱特航空的股价下跌至极低点6美元，而到1929年2月，该股股价攀升到了299美元的顶部，在七年时间里股价上涨了293个点。这波上涨中最迅猛的阶段出现在1927年和1928年。当莱特航空的股价处于8美元时，我曾建议投资者买入，并在股价上涨的过程中保持跟进。在柯蒂斯与莱特合并后，新的柯蒂斯—莱特公司的股价见顶于1929年7月和9月，当时的股价是30美元，1929年11月，该股股价跌至6.5美元，与曾经的莱特航空在1922年创下的低点相比，相差0.5个点。1930年4月，柯蒂斯—莱特的股价反弹到了15美元。我认为该公司是航空板块中最优质的公司之一，因为它由这个行业中最资深的两家公司组成，它们在商业运营上

都很成功，将来还会在成功的道路上继续前行。如图 8-1 所示，这是一只非
常优质的股票，投资者可以逢回调时买进。

柯蒂斯—莱特（CW） 95.950 -0.910 -0.94%	
关键指标	**2017 中报**
每股收益	1.88 元
每股净资产	31.56 元
每股经营性现金流	-4.78 元
净资产收益率（ROE）	6.20%
总资产回报率（ROA）	2.70%
利润表	**2017 中报**
营业总收入	10.91 亿元
营业总收入增长率	5.30%
营业利润	1.34 亿元
营业利润增长率	7.30%
净利润	8319.70 万元
净利润增长率	14.31%
资产负债表	**2017 中报**
资产总计	31.21 亿元
负债合计	17.28 亿元
所有者权益合计	13.93 亿元

图 8-1　柯蒂斯—莱特的财务数据

联合航空与运输（United Aircraft & Transport）

这家公司由国民城市银行（National City Bank）控股，目前处于盈利状

态，1929 年公司的营收状况非常理想。1929 年 3 月，该股股价为 67 美元，接下来在 1929 年 5 月上涨到 162 美元。由于该股股价初期的涨幅较大，随后出现了回调，1929 年 11 月股价见底于 31 美元。1930 年 4 月，股价又上涨至 99 美元。毋庸置疑，该股股价在今后的几年内还有很大的上升空间。我认为这是一只值得持续关注的优质股票，投资者应该在股价出现回调时择机买入。

福克航空（Fokker Aircraft）

这家公司由通用汽车控股。公司管理有方，无疑在未来几年的收入状况会很好。1928 年 12 月，公司的股价在 17 美元见底，1929 年 5 月上涨到了 67 美元。1929 年 10 月，股价下探到 8 美元，1930 年 4 月又反弹到 34 美元。通用汽车在制造和销售汽车方面成绩斐然，我们完全可以相信它在飞机制造领域也会再创辉煌。该公司将会成为飞机行业内的一个强有力的竞争选手，投资者可选择在股价回调时买进其股票。

国民航空与运输（National Air & Transport）

这是另一家业绩优异的公司，投资者在未来可以关注该股的买入机会。这家公司日后无疑会与一些优质公司进行合并。

航空行业发展迅猛，是由于有大量资金在背后推动其发展。新的发明和发现不断涌现。那些规模最大的公司将买下这些新的专利，并凭借它们在行业中取得领先地位。在未来的数年时间里，航空行业内部会发生更多的兼并与重组。目前，排名业内前三名的公司是柯蒂斯—莱特公司、联合航空与运输公司以及福克航空。投资者应该将在纽约证券交易所上市的各家航空类公司和在纽约场外交易所交易的各家航空类公司的股票行情图都留存一份，并充分研究这些图表，这样就可以通过交易这类股票获利。

专业解读

柯蒂斯—莱特公司于 1929 年由柯蒂斯和莱特在纽约布法罗创建。

第二次世界大战结束后，该公司是美国最大的飞机制造商。

可以说江恩对柯蒂斯—莱特公司未来情况的判断，在很长时间内都是正确的，在螺旋桨飞机时代，柯蒂斯—莱特公司一直都是行业领军企业。但是在后来，柯蒂斯—莱特公司错过了喷气式飞机和民用航空大发展的时代，最终逐步掉队了。1948 年，柯蒂斯—莱特公司关闭了其整个飞机部门，并将资产出售给北美人航空公司，最终进行了一系列的转型和调整，从主营飞机组装业务的公司扩展成一家生产飞机专用致动器、控制阀门和提供表面处理服务的零部件制造商。该公司也是商用核电站、海军核系统、工业车辆以及石油和天然气工业的供应商。

柯蒂斯—莱特公司一直存续至今，现在仍然是纽约交易所的上市公司之一，股票代码为 CW。

联合航空与运输公司，提到这个名字大多数投资者可能都感觉很茫然，几乎都没听说过这家公司，但提到飞机制造与航空的话，波音公司和联合航空公司（美联航）的鼎鼎大名几乎无人不知，联合技术公司在国内也有一定知名度，实际上联合航空与运输公司就是当年波音公司、联合航空公司和联合技术公司共同组成的巨型企业的曾用名。

波音公司成立于 1916 年 7 月 1 日，由威廉·波音创建，并于 1917 年改名为波音公司；1929 年更名为联合航空与运输公司。

当时的联合航空和运输公司通过不断的兼并和重组，成为一个集航空材料制造、航空发动机制造、飞机制造、航空邮运、航空客运等多种业务于一体的，托拉斯性质的航空界巨人。

弗烈德·云切勒担任集团公司的董事长，斐尔·强森出任副董事长并兼任波音公司的董事长，威廉·波音则担当董事会主席。他们共同开创了商用航空时代和民用航空时代。

1930 年 5 月 15 日，联合航空与运输公司旗下的波音公司首次在飞机上安排了一名经过训练的护士进行招待服务，这是航空公司首次聘用空中小姐。空中小姐从此开始在航空客运中广泛流行。

1933 年，富兰克林·罗斯福就任美国总统，上任后推行了一系列社会经济方面的改革和改良措施，其中有一部分措施就是针对处于行业绝对垄断地位的巨型公司的。

1934 年《航空邮件法案》出台。该法案中规定，飞机及飞机发动机的制造商不能与航空公司有任何联系，这对联合航空和运输公司造成了致命的打击。

1934 年联合航空与运输公司按政府法规要求拆分成三个独立的公司，即现在的联合技术公司、波音公司和美国联合航空公司（美联航）。

从此三家公司走上了各自独立的发展之路，而令人惊奇的是，这三兄弟虽然遭遇了被迫拆分的重大挫折，但是都各自存续到了今天，并且都依然活跃在美股市场当中。

波音公司（BOEING）（BA）		美国联合航空公司（UAL）		联合技术公司（UTX）	
｜关键指标	**2017 中报**	**｜关键指标**	**2017 中报**	**｜关键指标**	**2017 中报**
每股收益	5.28 元	每股收益	2.95 元	每股收益	3.57 元
每股净资产	-3.43 元	每股净资产	29.03 元	每股净资产	35.61 元
每股经营性现金流	-0.11 元	每股经营性现金流	0.65 元	每股经营性现金流	2.70 元
净资产收益率（ROE）	-526.56%	净资产收益率（ROE）	10.44%	净资产收益率（ROE）	10.09%
总资产回报率（ROA）	3.57%	总资产回报率（ROA）	2.22%	总资产回报率（ROA）	3.06%
｜利润表	**2017 中报**	**｜利润表**	**2017 中报**	**｜利润表**	**2017 中报**
营业总收入	437.15 亿	营业总收入	184.20 亿	营业总收入	290.95 亿
营业总收入增长率	-7.75%	营业总收入增长率	4.71%	营业总收入增长率	3.06%
营业利润	44.65 亿	营业利润	17.72 亿	营业利润	37.12 亿
营业利润增长率	254.65%	营业利润增长率	-24.05%	营业利润增长率	-4.65%
净利润	32.12 亿	净利润	9.14 亿	净利润	28.25 亿
净利润增长率	226.09%	净利润增长率	1.44%	净利润增长率	10.18%
｜资产负债表	**2017 中报**	**｜资产负债表**	**2017 中报**	**｜资产负债表**	**2017 中报**
资产总计	900.36 亿	资产总计	423.07 亿	资产总计	947.93 亿
负债合计	920.14 亿	负债合计	334.53 亿	负债合计	642.32 亿
所有者权益合计	-19.78 亿	所有者权益合计	88.54 亿	所有者权益合计	305.61 亿

图 8-2　联合航空与运输公司的财务数据

福克航空的创始人是安东尼·福克（Anthony Fokker），它是一家荷兰飞机制造商，于 1923 年搬到美国。

1927 年，它在美国建立了一家美国分公司，即大西洋飞机公司，后更名为美国福克航空公司。

它在 20 世纪 20 年代和 30 年代最成功的时期，主宰了民用航空市场，成为当时世界上最大的飞机制造商。其中最成功的机型是 1925 年研发出来的 F.VIIa / 3m 三角型客机，被全球 54 家航空公司使用。

1930 年，该公司与通用汽车公司合并，合并后的新名称为通用航空制造公司，后者又与北美航空公司合并。

1936 年合并后的公司占据了美国市场的 40%。

1948 年该公司被通用汽车公司剥离。

1980—1990 年，该公司与波音公司及空中客车公司在喷气式飞机制造领域展开了激烈的竞争，但最终不幸败北。

1996 年福克航空破产，并将其业务板块出售给竞争对手。

图 8-3　福克航空的公司 LOGO

本迪克斯航空是由美国发明家、实业家文森特·H. 本迪克斯创建的。

文森特还在 1931 年创立了洲际本迪克斯航空锦标赛。

1942 年，他创建了本迪克斯直升机公司。

1960 年本迪克斯直升机公司更名为本迪克斯公司，1983 年它被联合公司（后来的联合信号公司）收购，并与皇家电台公司合并组建了本迪克斯 / 钦（Bendix / King）。现在拥有霍尼韦尔的本迪克斯 / 钦仍然是航空电子品牌。

本迪克斯航空的发展路线和江恩所列举的其他几家航空类公司不同，它最终没有参与民用机型制造和民用航空领域的竞争，而是在第二次世界大战期间以及第二次世界大战之后，专注于军事工业和航空航天关键部件的研发与制造，并在该领域取得了很高的声誉和行业地位。

国民航空与运输公司是由"美国商业航空之父"——克莱门特·M.基氏发起并创建的，创立时间为 1925 年 5 月 21 日，英文简称为 NAT。它是当时美国一家大型的航空公司，也是第一家经营跨国航空业务的航空公司。

和江恩在书中的预期完全一致，在这本书于 1930 年 4 月 24 日由江恩作序并开始印刷出版后，在当年的 5 月 7 日，该公司就被前文所述的联合航空与运输公司收购；

1934 年因为《航空邮件法案》，联合航空与运输公司被拆分时，国民航空与运输公司被拆分到了在美国联合航空公司（美联航）旗下，后来成为美国联合航空公司的重要组成部分。

江恩对航空行业未来发展趋势的判断无疑是正确的，也正是在那个年代，航空公司的业务板块开始尝试从单纯的航空邮件运输，向邮件运输与客运并重转型，为整个航空业开拓了更为广阔的市场。

中间虽然有 1934 年《航空邮件法案》和联合航空与运输公司被拆分时的低谷时期，但是航空业在此后数十年的持续发展中，给投资者带来了丰厚的回报和利润。

而从江恩的分析、判断与之后的市场实际情况的对比中，我们也可以学习到，市场的未来发展方向并非完全不可以预判的，对行业合理的分析和预判有助于投资者更好地投资获利。

因此，投资者在掌握技术分析技巧的同时，也需要花费一定的时间来了解和掌握一

图 8-4 国民航空与运输公司的海报

些新兴行业的概念和特征，以便于在投资过程中，有效地占领先机。

关注个股的未来机会

股市中总有一些处于蓄势状态的低价股即将进入持续上涨的状态。投资者应该留存这种类型股票的行情图，因为这些个股一旦完成蓄势并开始拉升，就会给投资者提供大幅获利的机会。关注那些走势与在 1915 年、1917 年和在 1920—1921 年，以及 1923—1924 年的伯利恒钢铁、熔炉钢铁、通用汽车、国际镍业、宝石茶百货、蒙哥马利·沃德、帕卡德、美国铸管和莱特航空等股票类似的个股。一旦它们突破蓄势整理区间，开始出现交投活跃的迹象并伴随着成交量放大的情况，投资者就应该及时买入。

下面所列出的股票，都具备值得关注的发展潜力，投资者应该留存它们的年线柱形图和月线柱形图，并在其突破阻力位且呈现上升的趋势时就及时买入。其中一些股票会有出色的表现，并且成为活跃的龙头股。

这些股票包括：美国农业化工、美国甜菜糖业、美国法郎士消防、美国船运与商业、美国毛纺、奥斯丁·尼克尔斯、戴瓦拉航空、布斯渔业、大陆汽车、联合纺织、芝加哥—密尔沃基与圣保罗、芝加哥大西部铁路、多姆矿业、电动船公司、菲斯克橡胶、大西部糖业、通用食品、格雷斯比—格鲁诺、家荣华、凯利—斯普林菲尔德、克瑞斯吉百货、Lee 橡胶、穆林斯制造、中陆石油、穆恩汽车、纽约气压制动、墨西哥国家铁路、潘汉德尔制造、纯净石油、雷诺弹簧、标准品牌、纽约标准石油、超级石油、横贯大陆石油、德州太平洋煤炭与石油、美国橡胶、沃德烘焙和沃森纺织公司。

美国橡胶的未来

美国橡胶公司（U.S. Rubber）是该行业中最大的制造公司之一。在 1929 年上半年，杜邦公司收购了这家公司的大部分股权。在 1929 年的恐慌性股灾中，美国橡胶的股价下探至 15 美元，创下自 1907 年以来该股的最低价。根据美国橡胶在行情图中的走势，我相信该股未来的潜力很大。我确信杜邦公司入资该股是因为看好其未来上涨的可能性，这与 1921 年通用汽车的入资是如出一辙的，否则它们不会对该股进行投资。投资者应当留存一份美国橡胶的行情图，对该股多加关注。一旦图表显示该股的主要趋势呈现上攻状态，投资者就应当开始买入，接下来在股价上涨的过程中采用金字塔交易法一路跟进，直到趋势发生改变为止。

像 J.P. 摩根和杜邦这样的人，不会为了短期卖出获利而买入股票。他们买入股票的主要目的是通过股价的长时间持续上涨获利，而且这些公司也有可能会进行更大比例的分红。当 1930 年 3 月我撰写本书时，在整个市场中与美国橡胶处于相近价位的所有股票范围内，美国橡胶是其中的佼佼者。但这并不意味着其股价不会出现下跌，而是说在未来的盈利机会方面，这只股票要比相近价位内的其他任何一只股票都更有潜力。

投资者的目标应当是始终要买进那些最有潜力的股票。但不要忘记，投资者必须使用止损单来控制风险。因为不排除会发生一些意料之外的情况，美国橡胶的股价也有可能会出现严重下跌，所以如果该股的趋势开始掉头向下，投资者最好赶紧出局。

美国钒钢

这家公司实际上垄断了钒的生产，同时也介入了化工行业。多年以来，该公司的营收情况一直良好。近几年中，该公司在弗吉尼亚收购了很有价值的产业，这将提升其在未来几年中的盈利水平。这只股票的流通盘很小，市场上的浮动筹码也不多，因此市场主力可以比较容易拉抬该股股价。自 1929 年，该股股价处于 37.5 美元起，到 1930 年 4 月 23 日，股价上涨到当时的最高价 142.375 美元，在五个多月的时间里股价涨幅达到 105 个点，这是同期美国钢铁涨幅的两倍多。近来，有传言说该股事实上被囤积居奇。在未来的几年中，交易这只股票仍有获利机会，该股股价有可能会上涨至非常高的水平。当该股的行情图显示出向上趋势时，投资者可以逢股价回调进行买入。考虑到该股的浮动筹码很少，因此投资者在对其做空时应该加倍小心。如果真打算做空该股，止损单应当设置在与成交价比较接近的价位上。

专业解读

江恩在这部分内容中，除了对未来市场中的一些行业板块和个股做出了预期和操作建议之外，更流露了一些选股和操作时的关键思路，我们简单归纳和总结一下。

1. 在选股层面

（1）判断公司的业绩是否优良，是否有可持续发展的潜力，是否能维持较高的利润率和分红水平。

（2）判断公司所处的行业是否是当前的市场热门，如果一家公司的业绩优良，但是目前的市场热点却不在这类行业和公司上，那么股价的上涨就有可能相对迟滞，会增加投资者的时间成本和机会成本。因此投资者在选股时，也要考虑公司目前所处的行业是否是热点，未来的前景是否能够支撑起目前投资者群体对它的预期。

（3）确保股价的走势形态要处于较成熟的时机，绩优和热门两项保证了股价有充足的可上涨空间，但是股价的走势形态则可以更为直接地帮助投资者判断上涨趋势是否已经启动或者正在启动，以便于投资者更好地把握操作时机。

2. 在操作层面

在操作层面，很多投资者有一个常见的误区，那就是认定一家公司的股票比较好，就会马上买入，而实际上，投资者应该在公司基本面比较优良时对其加以关注，在该公司股价的走势有启动迹象时买入。

从公司基本面达到优良状态到股价开始启动，往往是有一个时间差的，太早或者太晚介入都不利于操作的顺畅性。投资者要综合考虑建仓时机、市场大环境、主力资金注入情况以及多空博弈情况。

比如，今年（2017年）上半年的白马股行情（高端白酒、白色家电），实际上这批白马股的业绩一直都很优秀，但是此前市场的关注点一直不在这个方向上，而是更多地集中在话题炒作、高送转或者重组等方面，直到监管部门对市场投机炒作持续施以高压之后，白马股才开始进入时机成熟、股价启动的状态。

这中间有一个非常明显的时间差，因此投资者一定要注意这个情况，不要在简单分析基本面之后，认为其业绩优良就急于买入，从而导致持股度过这个时间差，影响了投资效率也影响了持股信心。

还有一个关键点，就是不要过度迷信自己的预判和分析，不要顽固地和市场对抗，毕竟每个人的知识范围有限，分析能力不可能覆盖所有行业板块，有些因素在分析和预判时没有考虑到，但是在市场的实际运行中却发生了，这会导致预判和分析与现实不符。在这种情况下，记得及时止损退出，重新整理思路并寻觅机会，而不是顽抗到底。

第九章　未来的情况和发展

超买的股票

公众投资者对任何一个板块建立起信心都需要很长时间，但是一旦哪个板块或哪只股票得到了公众投资者的青睐并受到追捧，就会出现超买。投资者会变得过度乐观，信心爆棚，从而导致过度交易的现象出现，这样就给了那些市场主力机会，使其可以借机将他们此前长期持有的该股筹码清仓。

铁路类股票在南北战争之前就曾处于上述情况，后来在1893年至1896年期间股价一路走低，这时候大多数铁路公司被破产清算管理人接手。在随后而来的"股市重建期"和麦金莱繁荣时期，铁路股又重新获得投资者们的青睐，出现了持续大幅上涨，股价于1906年到达顶部，而接下来在1907年的恐慌性下跌中，铁路类股票的价格也遭遇重挫。1909年铁路类股票虽然重拾升势，但却没能回到前期高点的价位。公众投资者的超买行为会出现在股价的顶部和一路下行的过程中。随后，铁路类股票的价格一直持续下滑，直到1917年和1921年，才分别到达最后的底部。

同样的情况也出现在汽车类股票上。公众投资者开始了解汽车类股票，是在1915年到1916年，和之后的1919年该板块的这两波大涨过程中，然而从1924年到1929年，公众投资者对汽车类股票的买入规模是空前的，并且超过了以往对任何一个板块的买入量。因此，汽车类股票出现了严重超买，大多数汽车公司的股票市值也被过度高估。此前这些汽车公司通过分红和增发产生的股票数量达到了非常庞大的规模，以至于它们在之后经济萧条的几年中再也无力进行分红。因此，在即将到来的熊市中，汽车类股票将成为最适合的卖空品种之一。

公用事业类股票的状况也和上述情况颇为类似。在过去的几年中，这个板块中的股票价格飞速上涨，公司的收入增幅也非常巨大，因此在 1924 年到 1929 年，投资者大量买入这类股票。公用事业公司在接下来的几年中将面临不利的法规调整和政府调查。大多数这类股票的股价都已经过高，即使政府不采取任何对它们不利的行动，这类股票价格无论如何还是应该出现下跌，因为这类股票都落到了市场中不占优势的群体手中，随着公众投资者的买入和市场主力的离场，这类股票的价格下跌趋势应该还会持续较长时间。

|专业解读|

在很多新手投资者的印象当中，股票的超买或者超卖，好像都是比较特殊和少见的情况，或者在一些技术指标上观察到股票的超买迹象之后，就如临大敌，觉得股价随时可能崩溃下跌。

而实际上，股票的超买和超卖的来源是投资者群体的非理性，只要有人参与交易的市场和品种，就难以避免地会出现各种因为人的非理性而导致的超买和超卖，尤其是在股票市场中，在每一轮牛熊周期中，在每一只个股的周期运行中，超买阶段和超卖阶段都必不可少。因此，对于投资者来说，熟悉和掌握超买超卖阶段的一些特征是比较重要的，超买超卖阶段既导致风险也提供给投资者额外的机会。

而且，对于投资者来说，无需"闻超色变"，超买和超卖也有不同的程度，并非所有股票都会在刚进入超卖状态的第一时间就出现大幅股价调整或下跌，一般的流程是：股票进入超买状态——超买状态升级的过程中股价加速上涨——涨幅引发更严重的超买状态——风险累积程度到达警戒值——超卖状态进一步升级——危机爆发导致股价出现回调或下跌。因此投资者可以在股票刚进入超买状态时继续跟风持股，但同时也需要保持冷静和谨慎，在观察到风险累积程度过高，超买状态较为严重时就择机退出；反之，在股票进入超买状态时情况也是类似的，只不过是操作方向相反。

生产和消费

对任何制造领域的产量保持关注都是非常重要的，因为在经济繁荣时期，尤其是牛市的最后阶段或是一轮经济繁荣浪潮的最后阶段，企业的产量总是趋向于过剩。在一轮经济繁荣浪潮的尾声，商人总会变得过度乐观，他们所预计的公众消费量往往会高于现实的情况，然而每当产量大于消费需求时，产品价格自然就会下跌。而在经历了漫长的熊市或长期经济萧条的冲击之后，出于同样的道理，商人会变得悲观，因而低估了公众的消费需求总量。如果产量无法满足消费需求，就会导致了物价的上涨。当产品源源不断地被生产出来，涌进销售领域时，竞争总是伴随着价格接近顶部而变得更加激烈。结果就是，无论农产品还是工业制成品，其价格都会出现下跌。股市对这些变化会提前做出反应。

| 专业解读 |

实体经济的生产和消费情况，以及供求周期对股市有直接的影响。

因此，除了通过技术指标来分析市场和行业的涨跌规律之外，实体经济的生产和消费情况也是判断市场运行周期的重要方式之一，投资者在关注技术指标和市场运行状态之余，也需要对实体经济的生产和消费情况多加关注，以保证更合理更有效地参与市场。

同时也要注意，实体经济的生产过剩和消费不足等情况，在股市上的反应是有一个传导过程和时间差的，要注意把握这个时间差和节奏。

投资信托公司

在 1921—1929 年牛市行情的最后阶段，正是美国的投资信托公司风生水起的时候。估计从 1929 年 1 月 1 日至 9 月 1 日期间，公众投资者投入投资信托公司的资金约有 40 亿到 50 亿美元之多。股市在 7 月和 8 月出现最后一波加速上涨行情，其中投资信托公司的买入起到了巨大的推动作用，促使行情达到了极致。这些新成立的信托公司发现吸引公众投资者手中的资金简直是轻而易举，于是就涌入股市，不计价格高低，一律买入，而没有考虑到他们是在牛市已经持续了八年的顶部位置接盘买入的。在空头回补和公众投资者买入的合力作用下，股市被推升至一个不合理的高位，这样的高位是上市公司的分红预期和公司的正常营收所无法支撑起来的水平。当然，投资信托公司也没有预见到市场即将出现恐慌，他们仍然重仓持股待涨，结果就是很多信托公司发现他们的原始资本被腰斩，甚至损失更为惨重。

也有部分投资信托公司表现优异，但是很多投资信托公司与那些操作随意性很强的投资集团相比并没有本质区别，他们在市场中的操作没有任何科学依据，所以他们的投资成绩也不会比那些没有任何明确计划的普通投资者更高。如果股市持续上涨，那么投资信托公司就能取得盈利，因为他们只是做多买入，而不去做空卖出；但是当熊市持续数年之久的时候，投资信托公司用于买入股票的资金不仅赚不到跑赢利息的收益，反而还会亏掉大部分本金。因此，公众投资者把资金交给投资信托公司，与他们自己在股市顶部时买进股票相比，结局是同样糟糕的。1929 年夏天，投资信托公司的进场使得很多市场主力有机会将股票在高位卖出；如果没有投资信托公司进场接盘，股价根本不可能达到当时这样高的水平。在接下来的几年中，无疑会有很多投资信托公司难逃破产的命运。他们的股票股价将会下跌，公众投资者会对这些股票产生厌恶的情绪，因而抛售这些投资信托公司的股票，这将会迫使投资信托公司不得不清仓卖出那些当初以过度高估价格买入的股票。

投资者在买入投资信托公司的股票之前，必须要三思而后行，并做好调查研究，因为最终能成功的投资信托公司毕竟少之又少，特别是在未来的几年中，股市很可能会出现比较罕见的熊市行情，投资信托公司的成功率就比往常更低。当投资信托公司开始抛售手中的股票时，投资者就会出现恐慌，也随之卖出股票，导致接下来市场再次遭遇投资者恐慌引发的下跌。

| 专业解读 |

在我国的金融行业中，各种类型的金融机构的设计和运行大多是仿照欧美成熟市场来组织和建立的，但是受市场发展历程不同和所处年代不同的影响，有些具体的情况会出现比较大的差异。

在本段论述中，普通投资者将资金委托给信托公司的情况对于A股投资者来说是比较陌生的，而实际上，将文中的信托公司换成公募基金的话，大多数投资者就能理解江恩所要表达的意思。在那个年代的美国股市中，信托公司扮演的角色和我国目前的信托公司差异很大，但是比较类似于我国目前的公募基金公司。两者唯一的差别就是，当时美国的信托公司既可以受托为客户管理资产、参与股市，自身也可以登陆交易所成为上市公司；而在我国，目前还没有基金公司能够成为上市公司。

关于信托公司和基金公司（国内）的区别，对于大多数普通投资者来说，可以简单理解为：信托公司的投资范围更广，不仅限于股票和债券，而且投资者参与信托的门槛较高；公募基金公司的投资范围比较固定，主要以股票、债券和货币市场为主，而且投资者参与公募基金的门槛比较低。

另外，江恩描述的情况是在美国股市尚未完全成熟的年代，因此不能因为江恩的描述就认为通过基金公司或者信托公司间接参与股市是不"靠谱"的。

随着时代的发展、投资机构的进步以及监管的升级，一些优质公募基金和信托公司的资产管理水平和投资能力是值得投资者信赖的，在投资者自身精力有限的情况下，可以适当考虑通过基金来间接参与股市，而非完全亲力亲为；但同时也要注意，像江恩所描述的情况，在个别公募基金上也还有发生，因此在基金的选择和买入时机的把握上，投资者还是需要慎重考虑的。

兼并与重组

当前这轮兼并与重组的浪潮起始于 1924 年，是世界历史上规模最大的一次企业兼并与重组浪潮。为了了解本轮兼并重组的重要意义，以及为了判断这次股票数量剧增将导致的最终结果，我们必须追溯到 1899 年，从 1899 年至 1902 年，当时美国钢铁公司刚组建上市并发行股票，其中有 500 万的流通盘是所谓的"掺水"股票。美国熔炼信托公司、联合铜业公司以及其他一些重组的公司，都是纷纷在同一时期内成立的。公众投资者满仓持有这些无法支付股息的"掺水"股。随后在 1903 年到 1904 年，股市出现了一波下跌；接下来另一波投机狂潮于 1906 年达到顶峰。1907 年，真正的恐慌性下跌到来，投资者在过去 3~5 年中获得的盈利在几个月里就付之东流。这次股价暴跌的原因何在呢？就是因为公众投资者满仓持有"掺水"股票，这些股票由于股票数量暴增而无法支付股息；而在此期间银行也过度发放贷款，一场货币恐慌也就随之而来。

如果我们考虑到过去几年中发生过兼并与重组的公司，以及这些公司股票数量的巨大增幅，就很容易做出判断，即使萧条时期只持续 2 年，这些公司也不可能继续获得足够支付股息的利润，如果假设经济萧条期会长达 5 到 7 年，那将发生什么状况呢？对于任何投资者来说，能让投资者获利的股票才有价值，而股票值多少钱，决定于当投资者想卖股票时，市场能够让他顺利卖出的价格。事实上，如果在 1931 年一只股票的股价是 200 美元，即使其股价在 1929 年曾经达到过 400 美元，那对于投资者也没有任何意义，因为他的资金已经缩水了 50%，他能收回的金额只能取决于别人愿意支付什么样的价格来接手他的股票。投资者们总是期待着不可能发生的事。他们期望当一家公司的股本从 500 万 ~1000 万股这个级别增加到 1000 万 ~2000 万股这个级别后，公司为每股股票赚到的股息还能保持原来的水平，这在长期的经营中是难以实现的。因此，该公司的股票将不可避免地遭受长时间的抛售，接下来就是最后一次暴跌或恐慌性下跌，这将给数十万投资者造成惨重的损失，这些投资者一直持股不动，期盼股价重回高位，等到他们醒悟过来想卖出股票时，却往往为时已晚。聪明的投资者会离场观望。保证本金的安全总要好过后悔，即使持有现金无法得到分红或股息，也比冒险投资，结果损失掉 50% 甚至更多本金要好。最大的损失通常源于期望过高和过度乐观。毫无疑问，乐观主义者是经济繁荣的最大威胁；悲观主义者则是个平衡器，我们需要倾听他们发出的警告之声。据说，悲观主义者和乐观主义者的区别是非常有趣的，当一个看到的是甜甜圈时，另一个看到的是个黑洞。现在就到了我们需要能够注意到这个黑洞的时候了，因为这个黑洞会出现在投资者随身携带的记账本上，如果他们仍然只看到甜甜圈，对那个已经存在的黑洞视而不见的话，那么他们就会被卷入这个黑洞里。当心这个黑洞！它始终都存在。

| 专业解读 |

大部分 A 股投资者可能都不太理解江恩的这段论述，因为在 A 股市场，尤其是去年下半年（2016 年）证监会收紧关于上市重组方面的政策之前，重组一直是 A 股投资者最关注和最青睐的话题，绝大多数股票只要"重组"或者进行并购的话，通常短期股价就会持续地拉升和暴涨。并购和重组明明是利好，为什么在江恩的叙述中，却成了"掺水"和"黑洞"呢？

实际上，江恩重点讲述的是并购重组的另一面——扩容。大多数投资者对扩容一词都比较熟悉，这是一个 A 股市场投资者比较反感的词汇，因为扩容意味着股票数量的增加，在市场内总资金量不变的前提下，股票数量越多，理论上平均到每股的单价就越低。但是 A 股投资者往往把新股发行（IPO）视为最主要的扩容形式。而现实情况是，上市公司的并购重组往往也伴随着扩容动作。

情况一，上市公司的并购重组仅动用上市公司本身的自有资金，不造成扩容，但是并购重组标的的盈利能力会影响未来一段时间内公司整体的盈利状况。

情况二，上市公司的并购重组需动用上市公司本身自有资金和银行贷款，不造成扩容，但是并购重组标的的盈利能力会影响未来一段时间内公司整体的盈利状况，上市公司对贷款利息的支出会给业绩造成一定影响。

情况三，上市公司的并购重组需通过增发或定向增发来筹集资金，会直接造成扩容，即扩大公司的总股本规模。

假设上市公司在并购重组之前的总股本为 1000 万股，净利润为 1 亿元，那么每股收益为 10 元；如果上市公司在并购重组过程中增发 1000 万股，净利润仍为 1 亿元的话，那么每股的收益就降为 5 元。也就是说，如果并购重组的标的不能马上给公司带来大幅净利润的话，那么在并购重组之后，每股的收益率就被稀释了。

如果考虑到并购重组带来的短期股价暴涨的话，实际上每股收益率／每股股价的比例会变得更低，投资者投入上市公司的资金创收能力在一定时间内是下降的。

而通过并购和重组进入公司的新资产需要一定的时间才能充分为上市创造盈利（甚至有些并购和重组标的始终不能融入公司并创收），在这段时间内股票的实际内在价值会明显因并购重组带来的扩容而降低。这也是为什么很多上市公司在并购重组之后，股价先暴涨，然后长期持续回落的原因。

因此，对于通过增发筹集资金进行并购重组的上市公司来说，短期的利好刺激和中长期因扩容带来的股票内在价值下降是硬币的两面，投资者应该充分了解这一事实，并根据情况来决定是否要在一只因为并购和重组导致价格暴涨的股票上持续跟进做多，而非盲目地追涨并购重组股票，并且非理性地长期持有。

战争赔款债券

1929 年秋天，股市的抛售使货币市场发行的大量债券有了市场基础。在我撰写本书时，活期贷款利率在 2% 左右。银行家和债券经纪人期待着欧洲的战争赔款债券在本国发售的时刻。尽管我不建议投资者去认购这类债券，但是这类债券要是真开始发售，还是会有成千上万的投资者会去认购。这样会锁定大笔资金，而这些钱将被称为"冻结债券"。一旦欧洲再起事端或爆发战争，这些债券的价格就会下跌，甚至可能被拒付。在华尔街和金融游戏当中，任何事情都有可能发生，所以一定要做好应对极端情况的准备，这一点要始终被牢记。美国民众已经向欧洲国家投资了几十亿美元，如果时局再次发生变化，投资者们就有可能要面临血本无归的局面，或者至少一大部分资金将付诸东流，他们会想要将手里的债券卖出变现，这就将加速市场恐慌和经济萧条的出现，使各类行业都遭受损失。如果大量的战争赔款债券在本国销售，大量资金就会流向国外，这自然会在将来影响到本国的货币市场，导致货币利率的提升。

| 专业解读 |

20 世纪 30 年代的经济大萧条持续时间长，破坏性大，波及范围广，是后来第二次世界大战爆发的主要原因之一，江恩在本段中预计的战争赔款债券会受战争影响而导致价格下跌甚至兑付困难，以及在下一段中预计的战争可能再次出现，都被后来的历史事实所验证。江恩除了在技术分析方面有极深的造诣之外，在长期投资过程中养成的对实体经济和政治格局的思考能力也由此可见一斑。

在本段中，对于 A 股投资者来说，值得借鉴的有以下两方面内容。

一是投资者如果有能力和精力的话，需要对股市以外的一些情况保持关注，并形成一定的分析能力，比如世界政治经济大环境，期货、债券、货币政策和财政政策的一些基本常识，这些对投资者的投资交易都有很强的辅助作用。

二是要适当关注全社会的资金主要流向，社会资金是主要流向实体经济还是金融领域，是境内还是境外，以及外汇储备的情况都会对股票市场产生一定的影响。

投资者的恐慌

大约每 20 年就会发生一次恐慌性股灾或是严重的经济萧条，这往往是由投资者在低位割肉卖出股票所导致的，究其原因都是股市长期下跌，投资者丧失信心所导致的。市场的整体买入意愿减弱，而投资者的抛盘却不断涌入市场，迫使股价持续走低，直到银行催促投资者偿还用于购买优质股票的贷款，最终的结果就是市场整体价格出现破位下行或是快速暴跌。这样的局面在 1837 年到 1839 年、1857 年、1873 年、1893 年、1896 年、1914 年，以及 1920 年到 1921 年都曾经出现过。1929 年市场的恐慌不仅是投资者的恐慌，更是一群赌徒的恐慌。

不同时期的恐慌性下跌都有各种的起因，这些起因也是多种多样的，但是所有这些恐慌性下跌背后的真实起因都来自于货币市场。在经济繁荣时期，银行过度放贷，到后来又迫使投资者抛售股票偿还贷款，导致市场恐慌。大多数银行家在经历了长期的经济繁荣之后都变得过于乐观，而在经历了长期的股市下跌和经济萧条之后，他们又转而过度悲观，从而不愿意发放贷款。事实上，他们非但没有发放新的贷款，反而急于催收此前的贷款，这使得原本处于勉强可以支撑下去的局面遭受雪上加霜的打击。而大部分报刊起到的作用也与之相似。他们知道在市场繁荣时期，乐观的言论更受大家欢迎，就无所不用其极地夸赞市场的繁荣景象，而在市场萧条时期，他们通常又在进行一些添油加醋的负面报道。

当然，在所有这些恐慌期当中，一些经纪人和银行已经看出些许负面征兆，清楚地知道市场即将发生什么样的情况，但他们从未将这些征兆告知他们的客户。那么投资者就必须停下来，亲自观察，亲自聆听。投资者必须独立思考，不能指望银行家或经纪人能让他们在正确的时间离场。因为过去的经历证明，银行家和经纪人在关键时刻给出的建议往往是不具备可靠性的。

即将来临的投资者恐慌将是有史以来最严重的一次，因为目前在美国至少有 1500 万到 2500 万投资者手中持有那些行业龙头公司的股票，当股市经历持续数年的下跌之后，他们可以因恐慌而崩溃，进而开始抛售股票，届时抛盘将非常沉重，没有任何买盘可以承受这样的抛压。股票已经被充分地派发到了公众投资者手中，以至于在 1929 年商业社会出现恐慌后，很多人认为股市不会受恐慌的影响，但这其实是典型的外强中干的表现。公众投资者从来都不是市场的领导者，而且将来也永远不会成为领导者。因为他们的情绪非常容易被调动，股票上涨时满怀希望，下跌时担惊受怕。如果股票都掌握在少数强者手中，那么投资者和国家都会很安全。但是当股票的持有者是数以千万计的民众时，由于他们既没有组织，也没有领袖，接下来的情况就会很危险。精明的人不会等到一切都无可挽回时才卖出股票，而公众投资者却会一直持股不动，他们期盼股价能重回巅峰，而接下来大多数人都会在某个时点集体惊慌失措，并开始抛售股票，但此时已经没有买盘去承接抛压了。这样对于本就处于恐慌之中的市场无异于火上浇油。这就是 1929 年恐慌性股灾的成因。当时的投机者和赌徒们都被吓得风声鹤唳，在同一时间疯狂地抛售手中的股票。

人们对金钱的贪欲将会引发下一次的市场恐慌，而且对金钱的贪欲还将成为下一场战争的导火索。"战争是地狱！"人们可能会问，"如果战争来临，应该如何处置手里的股票？"战争总是会引起大众的恐慌。如果战争将至，那么恐慌也必然降临股市，而这一次，股市的恐慌有可能会导致战争的爆发。人们经常会对一个观念有错误的理解，或是进行错误的引用。我们常听到人们说："金钱是万恶之源。"他们认为这句话引自《圣经》，但实则不然。圣经上说的是："贪财是万恶之源。"事实上，历史已经证明，所有的战争都是源于人们对金钱的贪恋和对权力的争夺。而对金钱的贪欲是以往每一次金融危机和经济萧条的起因，即将到来的这一次大恐慌将是世界上迄今为止规模最大的一次恐慌，因为目前在美国境内的资金总量比以往任何时候都要充足，因此就会有更多的人为之搏杀。一旦他们发现资金在他们手中不断地流失，他们会不计一切代价来挽回金钱上的损失，这将比争抢其他任何东西时都要更加疯狂。

专业解读

投资者群体的兴奋和恐慌，犹如一年内四季的更迭，只要人性不变，金融市场的主要参与者，以及参与者的决策都是由人来做出的话，那么市场的兴奋与恐慌周期就永远不会终止，而是会以各种形式不断地在市场中循环。

投资者应该学会如何合理地应对寒暑更迭一样的市场兴奋及恐慌状态，而不随波逐流，因他人的兴奋而兴奋，因他人的恐慌而恐慌。投资者应该学会顺应周期，而不是指望周期不再循环，市场能久盛不衰。

另外，江恩所说的"如果股票掌握在少数强者手中，投资者和国家都会很安全"的说法有年代特征，而且略有偏激，但它同时也反映了一个铁一样的事实，没有组织和协调的散户投资者群体，从来就没有对市场，或对某只个股拥有过话语权和掌控权。在非成熟股市中，推动价格涨跌的主力是各种机构，甚至是产业资本和"庄家"，他们有资金优势和信息优势，而且在行为上比散户群体更有目的性和规划性；在成熟股市中，真正稳定市场价格的是基金、信托以及各种专业投资机构，散户的比例相对较低，因此羊群效应相比非成熟市场要弱很多。

我国股市目前正处于非成熟市场向成熟市场过渡的阶段，大量散户的直接投资行为给一些"市场主力"的投机行为提供了机会和空间，随着专业投资机构的成熟，以及越来越多的散户投资者从直接投资变为间接投资，我国的股市也会日渐成熟。但是在我国股市彻底进入成熟期之前，投资者一定要认清当前市场的现状，尽量谨慎参与投资，不要轻易跟风和过度追涨杀跌。

后　记

在成千上万买过《江恩股市操盘术（专业解读版）》一书的读者最诚挚的要求下，我写了现在这本书。读者们将《江恩股市操盘术（专业解读版）》称为有史以来股票类书籍中最好的一本。能够帮助别人在华尔街这场危机四伏的博弈中取得更大的成功，让我感到非常欣慰。如果《江恩股市操盘术（专业解读版）》是最好的一本书，那我就期望通过努力让《江恩华尔街选股方略（专业解读版）》这本书能够更上一层楼。我所写的内容都来源于实践所得，也正是广大读者所需要的。通过我自己的操作失误和亏损的教训，我已经发现了一些法则和方法。我在华尔街上历经了将近30年的磨炼，时间已经向我证明，想要在投资中取得成功需要些什么。我很有信心，只要投资者遵循我的交易法则来操作，就永远也不会后悔。而如果能够帮助到那些试图通过努力获取成功的人，我将感觉自己的付出得到了很好的回报。

· 好书推荐 ·

《股票投资百年经典译丛》

时间筛选出的百年股市精品

专业人士立足 A 股市场的全新解读

散户股民稳定获利的必读之作

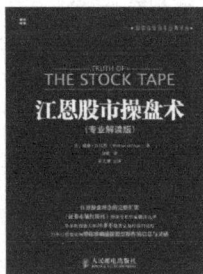

江恩操盘理念的完整汇集
准确捕捉股票操作的信息与灵感
书名：《江恩股市操盘术（专业解读版）》
作者：〔美〕威廉·D.江恩 译者：唐璐 点评：张艺博
书号：978-7-115-37286-4

华尔街投资大师 10 年投资记录完美解读
系统诠释江恩趋势理论七大原则
书名：《江恩股市趋势理论（专业解读版）》
作者：〔美〕威廉·D.江恩 译者：张艺博
书号：978-7-115-37621-3

江恩一生投资策略的总结之作，告诉你股市周期循环的每个细节
书名：《江恩华尔街45年（专业解读版）》
作者：〔美〕威廉·D.江恩 译者：段会青 袁熙 点评：袁熙
书号：978-7-115-38664-9

道琼斯公司创始人查尔斯·道、
《股市晴雨表》作者威廉·彼得·汉密尔顿、
道氏理论伟大的研究者和推广者罗伯特·雷亚三者市场智慧的结晶
书名：《道氏理论（专业解读版）》
作者：〔美〕罗伯特·雷亚（Robert Rhea） 译者：谢飞
书号：978-7-115-39921-2

《华尔街日报》资深编辑一生的著名作品
道氏理论的典藏之作
书名：《股市晴雨表（专业解读版）》
作者：〔美〕威廉·彼得·汉密尔顿 译者：张艺博
书号：978-7-115-36989-5

分时看盘、波段操作、立即止损
直指股市本质的投资箴言
书名：《股市投机原理（专业解读版）》
作者：〔美〕萨缪尔·尼尔森 译者：朱玥 点评：张艺博
书号：978-7-115-37768-5

编辑电话：010-81055645　　读者热线：010-81055656 010-81055657